高等院校会计专业创新型精品系列教材

U0653338

会计信息系统实务

KUAIJI XINXI XITONG SHIWU

主　编　刘　燕　康　乐
副主编　谢洁茹　李小燕　邱惠妮

南京大学出版社

图书在版编目(CIP)数据

会计信息系统实务 / 刘燕，康乐主编. -- 南京：
南京大学出版社，2022.6
 ISBN 978 - 7 - 305 - 25821 - 3

 Ⅰ. ①会… Ⅱ. ①刘… ②康… Ⅲ. ①会计信息－财
务管理系统－教材 Ⅳ. ①F232

 中国版本图书馆 CIP 数据核字(2022)第 089590 号

出版发行　南京大学出版社
社　　址　南京市汉口路 22 号　　　　邮　编　210093
出 版 人　金鑫荣
书　　名　**会计信息系统实务**
主　　编　刘 燕 康 乐
责任编辑　尤　佳　　　　　　　编辑热线　025 - 83592315
照　　排　南京南琳图文制作有限公司
印　　刷　常州市武进第三印刷有限公司
开　　本　787×1092　1/16　印张 15.75　字数 375 千
版　　次　2022 年 6 月第 1 版　2022 年 6 月第 1 次印刷
ISBN 978 - 7 - 305 - 25821 - 3
定　　价　45.00 元

网址：http://www.njupco.com
官方微博：http://weibo.com/njupco
官方微信号：njupress
销售咨询热线：(025) 83594756

前　言

　　会计信息是企事业单位最重要的经济信息,它连续、系统、全面、综合地反映和监督企业经营状况,并为管理、经营决策提供重要依据。因此有一种会计理论把会计理解为信息系统,而在现代科学技术的背景下,这样的信息系统就是计算机管理信息系统。计算机会计信息系统以计算机为主要工具,对各种会计数据进行采集、存储和处理,完成会计核算任务,并提供会计管理、分析与决策相关的会计信息的系统,其实质是将会计数据转化为会计信息的系统,是企业管理信息系统的一个重要子系统。

　　会计信息系统是从 20 世纪 80 年代初开始在中国运用的。起初会计信息系统软件由企业自制,后来出现了用友、金碟等财务软件公司,财务软件的发展逐渐走向规范与成熟。20 世纪 90 年代末,传统的财务软件的缺陷渐渐显现出来,企业不再简单地要求软件系统进行记账与报表输出,还要求软件系统能够提供业务相关的成本、盈利以及绩效等方面的支持信息,这就促使财务软件逐渐向 ERP 等高度集成化的软件发展,国内各大财务软件厂商也纷纷从单独的财务软件设计转型为 ERP 厂商。ERP 是基于企业价值链的现代管理系统,它集企业的物流、价值流和信息流于一体。会计信息系统是 ERP 的重要组成部分,是 ERP 中的重心,是整合企业各个部门各种资源的最佳手段,完全实现了管理会计与财务会计的一体化以及财务业务的一体化。ERP 中会计信息系统与传统会计信息系统的设计着眼点不同,传统会计信息系统在设计时,是站在会计部门会计的角度去设计,而不是站在企业的角度,这样设计的会计软件一般不能迈出会计部门的范围,所形成的会计信息系统、信息流只能在会计部门内部流动,形成了信息孤岛,而信息孤岛间的信息流动往往不能以原始的形式流动,而需要转换成纸制凭证。

　　会计信息系统作为会计学专业一门典型的边缘学科,发展的速度远远超过了会计学相关的其他学科,其根本原因在于信息技术的日新月异和企业信息化建设的大力推进。高校作为为社会培养专业人才的基地,作为向企业输送高素质人才的源头,在教材的选择上,更加需要贴近社会和企业的需求。

　　会计信息系统作为一门集理论与操作相结合的课程,在教材的编写中,理论知识方面要有相应的实用性和延展性,在实训实验中更强调可行性和可操作性。

　　本教材本着理论与实践紧密结合的原则,希望能为学习者提供一套先进、完整、系统和易学易操作的体系。

　　本教材共分 8 章,第 1 章至第 7 章以用友 ERP－U8 V10.1 为蓝本,分别介绍了两大操作平台:系统管理和企业应用平台的功能和操作。重点介绍了企业应用平台中构成会计信息系统最重要和基础的总账、报表、薪资、固定资产、供应链的基本功能与使用方法;第 8 章介绍了会计文化。

　　在内容的设计方面,在专业知识介绍的基础上增加了思政内容。同时,从第 1 章系统管理开始,每一个章节在相应知识点介绍之后,都对应了上机实验的操作内容。通过大量的操作案例的设计,让学习者更好地对照知识点,熟悉软件的操作和应用。每一个章节的案例看似独立简单,却是以一个虚拟的核算主体的经济业务活动为主线,在每个子系统的章节的实验操作中反映着企业核算的不同方面。尤其在薪资管理及之后章节的案例设计上,尽可能地考虑了企业在日常经营中有可能发生的各种类型的业务。

　　本教材在编写过程中参考了相关教材的内容,也得到了江西工程学院经管学院领导和同事的大力帮助,在此深表谢意。

　　由于会计信息系统是一个发展迅速的学科,理论与方法也处于不断完善和丰富的阶段,因此本教材难免存在一定的局限性和不足。在此笔者真诚地欢迎读者予以批评指正。

编　者

2022 年 5 月

目　录

第1章　系统管理

　　会计信息系统作为企业管理系统中不可或缺的部分,其自身也是由多个子系统组成的,各个子系统服务于企业的不同层面,为不同的管理需要服务。各子系统紧密联系,共用一个企业数据库,拥有公共的基础信息、相同的账套和年度账,共同完成一体化的会计核算与管理工作,为实现企业财务、业务的一体化管理提供了基础条件。

　　系统平台主要由两部分组成,即系统管理和企业应用平台。

1.1　系统管理

1.1.1　功能概述

1. 功能概述

　　系统管理是用友 ERP-U8 管理软件中一个非常特殊的组成部分,为各个子系统提供了一个公共平台,主要功能是对 ERP-U8 管理软件的各个产品进行统一的操作管理和数据维护,具体包括账套管理、年度账管理、用户及用户操作权限的集中管理、系统数据及运行安全的管理等方面。

　　(1) 账套管理

　　账套是一组相互关联的数据。每一个独立核算的企业都有一套完整的账簿体系,把这样一套完整的账簿体系建立在计算机系统中就称为一个账套。每一个企业都可以为其每一个独立核算的下级单位建立一个核算账套。换句话讲,在企业管理系统中,可以为多个企业(或企业内多个独立核算的部门)分别立账,且各账套数据之间相互独立,互不影响,使资源得以最大限度地被利用。

　　账套管理功能一般包括建立账套、修改账套、删除账套、引入/输出账套等。

　　(2) 年度账管理

　　年度账与账套是两个不同的概念,一个账套中包含企业所有的数据,把企业数据按年度进行划分称为年度账。年度账可以作为系统操作的基本单位,因此设置年度账主要是考虑到管理上的方便性。

　　年度账管理包括年度账的建立、清空、引入、输出和结转上年数据等。

　　(3) 用户及用户操作权限的集中管理

　　为了保证系统及数据的安全与保密,系统管理提供了用户及用户操作权限的集中管理功能。通过对系统操作分工和权限的管理,一方面,避免与业务无关的人员进入系统;另一方面,对系统所包含的各个子系统的操作进行协调,以保证各负其责、流程顺畅。

　　用户操作权限的集中管理包括定义操作者角色、设定系统用户和设置功能权限。

（4）系统数据及运行安全的管理

对于企业来说,系统运行安全、数据存储安全是必需的,为此,每个应用系统都无一例外地提供了强有力的安全保障机制。如设置对整个系统运行过程的监控机制,设置数据自动备份,清除系统运行过程中的异常任务等。

2. 系统管理与其他子系统的主要关系

系统管理是会计信息系统运行的基础,它为其他子系统提供了公共的账套、年度账及其他相关的基础数据,各子系统的用户也需要在系统管理中统一设置并分配权限。

3. 企业建账的含义及处理流程

（1）企业建账的含义

在计算机系统中建立企业核算账簿。

（2）企业建账的基本流程（见图1-1）

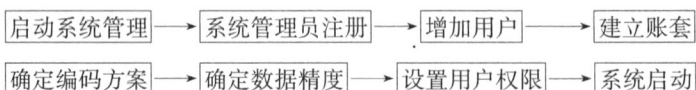

启动系统管理 → 系统管理员注册 → 增加用户 → 建立账套

确定编码方案 → 确定数据精度 → 设置用户权限 → 系统启动

图1-1　企业建账的基本流程

1.1.2　系统管理与应用管理

1. 系统管理的使用者

鉴于系统管理模块在整个会计信息系统中的地位和重要性,对系统管理模块的使用者予以严格控制。系统只允许以两种身份注册进入系统管理:一是以系统管理员的身份,二是以账套主管的身份。

（1）以系统管理员的身份注册系统管理

系统管理员负责整个应用系统的总体控制和维护工作,可以管理该系统中所有的账套。以系统管理员身份注册进入系统管理,可以进行账套的建立、引入和输出,设置用户和权限,监控系统运行过程,清除异常任务等。

系统管理员是系统中权限最高的用户,他要对系统的数据安全和运行安全负责。通用会计信息系统中一般预置默认的系统管理员及口令,企业在正确安装应用系统后,应该及时更改系统管理员的密码,以保障系统的安全性。

案例1-1　以系统管理员身份注册登录系统管理。

【操作步骤】

① 选择"开始—程序—用友U8V10.1—系统服务—系统管理"命令,打开"系统管理"窗口,如图1-2所示。选择"系统—注册"命令,打开"登录"对话框。

② 系统管理员默认的用户名为admin,密码为空,如图1-3所示。

③ 单击"登录"按钮,以系统管理员的身份注册进入系统管理。

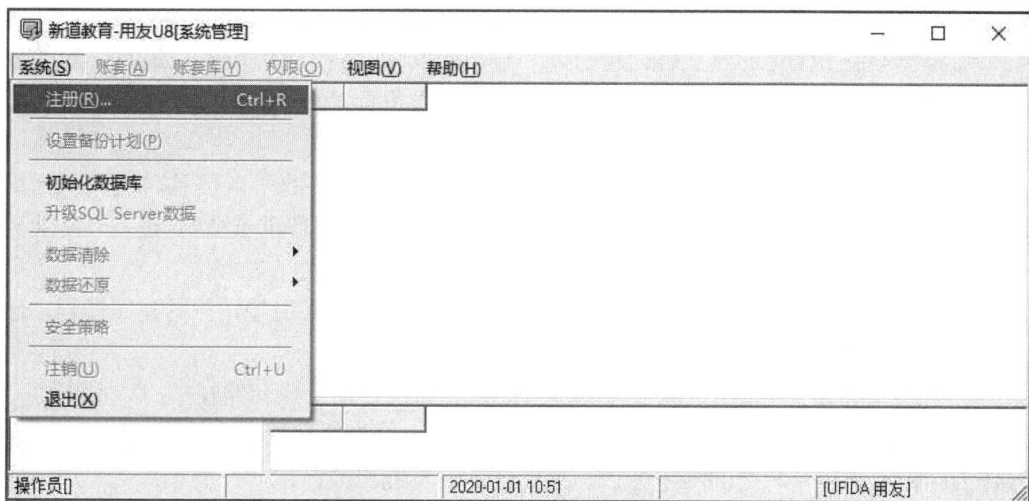

图 1－2 用友 ERP-U8 系统管理登录窗口

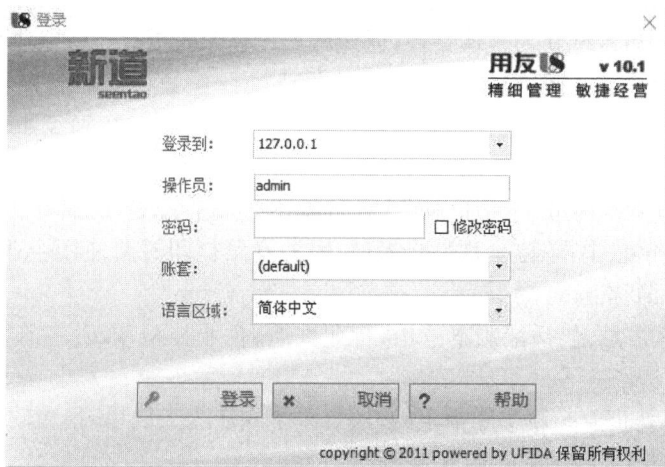

图 1－3 系统管理员登录系统的界面

（2）以账套主管的身份注册系统管理

账套主管负责所选账套的维护工作，主要包括对所管理的账套进行修改、对年度账的管理（包括创建、清空、引入、输出以及各子系统的年末结转），以及该账套用户权限的设置。

对所管辖的账套来说，账套主管是级别最高的，拥有所有模块的操作权限。

由于账套主管是由系统管理员指定的，因此第一次必须以系统管理员的身份注册系统管理，建立账套和指定相应的账套主管之后，才能以账套主管的身份注册系统管理。系统管理员（admin）和账套主管看到的系统管理登录界面是有差异的。系统管理员登录界面只需包括服务器、用户、密码、账套、语言区域五项，而账套主管登录界面除以上五项外还有操作日期。详情见后面案例。

2. 账套管理

账套管理包括账套的建立、修改、引入和输出。其中,系统管理员有权进行账套的建立、引入和输出操作;而账套信息的修改则由账套主管负责。

(1) 建立账套

企业应用会计信息系统之始,首先需要在系统中建立企业的基本信息、核算方法、编码规则等,称之为建账。然后在此基础上启用会计信息系统的各个子系统,进行日常业务处理。

为了方便操作,会计信息系统中大都设置了建账向导,用来引导用户的建账过程。建立企业账套时,需要向系统提供以下表现企业特征的信息:

① 账套基本信息:包括账套号、账套名称、账套启用日期及账套路径。

② 账套号:由于在一个会计信息系统中,可以建立多个企业账套,因此必须设置账套号作为区分不同账套数据的唯一标识。建账成功后不能修改。

③ 账套名称:一般用来描述账套的基本特性,可以输入核算单位简称或用该账套的用途命名。账套号与账套名称是一一对应的关系,共同来代表特定的核算账套。

④ 账套路径:用来指明账套在计算机系统中的存放位置,为方便用户,应用系统中一般预设一个存储位置,称其为默认路径,但允许用户建账时更改。建账成功后不能修改。

⑤ 账套启用日期:用于规定该企业用计算机进行业务处理的起点,一般要指定年、月。启用日期在第一次初始设置时设定,一旦启用不可更改。在确定账套启用日期的同时,一般还要设置企业的会计期间,即确认会计月份的起始日期和结账日期。

⑥ 核算单位基本信息:包括企业名称、简称、地址、邮编、法人、通讯方式等。

在以上各项信息中,单位全称是必需项,因为发票打印时要使用企业全称,其余情况全部使用企业的简称。

⑦ 账套核算信息:包括记账本位币、行业性质、企业类型、账套主管、编码规则、数据精度等。

记账本位币是企业必须明确指定的,通常系统默认为人民币,很多软件也提供以某种外币作为记账本位币的功能。

行业性质表明企业所执行的会计制度。

企业类型是区分不同企业业务类型的必要信息,选择不同的企业类型,系统在业务处理范围上有所不同。

编码方案是对企业关键核算对象进行分类级次及各级编码长度的指定,以便于用户进行分级核算、统计和管理。

数据精度是指定义数据的保留小数位数。

以上账套参数经确定后,系统会自动建立一套符合用户特征要求的账簿体系。

(2) 修改账套

账套建立完成后,如果发现有些参数有误需要修改,或者希望查看建账时所设定的信息,可以执行账套修改功能。只有账套主管有权修改账套,即便如此,有些系统已使用的关键信息仍无法修改,如账套号、账套路径、启用会计期等。

（3）引入和输出账套

账套输出是将系统产生的数据备份到硬盘、软盘等存储介质中。一方面是为了保证数据的完整性；另一方面，当系统遭受意外破坏时，可以利用备份数据尽快恢复系统，从而保证企业日常业务的正常进行。如果企业初始建账时数据错误很多或在某些情况下无须保留企业账套，可以将机内账套删除。账套删除会一次性将该账套下的所有数据彻底清除，因此执行此操作时应格外慎重，为数据安全起见，系统一般提供账套删除前的强制备份，并且只授权于系统管理员。

引入账套功能是指将系统外某账套数据引入本系统中。在计算机环境中，无论是计算机故障或病毒侵犯都会致使系统数据受损，这时利用账套引入功能，恢复备份数据，可以将损失降到最小。另外，子公司的账套数据可以定期被引入母公司系统中，以便进行有关账套数据的分析和合并工作。

1.2 年度账管理

年度账管理主要包括：建立年度账、年度账的引入和输出、结转上年数据、清空年度数据。对年度账的管理只能由账套主管进行。

1. 建立年度账

新年度到来时，应首先建立新年度核算体系，即建立年度账，再进行与年度账相关的其他操作。

2. 年度账的引入和输出

年度账操作中的引入和输出，其作用是对数据的备份与恢复。年度账操作中引入和输出的，不是整个账套的全部数据，而是针对账套中某一年度的数据。

3. 结转上年数据

每到年末，启用新年度账时，就需要将上年度中的相关账户的余额及其他信息结转到新年度账中。

4. 清空年度数据

如果年度账中错误太多，或不希望将上年度的余额或其他信息全部转到下一年度，这时便可使用清空年度数据的功能。"清空"并不是指将年度账的数据全部删除，而是还要保留一些信息，如账套基础信息，系统预置的科目报表，等等。保留这些信息主要是为了方便用户使用清空后的年度账重新做账。

1.3 用户及用户权限的管理

实施企业财务管理软件时，首先应明确指定各系统授权的用户，并对用户的使用权限进行明确规定，以避免无关人员对系统进行非法操作，同时也可以对系统所包含的各个功能模块的操作进行协调，使得流程顺畅，从而保证整个系统和会计数据的安全性和保密性。

1. 角色与用户

角色是指企业管理中拥有某一类职能的组织,这个角色组织可以是实际的部门,也可以是由拥有同一类职能的人构成的虚拟组织。例如,实际工作中最常见的会计和出纳两个角色(他们既可以是同一个部门的人员,也可以分属于不同的部门,但是工作职能是一样的)。在设置了角色后,就可以定义角色的权限,当用户归属某一角色后,就相应地拥有了该角色的权限,设置角色的方便之处在于可以根据职能统一进行权限的划分,方便授权。

用户是指有权限登录系统,对系统进行操作的人员,即"用户"。每次注册登录系统都要进行用户身份的合法性检查。只有设置了具体的用户之后,才能进行相关的操作。

用户管理包括用户的增加、修改和删除,由系统管理员全权管理。

(1) 增加用户

增加用户时,页面填写的内容包括:用户编号、姓名、用户类型、认证方式、口令、所属部门、Emeil 地址、手机号、默认语言和所属角色。其中用户编号和姓名是必填项。

用户编号是系统区分不同操作人员的唯一标志,因此必须唯一,同时也不能被修改。用户姓名一般会出现在其处理的票据、凭证上,因此应记录其真实姓名,以便对其操作行为进行监督。

口令即用户登录密码,是登录系统的通行证,也是计算机环境下不同于手工的控制方式之一,初始时由系统管理员统一设置,使用后由用户本人定期更改,以确保不被他人窃取。

(2) 修改或删除用户

用户刚刚设置完成,可以对其姓名及口令进行更改,一旦以其身份进入过系统,便不能被修改和删除。删除时,必须取消已经选定的"所属角色"。

2. 设置用户权限

设置用户权限是从内部控制的角度出发,对系统操作人员进行严格的岗位分工,严禁越权操作的行为发生,以保证系统使用的安全性。

系统管理员和账套主管都有权设置用户权限,但不同的是,系统管理员可以指定或取消某一用户为一个账套的主管,也可以对各个账套的用户进行授权;账套主管的权限局限于其所管辖的账套,在该账套内,账套主管默认拥有全部操作权限,可以针对本账套的用户进行权限设置。

账套主管自动拥有所有模块的操作权限,可以为一个用户赋予几个模块的操作权限,也可以为一个用户赋予一个模块中的部分功能权限。

1.4 系统运行安全管理

1. 系统运行监控

以系统管理员身份注册进入系统管理后,可以查看到两个部分的内容,一部分列示的是已经登录的子系统,还有一部分列示的是登录的用户在子系统中正在执行的功能。这两个部分的内容都是动态的,它们都会根据系统的执行情况而自动变化。

2. 注销当前用户

如需要以一个新的用户身份注册进入,就需要将当前的用户从系统管理中注销;或者用户需要暂时离开,而不希望他人对系统管理进行操作的话,也应该注销当前用户。

3. 清除系统运行异常

系统运行过程中,由于死机、网络阻断等都有可能造成系统异常,针对系统异常,应及时予以排除,以释放异常任务所占用的系统资源,使系统尽快恢复正常秩序。

4. 上机日志

为了保证系统的安全运行,系统随时会对各个产品或模块的每个用户的上、下机时间和操作的具体功能等情况都进行登记,形成上机日志,以便使所有的操作都有所记录、有迹可循。

案例 1-2 增加用户、修改用户、删除用户的资料(如表1-1所示)。

表1-1 增加用户、修改用户、删除用户的资料

编号	姓名	岗位	权 限
001	陈明	账套主管	负责财务业务一体化管理系统运行环境的建立及初始设置工作; 负责软件的运行管理工作,监督并保证系统有效、安全、正常运行; 负责总账管理系统的凭证审核、记账、账簿查询、月末结账工作; 负责报表管理及其财务分析工作
002	王晶	出纳	负责现金、银行账管理工作; "总账—凭证—出纳签字""总账—出纳签字"命令的操作权限
003	马方	会计	负责总账系统的凭证管理工作以及客户往来和供应商往来管理工作; 总账中填制凭证、期末转账设置、转账生成、UFO报表操作权限; 具有应收款管理和应付款管理的操作权限
004	白雪	采购管理	公共单据、公共目录设置、应收款管理、应付款管理、总账管理、采购管理、销售管理、库存管理、存货核算的操作权限
005	王丽	销售主管	公共单据、公共目录设置、应收款管理、应付款管理、总账管理、采购管理、销售管理、库存管理、存货核算的操作权限

【操作步骤】

1. 增加用户

① 以系统管理员admin身份登录系统管理后,选择"权限—用户"命令,打开"用户管理"窗口,如图1-4所示。图中所显示的几个用户是系统预置的。

② 单击页面上端工具栏内的 增加 按钮,弹出如图1-5所示的对话框,输入相关信息,单击"增加"按钮,即可继续增加其他用户。单击"取消"按钮则视为放弃本次操作。

图1-4 "用户管理"窗口(一)

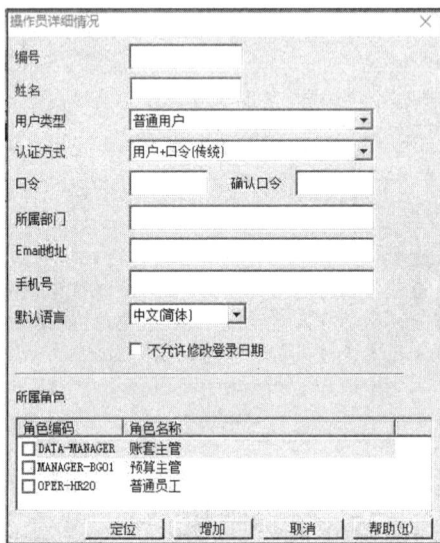

图1-5 "操作员详细情况"对话框

2. 修改用户

单击需要修改的用户记录条,则该用户记录条会变成蓝色,如图1-6所示。然后单击页面上端工具栏内的 🖉修改 按钮,或双击需要修改的用户记录条。值得注意的是,除了编号是灰色的,不能被修改,其余信息均为黑色可以被修改。

图1-6 "用户管理"窗口(二)

3．删除用户

单击页面上端工具栏内的 ✖ 删除 按钮，删除用户之前，必须取消已经选定的"所属角色"选项。值得注意的是，一旦以某用户身份进入过系统，便不能被修改和删除。

案例 1-3　建立账套。

1．账套信息

账套号：007；

账套名称：北京盛世科技公司；

采用默认账套路径；

会计期间设置：默认；

启用会计期：2020 年 1 月 1 日。

2．单位信息

单位名称：北京盛世科技公司；

单位简称：盛世科技；

单位地址：北京市海淀区云海路 1112 号；

法人代表：赵辉；

邮政编码：100888；

税号：911110106600611006。

3．核算类型

该企业记账本位币：人民币（代码 RMB）；

企业类型：工业；

行业性质：2007 年新会计制度科目；

科目预置语言：中文（简体）；

账套主管：陈明；

选中"按行业性质预置科目"复选框。

4．基础信息

该企业有外币核算；

进行经济业务处理时，需要对存货、客户、供应商分类。

5．分类编码方案

科目编码级次：42222；

客户分类编码级次：223；

供应商分类编码级次：223；

存货分类编码级次：1223；

部门编码级次：122；

地区分类编码级次：223；

结算方式编码级次：12；

收发类别编码级次：12。

6. 数据精度

该企业对存货数量、单价小数位定为 2。

7. 系统启用

启用总账系统，启用日期为 2020－01－01。

【操作步骤】

① 以系统管理员 admin 身份登录系统管理后，选择"账套—建立"命令，打开"建账方式"对话框，选择"新建空白账套"选项，如图 1－7 所示。

② 单击"下一步"按钮，打开"账套信息"对话框，输入账套信息，如图 1－8 所示。

③ 单击"下一步"按钮，打开"单位信息"对话框，输入单位信息，如图 1－9 所示。

④ 单击"下一步"按钮，打开"核算类型"对话框，输入核算类型，如图 1－10 所示。

图 1－7 系统管理员账套操作权限及选择建账方式

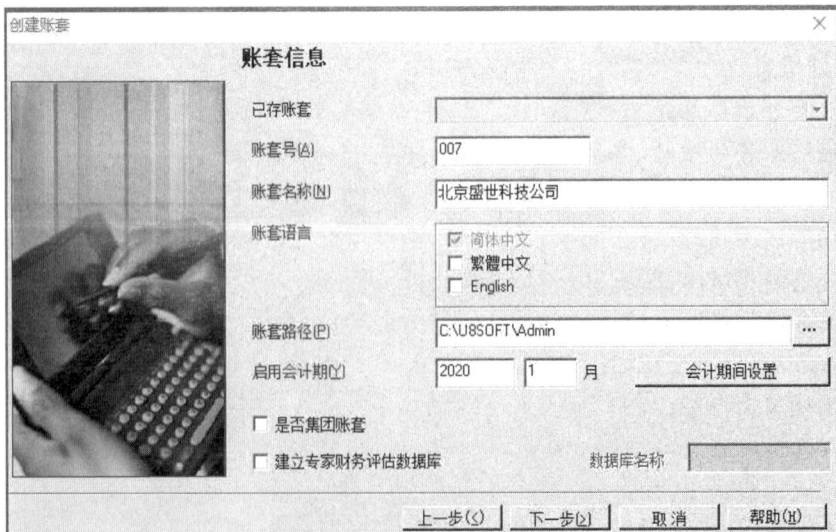

图 1－8 设置账套信息

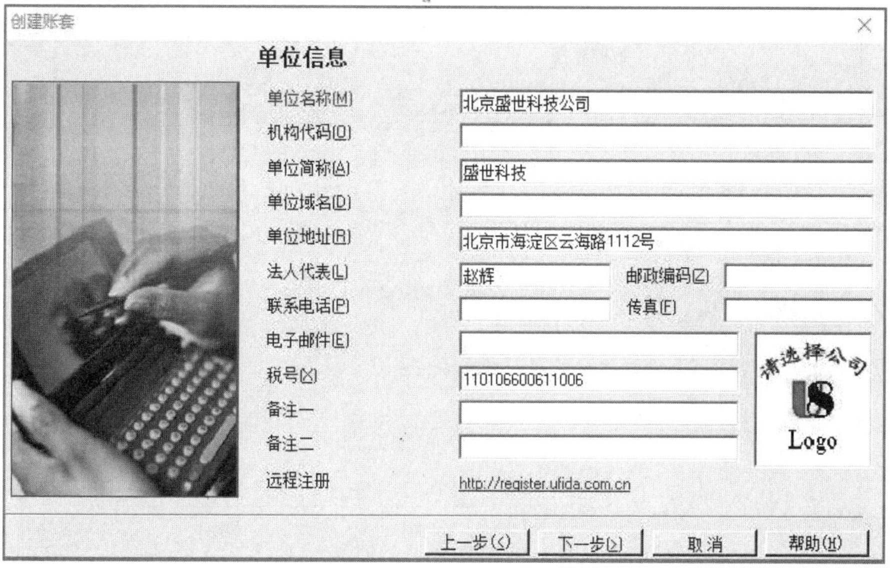

图 1-9　设置单位信息

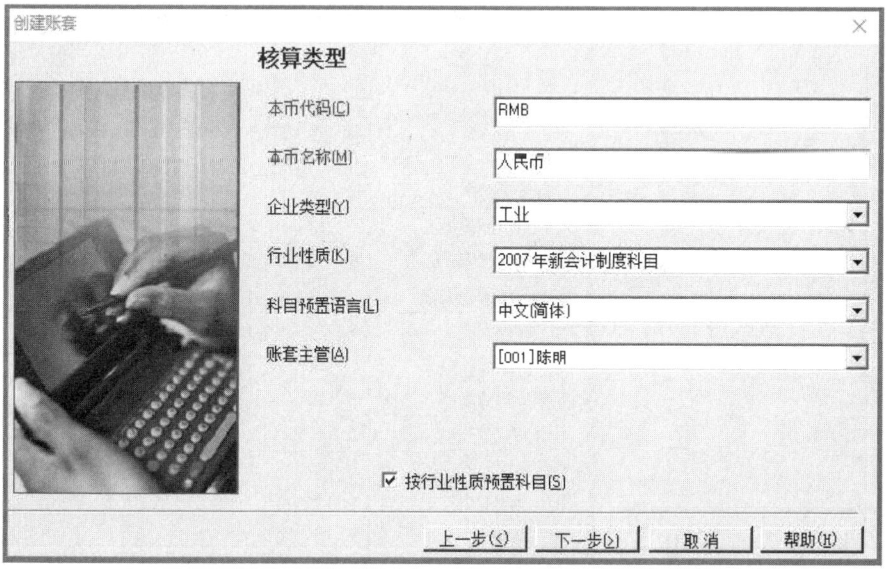

图 1-10　设置核算类型

⑤ 单击"下一步",打开"基础信息"对话框,输入公司基础信息,如图 1-11 所示。

⑥ 单击"下一步"按钮,系统弹出"可以创建账套了吗?"提示框,单击"是"按钮,如图 1-12 所示。

⑦ 打开"编码方案"对话框,按资料输入分类编码方案,如图 1-13 所示。

⑧ 单击"确定"按钮,再单击"取消"按钮,打开"数据精度"对话框,输入数据精度信息,如图 1-14 所示。

⑨ 单击"确定"按钮,系统弹出系统启用设置对话框,如图 1-15。

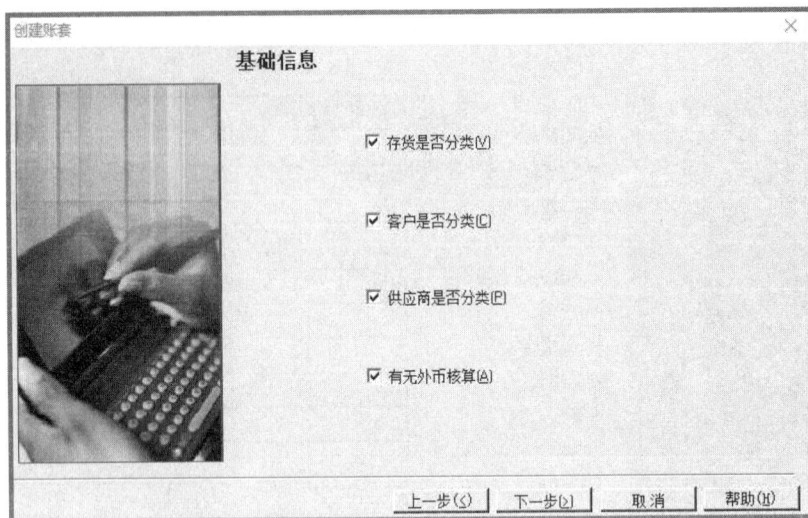

图 1‑11　设置基础信息

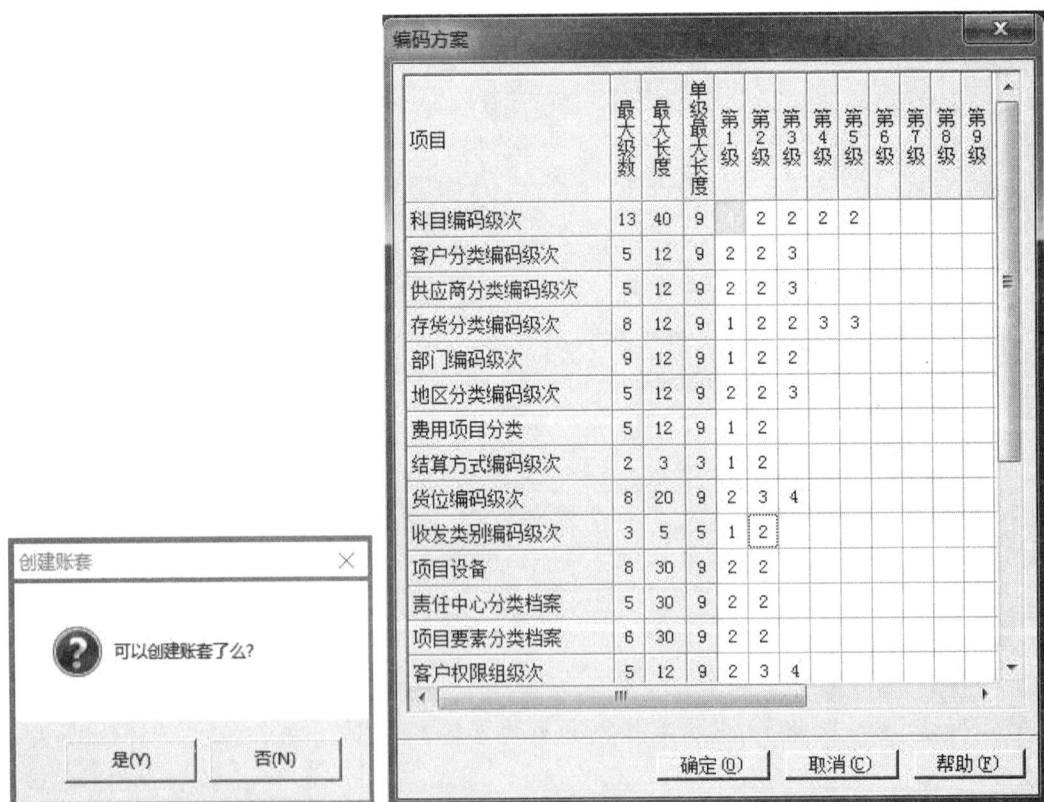

图 1‑13　设置编码方案

图 1‑12　创建账套提示

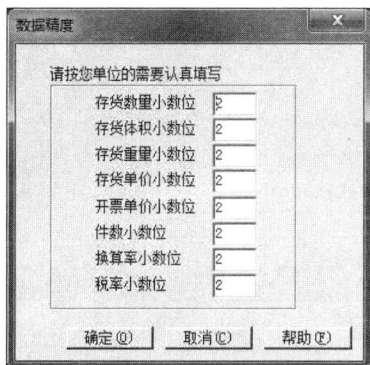

图 1-14　设置数据精度

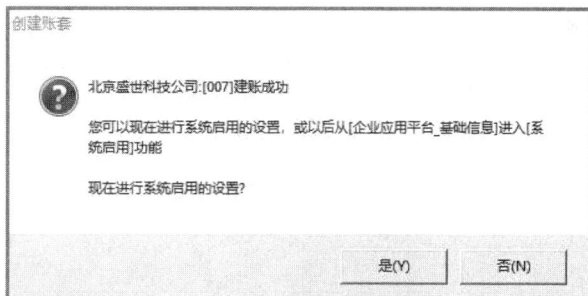

图 1-15　系统启用设置提示

⑩ 单击"是"按钮，打开"系统启用"对话框，选择"GL　总账"复选项，系统弹出"日历"对话框，如图 1-16 所示。单击"确定"按钮，系统弹出"提示信息"对话框，如图 1-17 所示。系统弹出提示对话框，如图 1-18 所示。单击"确定"按钮，建立账套完成。

注意：若在系统启用操作对话框中选择了"否"，即暂时不启用系统，则需要执行"企业应用平台—基础设置—基本信息—系统启用"命令进行相应的系统启用，启用需要使用的系统模块。建账过程中的"编码方案"和"数据精度"（见图 1-19）也可以在此进行修改或补充（"编码方案"和"数据精度"的修改或补充也可以在"账套修改"中进行，请参考案例 1-4）。

图 1-16　"系统启用"对话框

图 1-17　系统启用提示

图 1-18　"系统管理"提示窗口

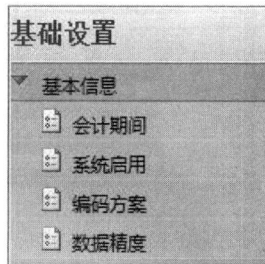

图 1-19　设置基础信息

案例 1-4 *修改账套。*

【操作步骤】

① 以账套主管 001 身份登录系统管理后,如图 1-20 所示(此时,系统管理员必须从系统管理操作平台进行注销)。

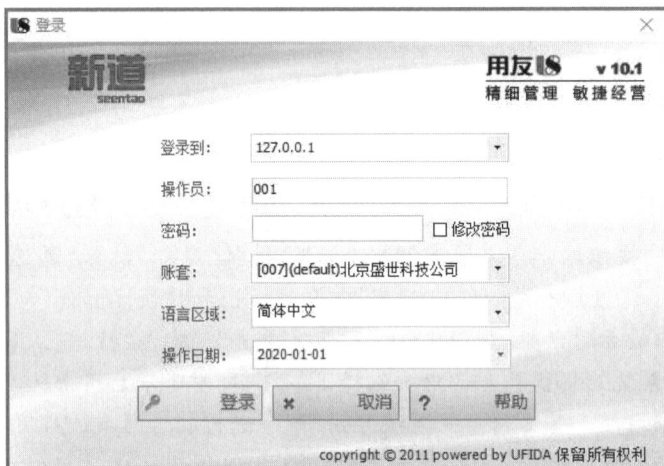

图 1-20 账套主管登录对话框

② 选择"账套—修改"命令。

③ 打开"账套信息"对话框,对建账过程中输入或选择错误的账套信息进行修改(如图 1-21 所示,只有账套名称可以修改,其余信息均为灰色)。

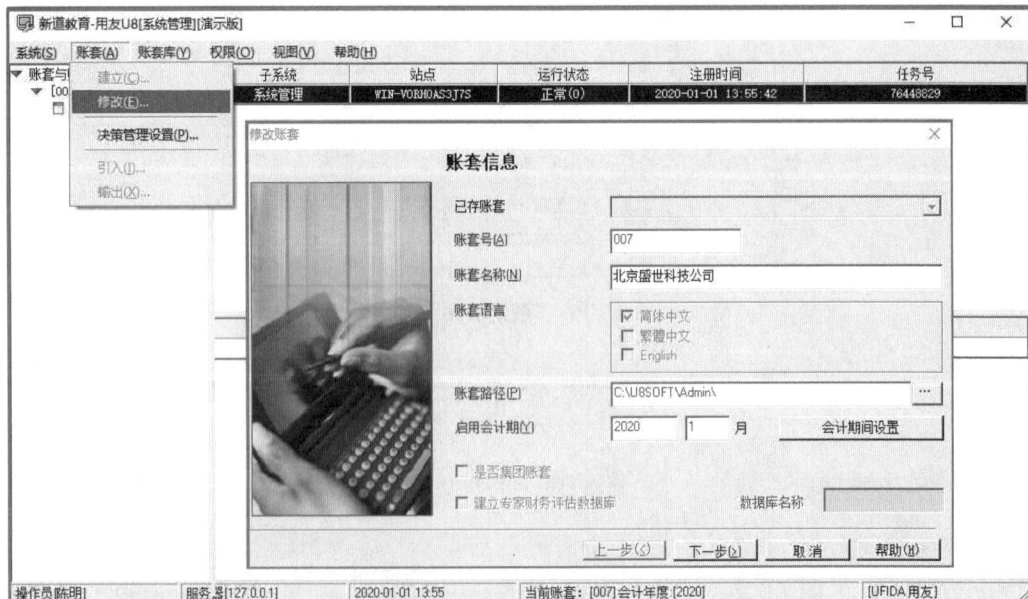

图 1-21 001 系统管理操作权限及账套信息页面

　　④ 单击"下一步"按钮,进入单位信息,该页面信息均可修改。修改单位信息后,进入"核算类型"对话框,如图 1-22 所示。之后的基础信息、编码方案和数据精度等对话框内的内容均可进行修改。(前提是还未进行初始化设置和业务处理)

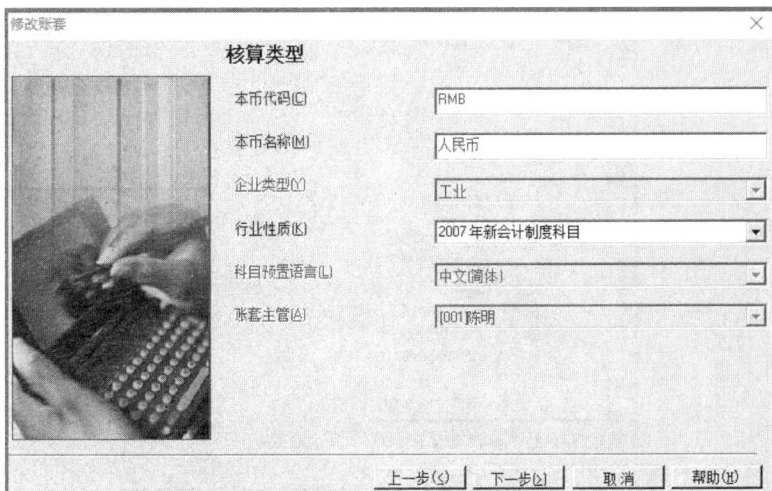

图 1-22　修改核算类型(行业性质可以修改,其余不能修改)

案例 1-5　输出、删除账套和引入账套。

【操作步骤】

1. 输出账套

　　① 以系统管理员 admin 身份登录系统管理后,选择"账套—输出"命令,系统弹出"账套输出"对话框,选择需要输出的账套号,并设定输出文件位置,如图 1-23、图 1-24 所示。

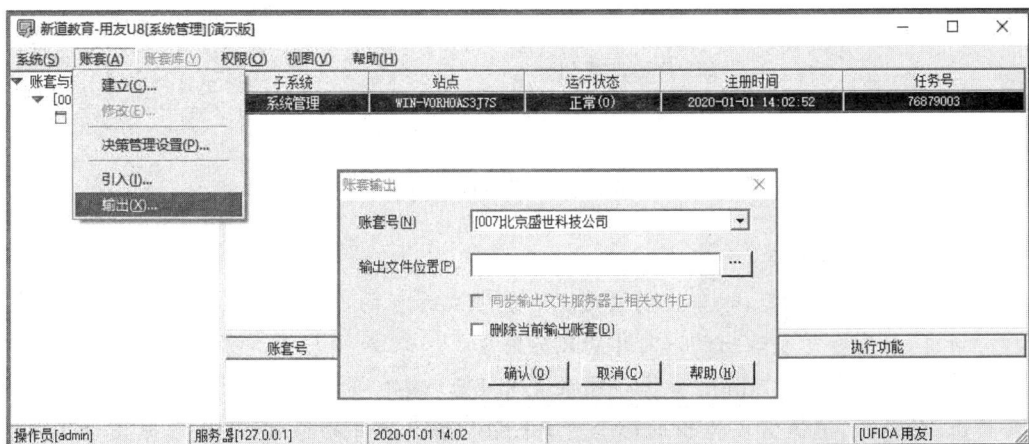

图 1-23　"账套输出"对话框

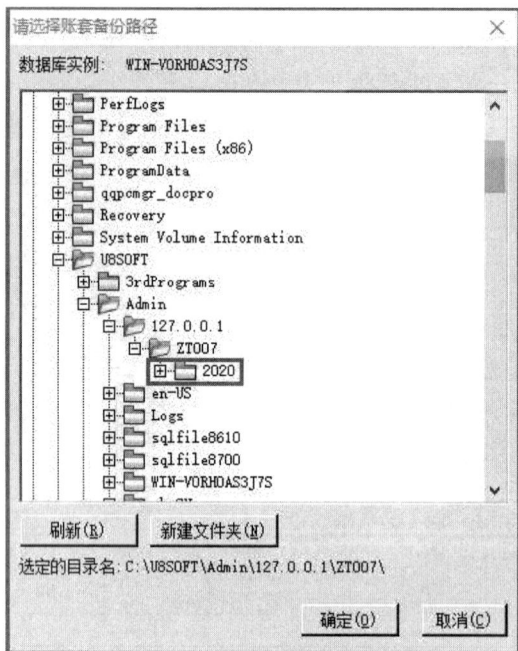

图 1-24　选择账套输出备份路径

② 单击"确认"按钮,回到"账套输出"对话框,单击"确认"按钮,系统弹出"输出成功!"提示对话框,如图 1-25 所示,单击"确认"按钮返回。

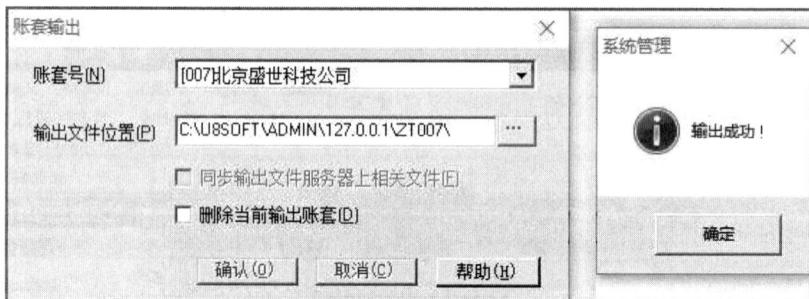

图 1-25　输出成功提示

2. 删除账套(选做)

为了防止误删账套,账套的删除功能不是独立存在的,而是隐藏在输出账套功能中,换句话说,只有在账套输出的同时才能删除账套。

① 以系统管理员 admin 身份登录系统管理后,选择"账套—输出"命令,系统弹出"账套输出"对话框,选择需要输出的账套号,并设定输出文件的位置,然后选择窗口下方的 ☑ 删除当前输出账套(D) 复选框,单击"确认"按钮,如图 1-26 所示。

② 系统进行账套输出前的整理准备,打开"请选择账套备份路径"对话框,选择好路径后,单击"确认"按钮,系统弹出"输出成功!"提示对话框,单击"确认"按钮返回。

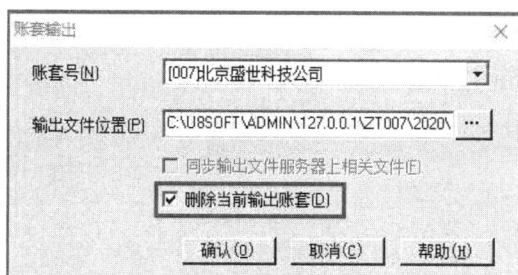

图 1-26　删除账套

3. 引入账套

① 以系统管理员 admin 身份登录系统管理后,选择"账套—引入"命令,打开"请选择账套备份文件"对话框,如图 1-27 所示。

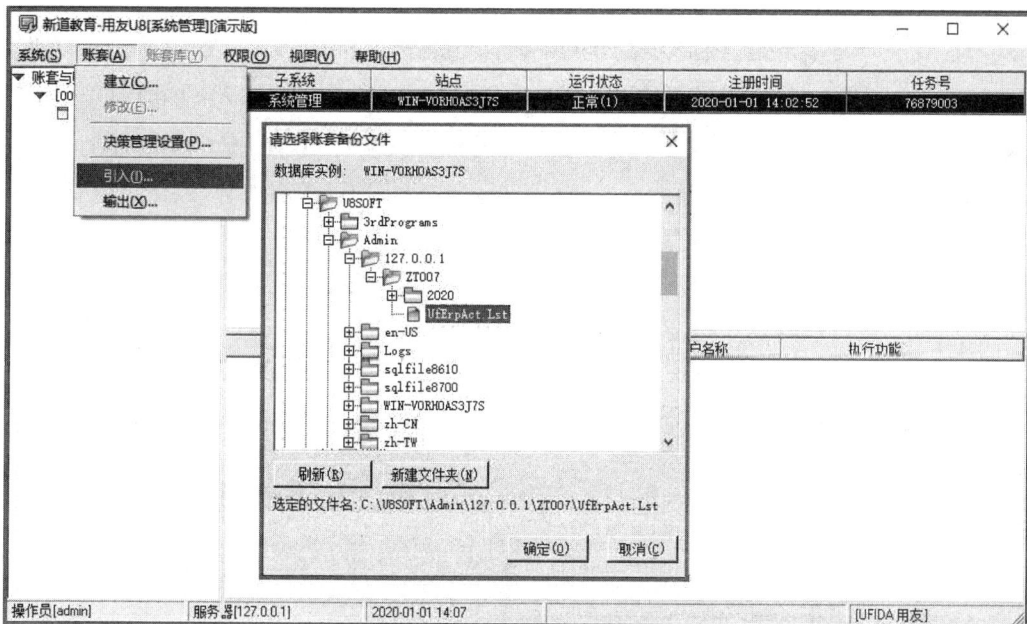

图 1-27　引入账套

② 选择 UfErpAct. Lst 文件,单击"确认"按钮,若系统内已存在 007 账套,系统会弹出提示语,如图 1-28 所示,单击"是"按钮。

③ 系统提示"账套[007]引入成功!"对话框,如图 1-29 所示。单击"确认"按钮返回。

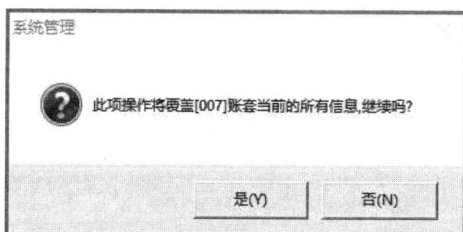

图 1-28　账套覆盖信息提示

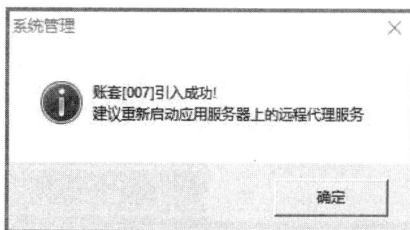

图 1-29　账套引入成功提示

案例 1-6 设置用户权限。

1. 增加 002 王晶出纳和出纳签字的权限。

2. 增加 003 马方凭证处理、转账设置、转账生成和 UFO 报表的权限。

【操作步骤】

① 以系统管理员 admin 身份登录系统管理后,选择"权限—权限"命令,打开"操作员权限"对话框。选择正确的"账套号",并选择正确的会计年度。

② 将 001 陈明设置为账套主管,他就自动拥有了所管辖账套的所有权限,如图 1-30。

③ 以出纳王晶为例:在左侧操作员列表中选中一操作员"王晶",然后单击窗口上方工具条中的 [修改] 按钮,选中右侧列表框中的"财务会计—总账"复选项,如图 1-31 所示。点击权限内的 田 图标,选择"财务会计—总账—凭证—出纳签字"和"财务会计总账—出纳"复选框,单击窗口上方工具条中的 [保存] (保存)按钮。

④ 以会计马方为例:在左侧操作员列表中选中一操作员"马方",然后单击窗口上方工具条中的 [增加] 按钮,选中右侧列表框中的"财务会计—总账"复选项,如图 1-32 所示。点击权限内的 田 图标,选择"财务会计—总账—设置""财务会计—总账—凭证—凭证处理""财务会计—总账—期末—转账设置和转账生成"和"财务会计—UFO 报表"复选框,单击窗口上方工具条中的 [保存] (保存)按钮。

注意:

① 设置权限时要注意账套号和年份是否正确;

② 选权限时要选择权限的最末级。

图 1-30 设置账套主管权限

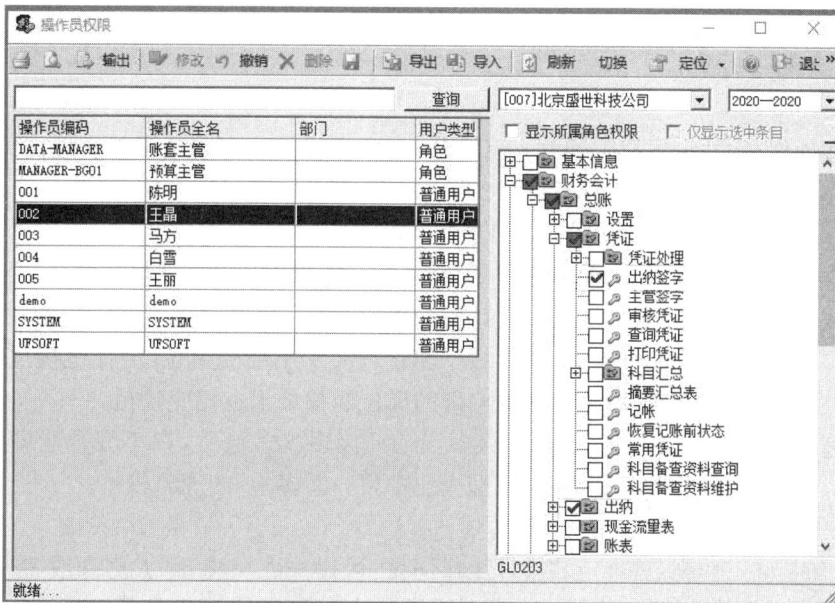

图 1-31 设置出纳权限

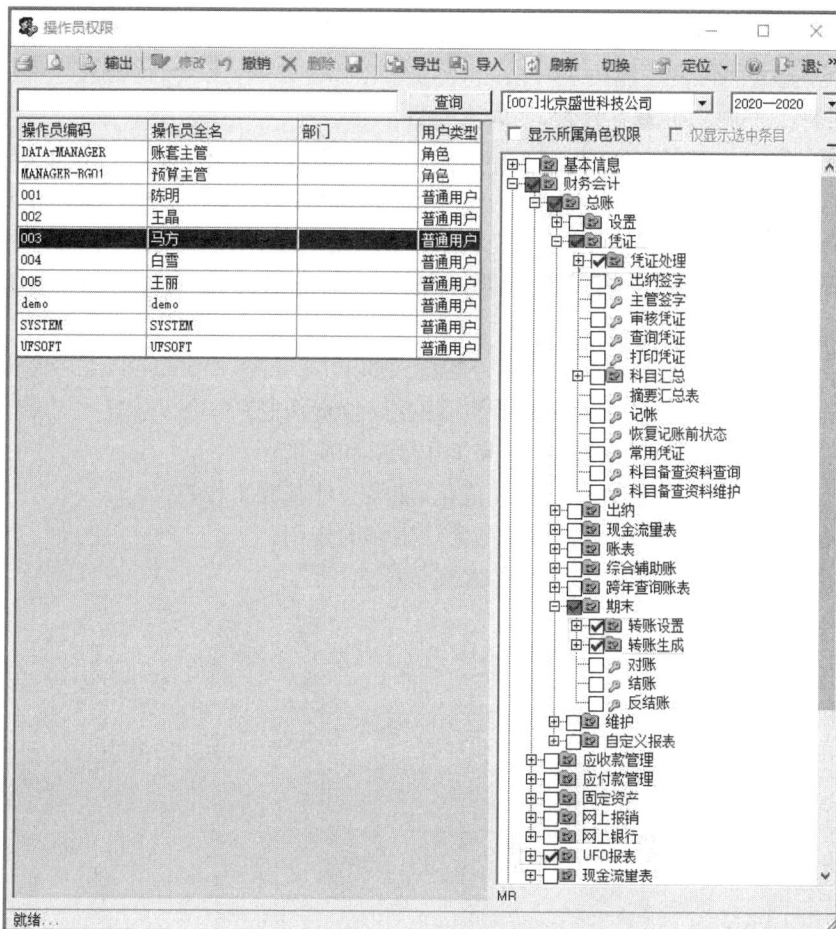

图 1-32 设置会计权限

1.5 课程思政

增加操作员,并设置权限,明白会计岗位的责任及相互牵制和不包容性岗位的设置,增强工作责任担当和团队合作意识。

(1) 根据本单位会计业务的需要设置会计工作岗位

通常,业务活动规模大、业务过程复杂、经济业务量大和管理严格的单位,会计机构规模会相应较大,会计人员相应较多,会计机构内部的岗位职责分工也相应较细;相反,业务活动规模小、业务过程简单、经济业务量少和管理要求不高的单位,会计机构规模就会相应较小,会计人员相应较少,会计机构内部的岗位职责分工也相应较粗。

会计工作岗位可以一人一岗、一人多岗或一岗多人。通常,在小型企业中,"一岗一人""一人多岗"的现象较多;而在大中型企业中,"一岗多人"的现象较多。

(2) 符合内部牵制制度的要求

《会计基础工作规范》规定:"会计工作岗位,可以一人一岗、一人多岗或者一岗多人,但出纳人员不得兼管稽核、会计档案保管和收入、费用、债权债务账目的登记工作。"在设置会计工作岗位时,必须遵循"不相容职务相互分离原则"。

(3) 对会计人员的工作岗位要有计划地进行轮岗

(4) 要建立岗位责任制

总目标——做到事事有人管,人人有专责。

具体岗位——根据《会计基础工作规范》和有关制度的规定,会计工作岗位一般分为:总会计师(或行使总会计师职权)岗位;会计机构负责人(会计主管人员)岗位;出纳岗位;稽核岗位;资本、基金核算岗位;收入、支出、债权债务核算岗位;工资核算、成本费用核算、财务成果核算岗位;财产物资的收发、增减核算岗位;总账岗位;对外财务报告编制岗位;会计电算化岗位;会计档案管理岗位。

在会计机构内部设置会计工作岗位的意义如下:

① 有利于明确分工和确定岗位职责,建立岗位责任制;

② 有利于会计人员钻研业务,提高工作效率和质量;

③ 有利于会计工作的程序化和规范化,加强会计基础工作;

④ 有利于强化会计管理职能,提高会计工作的作用;

⑤ 是配备数量适当的会计人员的客观依据之一。

第 2 章　企业应用平台

软件安装完成之后,其中是不包括任何数据的,但用计算机系统处理企业日常业务需要用到大量的基础信息,如员工、部门、科目等。因此应根据企业的实际情况,结合计算机系统技术信息设置的要求,做好基础数据的整理准备,并将数据信息正确地录入系统中,这是系统运行的基本条件。

2.1　企业应用平台

2.1.1　企业应用平台概述

为了使用友 ERP-U8 能够成为连接企业员工、用户和合作伙伴的公共平台,使系统能够得到高效、合理的使用,用友 ERP-U8 中设置了企业应用平台。企业应用平台就是用友 ERP-U8 管理软件的集成应用平台,可以实现系统基础数据的集中维护、各种信息的及时沟通、数据资源的有效利用。企业应用平台为企业员工、合作伙伴提供了访问系统的唯一通道;通过企业应用平台,用户可以设计个性化工作流程,提高工作效率,还可以实现与日常办公的协同进行。

2.1.2　企业应用平台的内容

企业应用平台中包含的内容极为丰富,与系统应用相关的主要项目包括以下方面:

1. 设置

它包括基本信息、基础档案、数据权限和单据的设置。

在基本信息中,可以设置系统启用、修改建账时设置的分类编码方案和数据精度。在基础档案中,可以设置用友 ERP-U8 管理软件各个子系统公用的基础档案信息,如机构人员、客商信息、财务信息等。在数据权限中,可以针对系统数据的操作权限进行进一步细分。单据设置提供了个性化单据显示及打印格式的定义。

2. 业务

它将用友 ERP-U8 管理软件分为财务会计、供应链、集团应用等功能群,每个功能群中又包括若干功能模块。此处也是用户访问用友 ERP-U8 管理软件中各功能模块的唯一通道。

3. 工具

它提供了常用的系统配置工具。

2.2 基础设置

基础设置是为系统的日常运行做好基础工作,主要包括基本信息设置、基础档案设置、数据权限设置和单据设置。

2.2.1 基本信息设置

在基本信息设置中,可以对建账过程所确定的编码方案和数据精度进行修改,并进行子系统启用的设置。

用友 ERP-U8 管理系统分为财务会计、管理会计、供应链、生产制造、人力资源、集团应用、决策支持和企业应用集成等产品组,每个产品组中又包含若干模块。它们中的大多数既可以独立运行,又可以集成使用,但两种方法的流程是有差异的。一方面,企业可以根据本身的管理特点选购不同的子系统;另一方面,企业也可以采取循序渐进的策略有计划地先启用一些模块,一段时间之后再启用另外一些模块。系统启用为企业提供了选择的便利,它可以表明企业在何时启用了哪些子系统。只有设置了系统启用的模块才可以登录相应的模块进行对应的操作。

启用系统的方法有两种:一种是在建账完成后立即进行系统启用,此时启用人是系统管理员 admin;另一种是由账套主管进入企业应用平台后,在基础设置的基本信息中,进入系统启用功能,实现系统功能的启用,如图 2-1 所示。

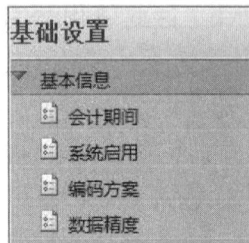

图 2-1 "基础设置"页面

2.2.2 基础档案设置

一个账套是由若干个子系统构成的,这些子系统共享公用的基础档案。基础档案是系统运行的基石,也是运行会计信息系统的前提条件。基础档案设置的内容很多,一般包括企业基本管理档案的设置,如部门档案、人员类别、人员档案等;与往来单位相关的信息设置,如客户分类/客户档案、供应商分类/供应商档案等;基本核算信息的设置,如会计科目、结算方式、银行账号等。

1. 机构人员

(1) 部门档案

部门是指某使用单位下辖的具有分别进行财务核算或业务管理要求的单元体,但不一定与企业的实际职能部门相对应。部门档案用于设置部门相关信息,包括部门编码、名称、负责人、部门属性等。其中部门属性主要用于描述部门特征,如该部门属于企业管理部门还是生产车间等。

一般来说,会计信息系统中所有模块均需要使用部门档案信息。总账管理系统中可以按照部门来考核收入或费用;薪资管理系统中按部门管理发放和管理职工工资;固定资产管理系统中按部门管理各项资产并计提折旧费用;购销存管理系统中按部门进行业务记录,提供按部门考核的依据。

案例 2-1　设置部门档案。

部门档案的资料如表 2-1 所示。

表 2-1　部门档案的资料

部门编码	部门名称	部门属性	部门编码	部门名称	部门属性
1	管理中心	管理部门	3	制造中心	生产部门
101	总经理办公室	综合管理	301	一车间	生产制造
102	财务部	财务管理	302	二车间	生产制造
2	供销中心	供销管理			
201	销售部	市场营销			
202	采购部	采购供应			

【操作步骤】

① 以 001 账套主管身份进入企业应用平台，选择"基础档案—机构人员—部门档案"命令，打开"部门档案"对话框。

② 单击 增加 按钮，根据资料输入部门编码（注意编码规则）、部门名称和部门性质，单击 （保存）按钮，保存已录部门信息，如图 2-2 所示。

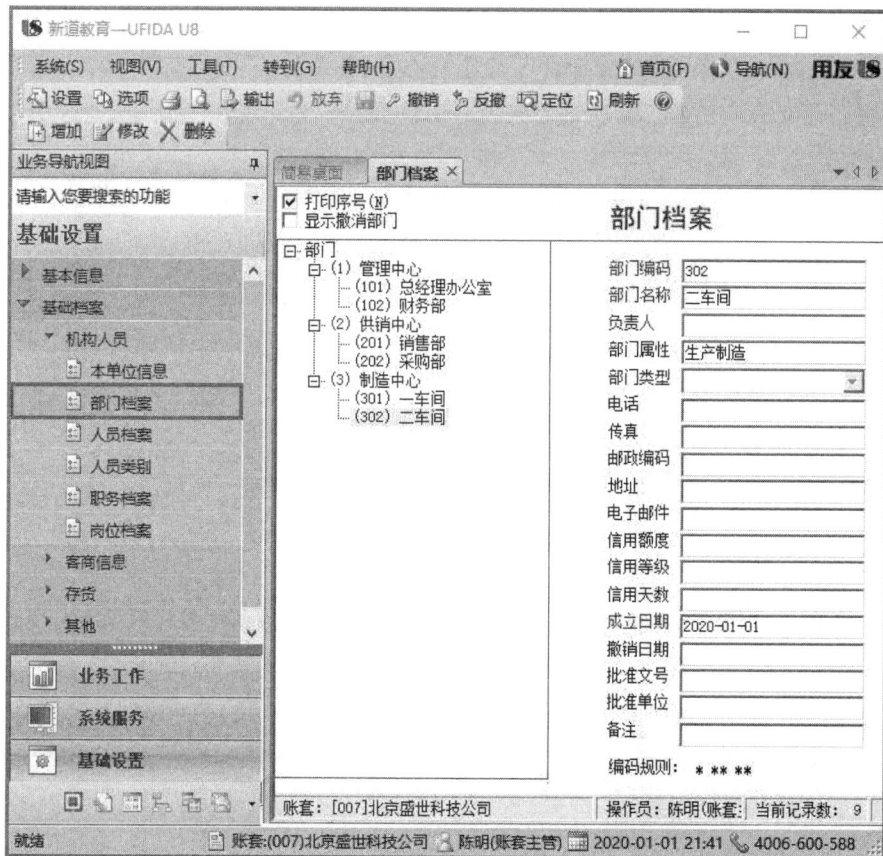

图 2-2　设置部门档案

（2）人员类别

人员类别是按某种特定的分类方式将企业职工进行分类。人员类别与工资费用的分配、分摊有关,工资费用的分配及分摊是薪资管理系统的一项重要功能。

人员类别是人员档案中的必选项目,需要在人员档案建立之前设置。

案例 2-2 设置人员类别。

本企业正式工分为四类人员,人员类别的资料如表 2-2 所示。

表 2-2　人员类别的资料

分类编码	分类名称
1001	企业管理人员
1002	经营人员
1003	车间管理人员
1004	生产人员

【操作步骤】

① 选择"基础档案—机构人员—人员类别"命令,打开"人员类别"对话框。

② 单击 ✕ 删除 按钮,删除系统中原有的人员类别内容(由于编码不能修改,只能选择先删除再增加。)

③ 单击 增加 按钮,根据资料输入人员编码、分类名称,单击"确定"按钮,保存已录部门信息(档案简称和档案简拼系统自动生成,无须操作),如图 2-3 所示。

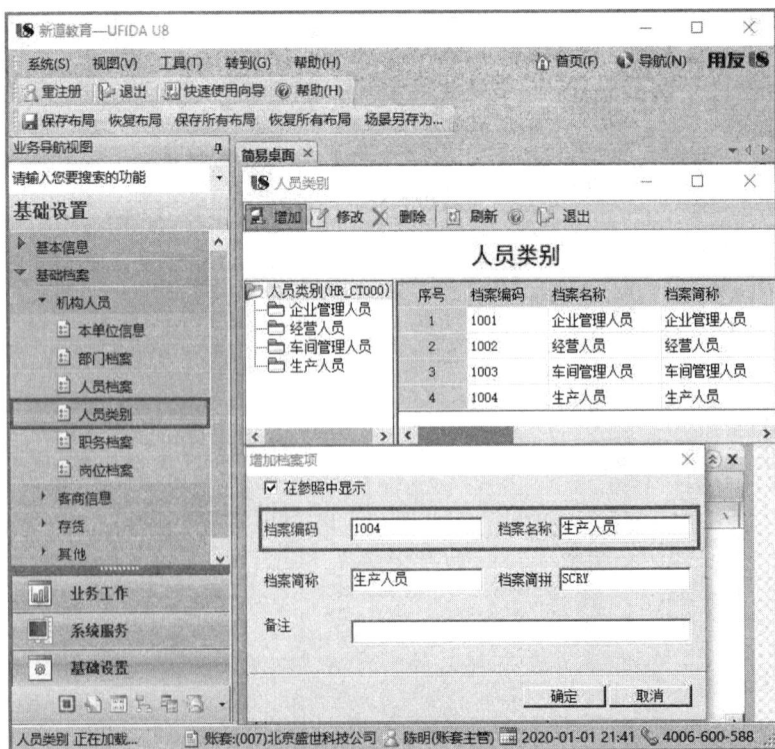

图 2-3　设置人员类别

（3）人员档案

这里的人员是指企业的各个职能部门中参与企业的业务活动，且需要对其进行核算和业绩考核的人员，如企业采购管理员、库房管理人员等。人员档案用于设置职员相关信息，包括人员编码、人员姓名、性别、人员类别、行政部门、人员属性等。其中人员属性是用来描述该职员是属于企业管理人员还是业务人员。

除固定资产管理系统和成本管理系统外，其他系统均可能用到职员档案信息。

案例2-3 设置人员档案。

人员档案的资料如表2-3所示。

表2-3 人员档案的资料

人员编码	人员姓名	性别	行政部门	人员类别	是否业务员	是否操作员
101	赵辉	男	总经理办公室	企业管理人员	是	是
102	陈明	男	财务部	企业管理人员	是	否
103	王晶	女	财务部	企业管理人员	是	否
104	马方	女	财务部	企业管理人员	是	否
201	王丽	女	销售部	经营人员	是	否
202	黄莹莹	女	销售部	经营人员	是	否
211	白雪	女	采购部	经营人员	是	否
212	李军亮	男	采购部	经营人员	是	否
301	林晓峰	男	一车间	车间管理人员	是	否
302	张洋	男	一车间	生产人员	是	否
311	刘云帆	男	二车间	车间管理人员	是	否
312	董刚	男	二车间	生产人员	是	否

【操作步骤】

① 在企业应用平台中，选择"基础档案—机构人员—人员档案"命令。

② 打开"人员档案"对话框，单击 ![增加] 按钮，根据资料输入人员编码、人员姓名、性别、行政部门、雇佣关系，单击 ![保存] （保存）按钮，如图2-4所示。若人员档案输入信息错误，在以该人员身份进入操作系统之前，除了编码均可以修改，可以利用 ![翻页按钮] 翻找已经录入的人员档案。

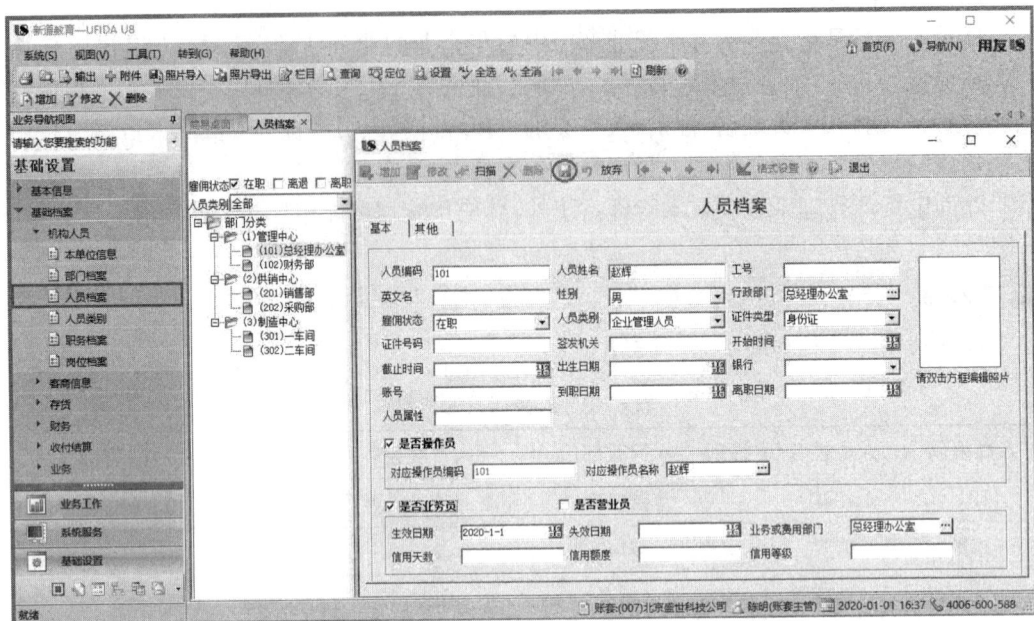

图 2-4　设置人员档案

2. 客商信息

(1) 地区分类

如果企业需要对供应商或客户按地区进行统计,那就应该建立地区分类体系。企业可以根据实际需要进行分类,如可以按省、市、区进行分类,也可以按省、市、县进行分类。分类方法和前面一样。

(2) 行业分类

行业分类是指对企业长期进行合作的客户或是供应商的行业进行分类,以便对客户和供应商的性质进行更好的分类。如工业企业、商业企业、服务业等。

(3) 客户/供应商分类

客户/供应商分类是指按照客户/供应商的某种属性或某种特征,将客户/供应商进行分类管理。企业可以从自身管理要求出发选择分类方式,以便于对业务数据的统计、分析,如可以按照行业或者地区对客户/供应商进行划分。

建立起客户/供应商分类后,必须将客户设置在最末级的客户/供应商分类之下。如果在建账时选择了客户/供应商分类,就必须先建立客户/供应商分类档案,再增加具体的客户/供应商档案;若对客户/供应商没有进行分类管理的需求,可以直接建立客户/供应商档案。

(4) 客户/供应商档案

客户/供应商档案主要用于设置往来客户/供应商档案信息,便于对客户/供应商及业务数据进行统计和分析。客户/供应商档案包含的信息非常丰富,不仅要反映客户/供应商基本情况的客户/供应商编码、客户/供应商名称、客户/供应商简称、所属分类和地区,还要包括与信用相关的信息,如信用等级、信用额度等,以及与收付款结算相关的税号(统一社会信用代码,后同)、开户银行、银行账号等信息。

案例 2 - 4　设置地区分类。

地区分类的资料如表 2-4 所示。

表 2 - 4　地区分类的资料

地区分类	分类名称
01	东北地区
02	华北地区
03	华东地区
04	华南地区
05	西北地区
06	西南地区

【操作步骤】

① 在企业应用平台中,选择"基础档案—客商信息—地区分类"命令。

② 打开"地区分类"对话框,单击 ⊞ 增加 按钮,根据资料输入分类编码(注意编码规则,一个 * 表示一位数字)和分类名称,单击 ⊟ (保存)按钮,如图 2-5 所示。

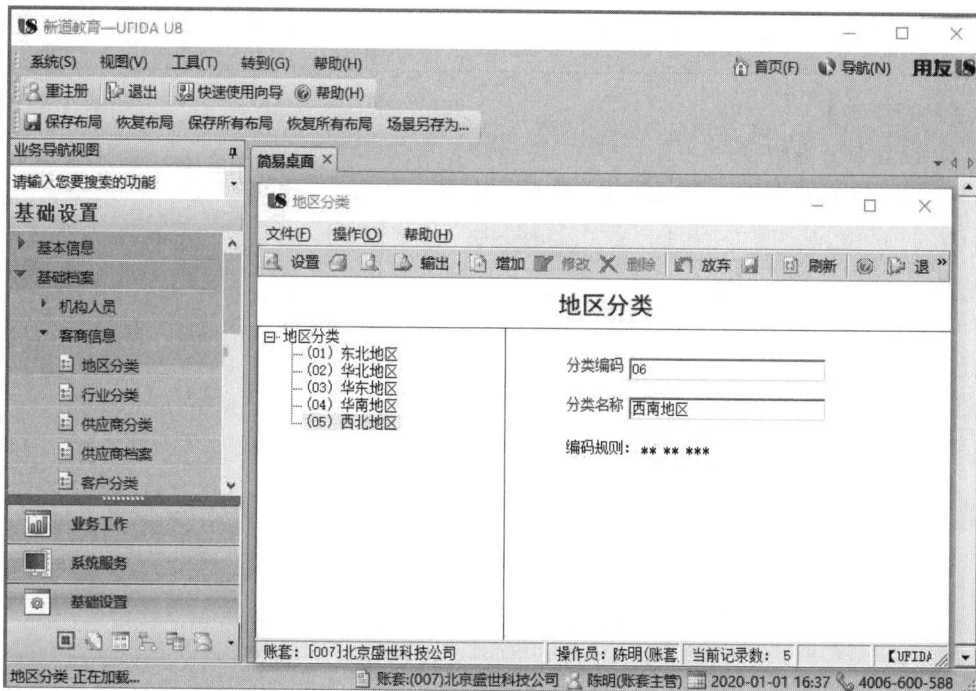

图 2 - 5　设置地区分类

案例 2-5　设置客户分类与客户档案。

客户分类与客户档案的资料如表 2-5、表 2-6 所示。

表 2-5　客户分类的资料

分类编码	分类名称
01	批发
02	零售
03	代销
04	专柜

表 2-6　客户档案的资料

客户编号	客户名称	简称	所属地区	所属分类码	税　号	开户银行及账号	分管部门及业务员
001	复兴公司	复兴	02	01	911110110110110110	农行上地分行 98765432	销售部 王丽
002	赣星贸易公司	赣星	02	01	911120120120120120	农行花园分行 87654321	销售部 王丽
003	金鑫公司	金鑫	03	04	911130130130130130	农行浦东分行 76543210	销售部 王丽
004	福良集团	福良	01	03	911140140140140140	农行平房分行 65432109	销售部 王丽

【操作步骤】

1. 设置客户分类

① 在企业应用平台中,选择"基础档案—客商信息—客户分类"命令。

② 打开"客户分类"对话框,单击 ![增加] 按钮,根据资料输入分类编码和分类名称,单击 ![保存] (保存)按钮,如图 2-6 所示。

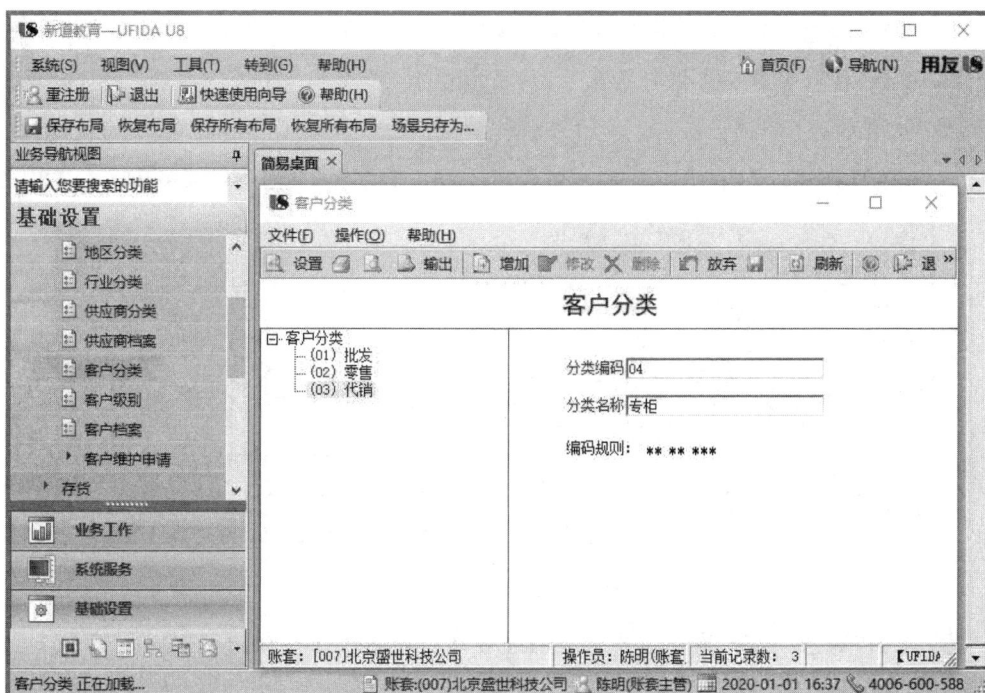

图 2 - 6 设置客户分类

2. 设置客户档案

① 在企业应用平台中,选择"基础档案—客商信息—客户档案"命令。

② 单击 增加 按钮,打开"增加客户档案"对话框,单击 增加 按钮,根据资料将客户编码、客户名称、客户简称、所属分类码、所属地区、税号输入客户档案的第一个"基本"页面,如图 2 - 7 所示。

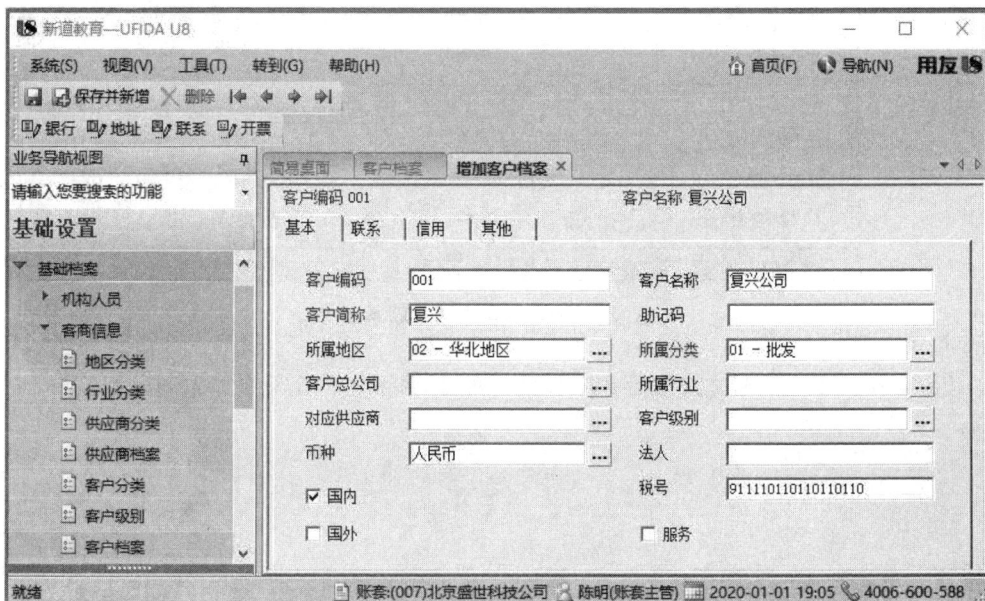

图 2 - 7 增加客户档案基本页

③ 选择对话框顶部的工具条,单击 🔲 银行 按钮,打开"客户银行档案"对话框,单击 🔳 增加 按钮,输入客户开户银行及账号,单击 🔲 (保存)按钮,默认值要选"是",后退出。如图 2-8 所示。

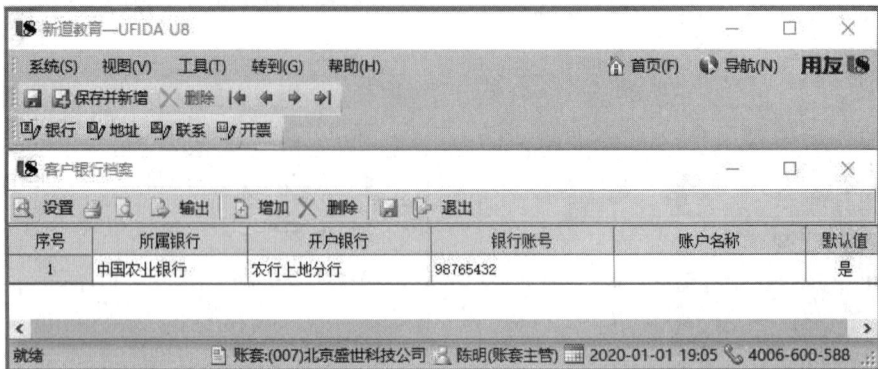

图 2-8 设置客户银行档案

④ 单击"联系"页面,输入客户对应的分管部门和分管业务员,如图 2-9 所示。单击 🔳 保存并新增 按钮,即可保存已录入的客户档案,又可打开新的对话框进行其他客户档案的录入。

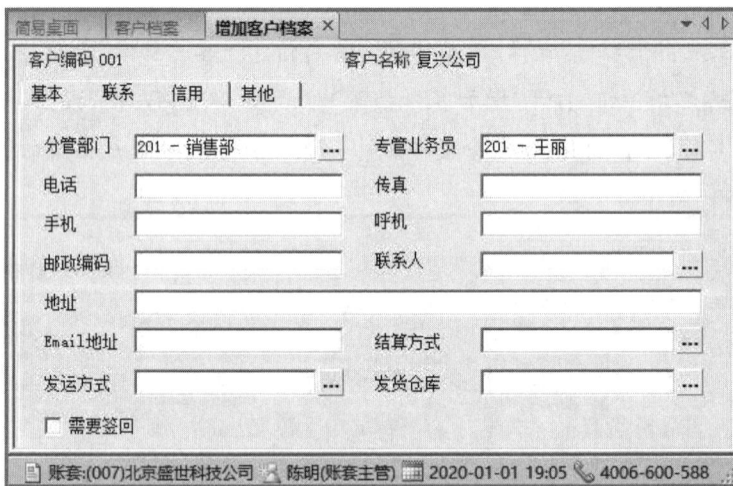

图 2-9 增加客户档案联系页

⑤ 输入最后一家客户档案后,单击 🔲 (保存)按钮,返回客户档案列表,如图 2-10 所示。

图 2-10 客户档案列表

案例 2-6 设置供应商分类与供应商档案。

供应商分类与供应商档案的资料如表 2-7、表 2-8 所示。

表 2-7 供应商分类的资料

分类编码	分类名称
01	原材料供应商
02	成品供应商

表 2-8 供应商档案的资料

供应商编号	供应商名称	简称	所属地区	所属分类码	税 号	开户银行及账号	分管部门及业务员
001	优品公司	优品	02	01	9111123123123123123	农行朝阳分行 12345678	采购部 白雪
002	创新公司	创新	02	01	9112234234234234234	农行海淀分行 23456789	采购部 白雪
003	华美科技公司	华美	03	02	9113345345345345345	农行永福支行 34567890	采购部 白雪
004	高乐集团	高乐	03	02	9114456456456456456	农行徐汇分行 45678901	采购部 白雪

【操作步骤】

1. 设置供应商分类

① 在企业应用平台中,选择"基础档案—客商信息—供应商分类"命令。

② 打开"供应商分类"对话框,单击 [增加] 按钮,根据资料输入分类编码和分类名称,单击 [保存] 按钮,如图 2-11 所示。

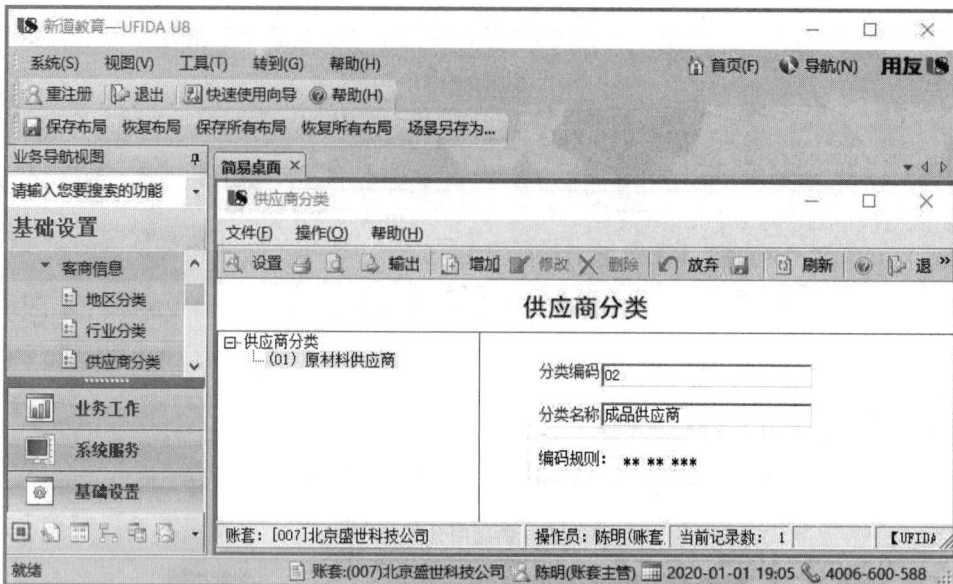

图 2-11 设置供应商分类

2. 设置供应商档案

① 在企业应用平台中,选择"基础档案—客商信息—供应商档案"命令。

② 单击 增加 按钮,打开"增加供应商档案"对话框,单击 增加 按钮,根据资料将供应商编码、供应商名称、供应商简称、所属分类码、所属地区、税号、开户银行及账号输入供应商档案的第一个"基本"页面,如图 2-12 所示。

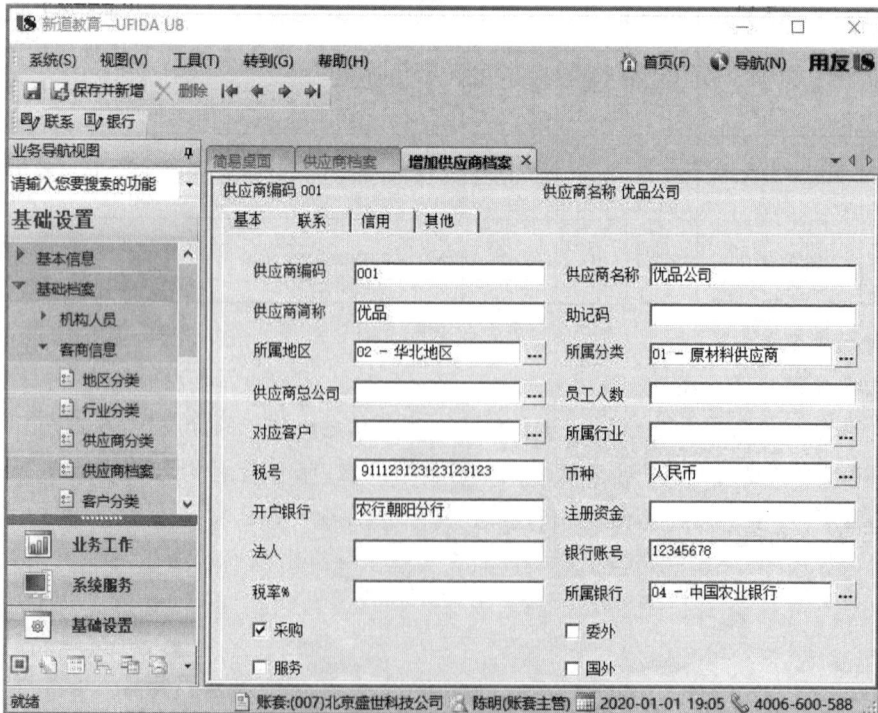

图 2-12 增加供应商档案基本页

③ 单击"联系"页面,输入供应商对应的分管部门和分管业务员,如图 2-13 所示。单击 保存并新增 按钮,即可保存已录入的供应商档案,又可打开新的对话框进行其他供应商档案的录入。

图 2-13　增加供应商档案联系页

④ 输入最后一家供应商档案后,单击 🖫 (保存)按钮,返回供应商档案列表,如图 2-14 所示。

图 2-14　供应商档案列表

2.2.3　数据权限设置

用友 ERP-U8 管理系统中,提供了三种不同性质的权限管理,即数据权限、金额权限和功能权限。如图 2-15 所示。

1. 数据权限

数据权限是针对业务对象的控制,可以选择对特定业务对象的某些项目或某些记录进行查询和录入的权限控制。

2. 金额权限

金额权限的主要作用体现在两个方面:一是设置用户在填

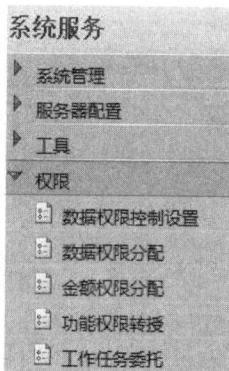

图 2-15　数据权限

制凭证时,对特定科目允许输入的金额范围;二是设置用户在填制采购订单时,允许输入的金额范围。

3. 功能权限

功能权限在系统管理中进行设置,主要规定了每个操作员对某模块及细分功能的操作权限。

2.2.4 单据设置

不同企业的各项业务处理中使用的单据可能存在细微的差别,用友 ERP-U8 管理软件中预置了常用单据模版,并且允许用户对各单据类型的多个显示模板进行设置,以定义本企业需要的单据格式。

2.3 课程思政

1. 课程思政要点

(1)诚实守信

诚实守信是会计专业的核心理念,也是会计行业得以健康发展的基本保证。

相关性和可靠性是会计信息质量的最基本要求,离开了诚信,会计的可靠性也就无从谈起。因此,在会计电算化课程的教学中,必须对学生进行诚信教育,要教育学生坚持准则,不做假账,养成诚信、可靠的专业品质。

(2)认识会计电算化

会计电算化早期也叫作计算机会计,是指以电子计算机为主体的信息技术在会计工作中的应用,具体而言,就是利用会计软件,指挥以各种计算机设备替代手工来完成或在手工操作下很难完成的会计工作过程,会计电算化是以电子计算机为主的当代电子技术和信息技术应用到会计实务中的简称。

会计电算化是一个应用电子计算机实现的会计信息系统。它实现了数据处理的自动化,使传统的手工会计信息系统发展演变为电算化会计信息系统。会计电算化是会计发展史上的一次重大革命,它不仅是会计发展的需要,而且是经济和科技对会计工作提出的要求。

2. 课程思政点

(1)实地参观实习

现场体验会计电算化岗位工作,让专业融入实际生活,增强对会计岗位工作的感性认识,提升学生对专业的认可度,为培养爱岗敬业的品质奠定基础。

(2)市场调研

要求学生调查会计信息化软件市场,了解市场中常见的财务软件产品,从会计信息化软件市场份额分析导入课程,介绍国内用友、金蝶等财务软件,使学生认识国产品牌,增强荣誉感。

第3章　总账管理

总账管理系统是用友 ERP-U8 管理软件的核心子系统,适合于各行各业进行账务核算及管理工作。总账管理系统既可以独立运行,也可以与其他系统协同运转。

3.1　系统概述

总账管理系统的基本功能是将会计原始凭证经过一定的数据处理过程形成会计账簿,无论是手工方式还是计算机方式,都必须完成这一基本功能。

3.1.1　功能概述

总账管理系统的主要功能包括初始设置、凭证管理、出纳管理、账簿管理、辅助核算管理和期末处理等。

1. 初始设置

由用户根据本企业的需要建立账务应用环境,将用友通用账务处理系统变成适合本单位实际需要的专用系统。其主要工作包括选项设置、期初余额的录入等。

2. 凭证管理

凭证管理通过严密的制单控制来保证填制凭证的正确性,提供资金赤字控制、支票控制、预算控制、外币折算误差控制及查看最新余额等功能,加强对所发生业务的及时管理和控制。凭证管理的主要工作包括完成凭证的输入、审核、记账、查询、打印,以及出纳签字、常用凭证定义等。

3. 出纳管理

为出纳人员提供了一个集成办公环境,加强对现金及银行存款的管理。可完成登记银行存款日记账、现金日记账,随时出最新资金日报表、银行存款余额调节表,以及进行银行对账。

4. 账簿管理

强大的查询功能使整个系统实现总账、明细账、凭证联查,并可查询包含未记账凭证的最新数据。可随时提供总账、科目余额表、明细账、日记账等标准账表的查询。

5. 辅助核算管理

总账管理系统除了提供总账、科目余额表、明细账、日记账等主要账簿数据的查询外,还提供辅助核算管理,包括个人往来核算、部门核算、项目管理、往来管理。

（1）个人往来核算

个人往来核算主要进行个人借款、还款管理工作，及时地控制个人借款，完成清欠工作。提供个人借款明细账、催款单、余额表、账龄分析报告及自动清理核销已清账等功能。

（2）部门核算

部门核算主要为了考核部门费用收支的发生情况，及时地反映控制部门费用的支出，对各部门的收支情况加以比较，便于进行部门考核。

提供各级部门总账、明细账的查询，并对部门收入与费用进行部门收支分析等功能。

（3）项目管理

项目管理可用于生产成本、在建工程等业务的核算，以项目为中心为使用者提供项目的成本、费用、收入、往来等汇总与明细情况，以及项目计划的执行报告等；也可用于核算科研课题、专项工程、产成品成本、旅游团队、合同、订单等。

提供项目总账、明细账及项目统计表的查询。

（4）往来管理

往来管理主要进行客户和供应商往来款的发生、清欠管理工作，及时掌握往来款项的最新情况。提供往来款的总账、明细账、催款单、往来账清理、账龄分析报告等功能。

6. 期末处理

灵活的自定义转账功能、各种取数公式可满足各类业务的转账工作。

自动完成月末分摊、计提、对应转账、销售成本、汇兑损益、期间损益结转等业务。

进行试算平衡、对账、结账，生成月末工作报告。

3.1.2　总账管理系统与其他系统的主要关系

总账管理系统与其他系统的主要关系如图 3-1 所示。

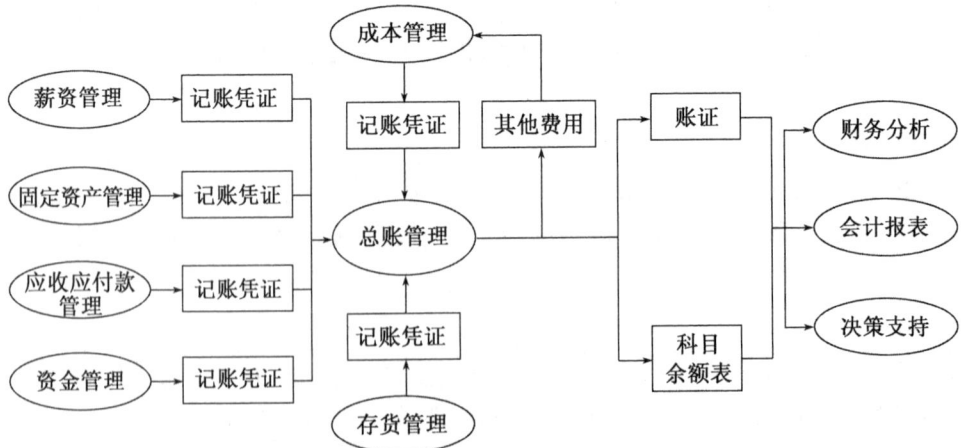

图 3-1　总账管理系统与其他系统的主要关系

3.1.3　总账管理系统的业务处理流程

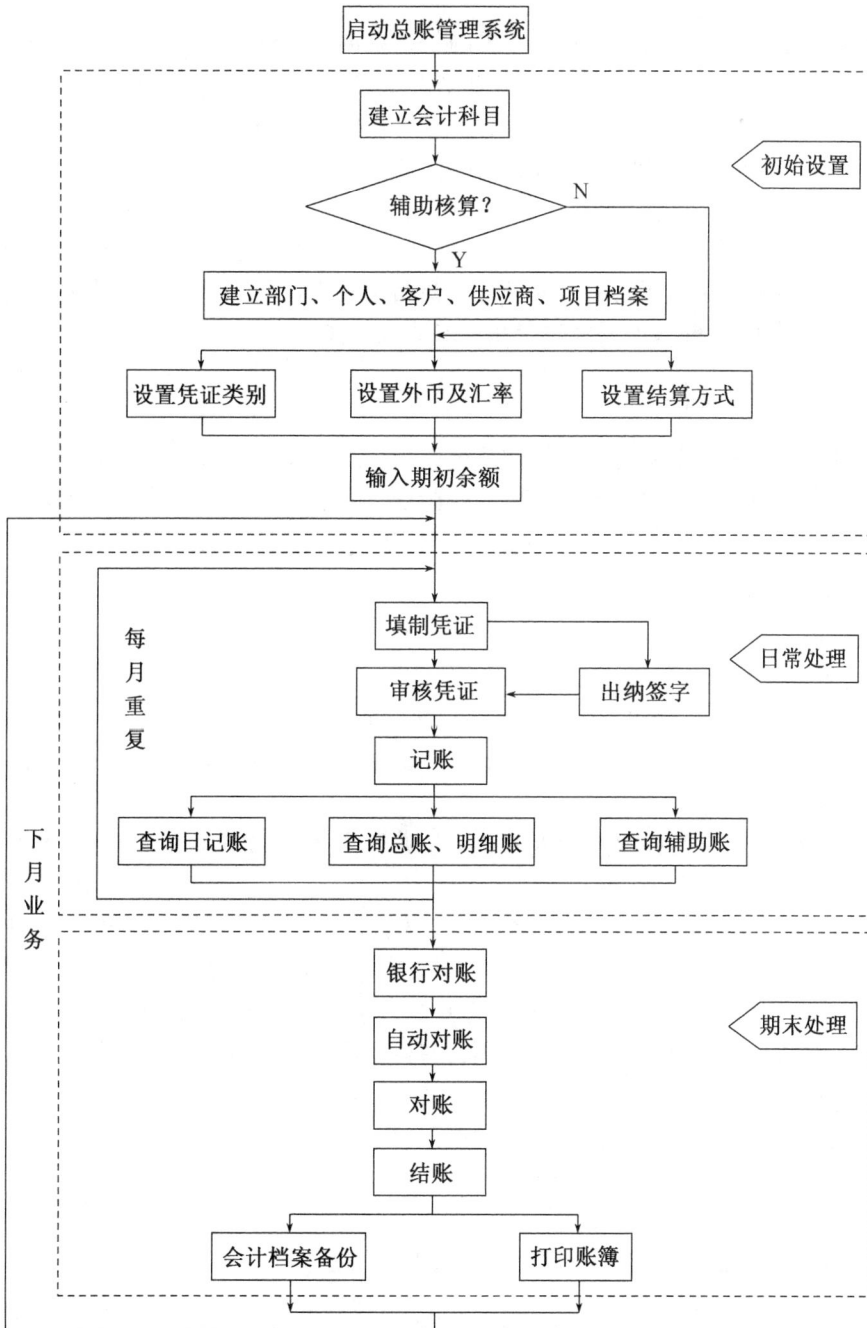

```
                    启动总账管理系统

                      建立会计科目
                                                        初始设置
              辅助核算？              N

                        Y
          建立部门、个人、客户、供应商、项目档案

      设置凭证类别      设置外币及汇率      设置结算方式

                      输入期初余额

  每
  月                    填制凭证                        日常处理
  重
  复                    审核凭证          出纳签字

                        记账

      查询日记账      查询总账、明细账      查询辅助账
  下
  月
  业                    银行对账
  务
                        自动对账                        期末处理

                        对账

                        结账

          会计档案备份              打印账簿
```

图 3 - 2　总账管理系统的业务处理流程

3.2 总账管理系统的初始化

总账管理系统在开发过程中重点考虑的是系统的通用性,即不同行业账务处理和财务管理的一般特性,为了满足各单位的具体情况,系统提供了初始设置功能。使用通用账务系统的单位可以根据本单位账务处理和财务管理的具体情况,利用此项功能对系统进行设置,以满足本单位会计业务处理的需要,这种设置工作称为系统初始化。

总账管理系统的初始设置类似于手工方式下选定记账方式,确定会计科目和账户,设计记账凭证,制定记账规则,结转期初余额等初始建账工作。总账管理系统的初始设置一般由财务主管或财务主管指定的专人进行。初始设置工作在系统投入使用时进行,以后一般不再重新设置或修改,如需修改应在年末结账后进行。

3.2.1 控制参数设置

首次启用一个新建账套的总账管理系统或启用一个总账管理系统之后,都可以对总账管理系统的控制功能做进一步的设置。这些设置对后面的操作将产生影响,因此在设置前要考虑周全。

1. 凭证控制设置

(1)制单控制

在填制凭证时,系统能够进行的控制。

① 制单序时控制:制单时,凭证编号必须按日期顺序排列。

② 支票控制:在制单时录入了未在支票登记簿中登记的支票号,系统将提供提示和登记支票登记簿的功能。

③ 赤字控制:资金及往来科目制单时,当现金、银行存款科目的最新余额出现负数时,系统将予以提示。

④ 可以使用其他系统受控科目:若某科目为其他系统的受控科目(如客户往来、供应商往来科目为应收、应付款管理系统的受控科目等),一般来说,为了防止重复制单,应只允许其受控系统来使用该科目进行制单,总账管理系统是不能使用此科目进行制单的,但如果用户希望在总账管理系统中也能使用这些科目填制凭证,则应选择此项。

(2)凭证控制

处理凭证时,系统能够进行的操作控制。

① 现金流量科目必录现金流量项目。

② 同步删除业务系统凭证。

③ 自动填补凭证断号:当凭证编号不连贯时,自动连号。

④ 批量审核凭证进行合法性校验。

⑤ 凭证录入时结算方式及票据号必录。

⑥ 主管签字后不可以取消审核和出纳签字。

(3)凭证编号方式控制

其中,"系统编号"为填制凭证时按照凭证类别按月自动编制凭证编号;"手工编号"为制单时手工录入凭证编号。

（4）现金流量参考科目

它包括现金流量项目、对方科目、自动显示。

案例 3-1 北京盛世科技公司日常制单由系统自动编号,其凭证控制设置的要求如表 3-1 所示。

表 3-1 凭证控制设置的要求

选项卡	参数设置
凭证	制单序时控制
	支票控制
	赤字控制:资金及往来科目;赤字控制方式:提示
	可以使用应收款管理、应付款管理、存货管理系统受控科目
	取消"现金流量科目必录现金流量项目"选项
	凭证编号方式采用系统编号

【操作步骤】

① 以 001 账套主管身份登录"企业应用平台"操作界面。

② 在"业务工作"选项卡中,执行"设置—选项"命令,打开"选项"对话框。

③ 单击"编辑"按钮,进入选项编辑状态。

④ 打开"凭证"选项卡,按表 3-1 中所示的要求进行相应设置。

⑤ 设置完成后,单击"确认"按钮,如图 3-3 所示。

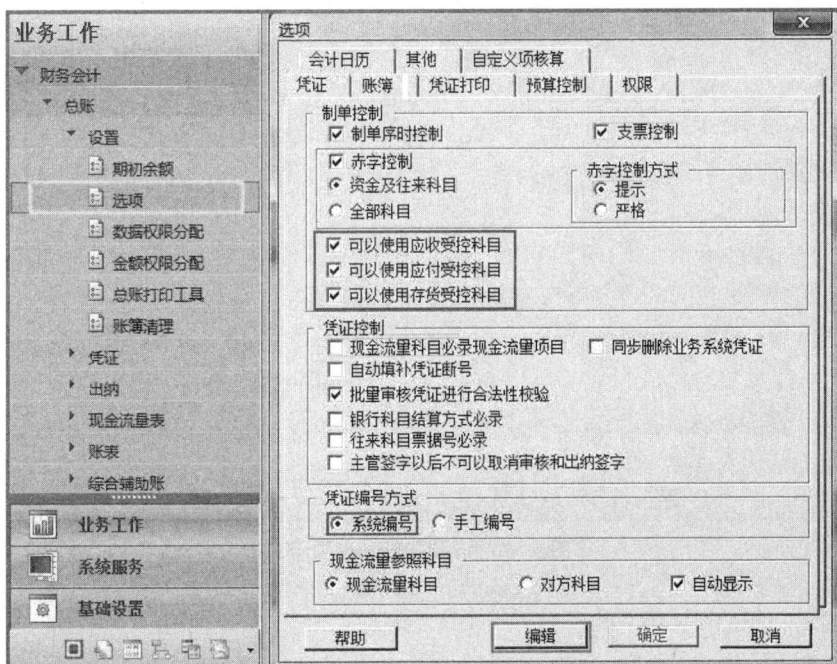

图 3-3 设置"凭证"选项卡

2. 账簿设置

账簿设置用来调整各种账簿的输出方式及打印要求等。

（1）打印位数宽度

定义正式账簿打印时各栏目的宽度，包括摘要、金额、外币、数量、汇率、单价。

（2）明细账（日记账、多栏账）打印输出方式

设定打印正式明细账、日记账或多栏账时，按年排页还是按月排页。

案例 3-2 承前案例，账簿设置的要求如表 3-2 所示。

表 3-2　账簿设置的要求

选项卡	参数设置
账簿	账簿打印位数按软件的标准设定
	明细账打印按年排页

【操作步骤】

前三个操作步骤与案例 3-1 中的相同，然后打开"账簿"选项卡，按表 3-2 中所示的要求进行相应设置，设置完成后，单击"确认"按钮，如图 3-4 所示。

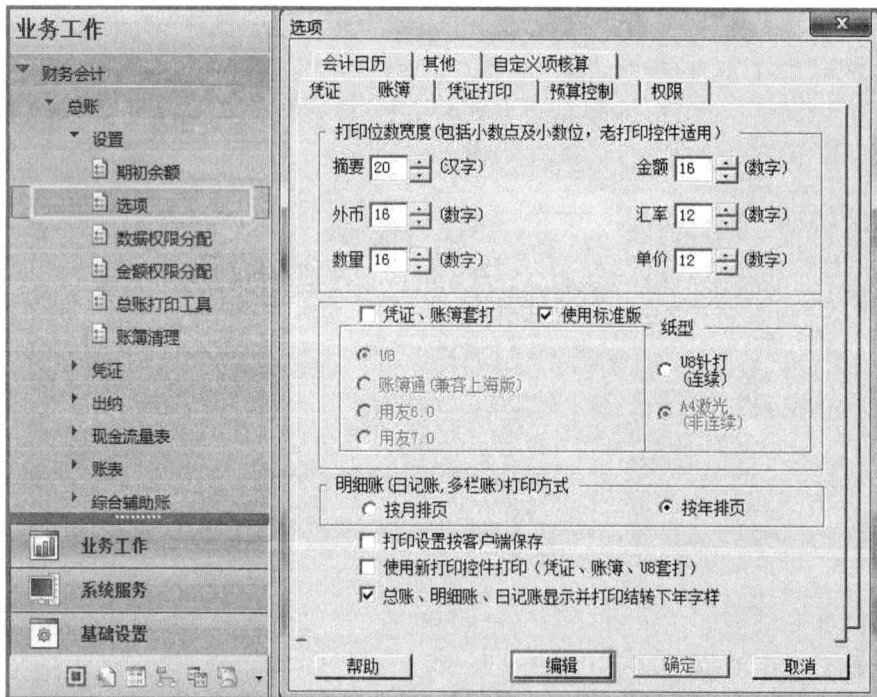

图 3-4　设置"账簿"选项卡

3. 凭证打印

① 合并凭证显示、打印。

按科目、摘要相同方式合并：合并凭证时要求会计科目和摘要都相同才能合并。

按科目相同方式合并：合并凭证时要求会计科目相同就能合并。

② 打印凭证的制单、出纳、审核、记账等人员姓名。

③ 打印包含科目编码。

④ 打印转账通知书：包括转入单位按科目名称列示，转入单位按科目部门辅助核算列示，转入单位按科目客户、供应商辅助核算列示。

⑤ 凭证、正式账每页打印行数：可对明细账、日记账、多栏账的每页打印行数进行设置。

案例 3-3 承前案例，凭证打印设置的要求如表 3-3 所示。

表 3-3 凭证打印设置的要求

选项卡	参数设置
凭证打印	打印凭证的制单、出纳、审核、记账等人员姓名

【操作步骤】

前三个操作步骤与案例 3-1 中的相同，然后打开"凭证打印"选项卡，按表 3-3 中所示的要求进行相应设置，设置完成后，单击"确认"按钮，如图 3-5 所示。

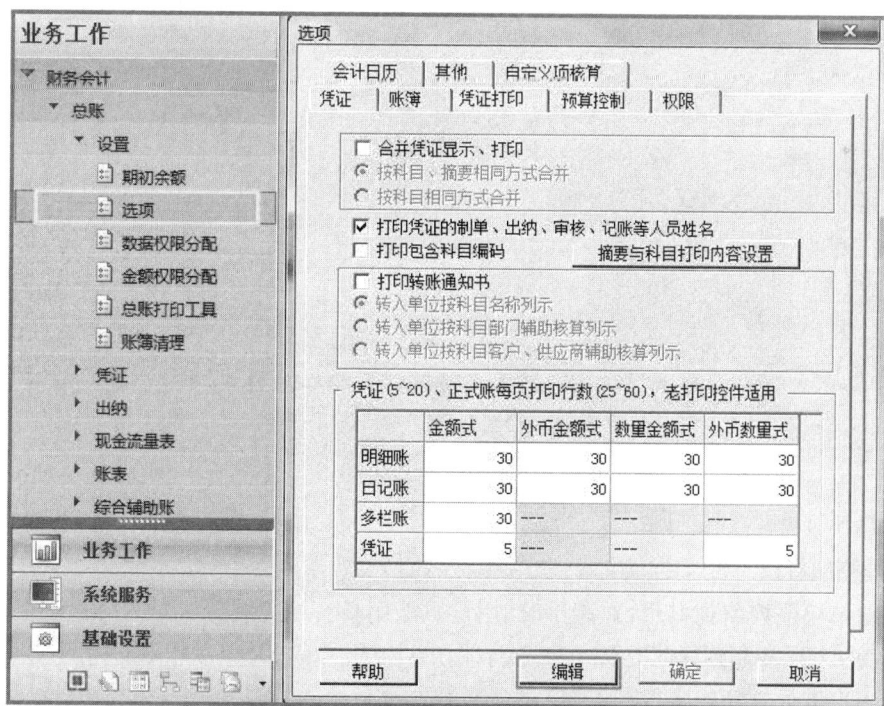

图 3-5 设置"凭证打印"选项卡

4. 预算控制

案例 3 - 4 承前案例,预算控制设置的要求如表 3 - 4 所示。

表 3 - 4　预算控制设置的要求

选项卡	参数设置
预算控制	超出预算允许保存

【操作步骤】

前三个操作步骤与案例 3 - 1 中的相同,然后打开"预算控制"选项卡,按表 3 - 4 中所示的要求进行相应设置,设置完成后,单击"确认"按钮,如图 3 - 6 所示。

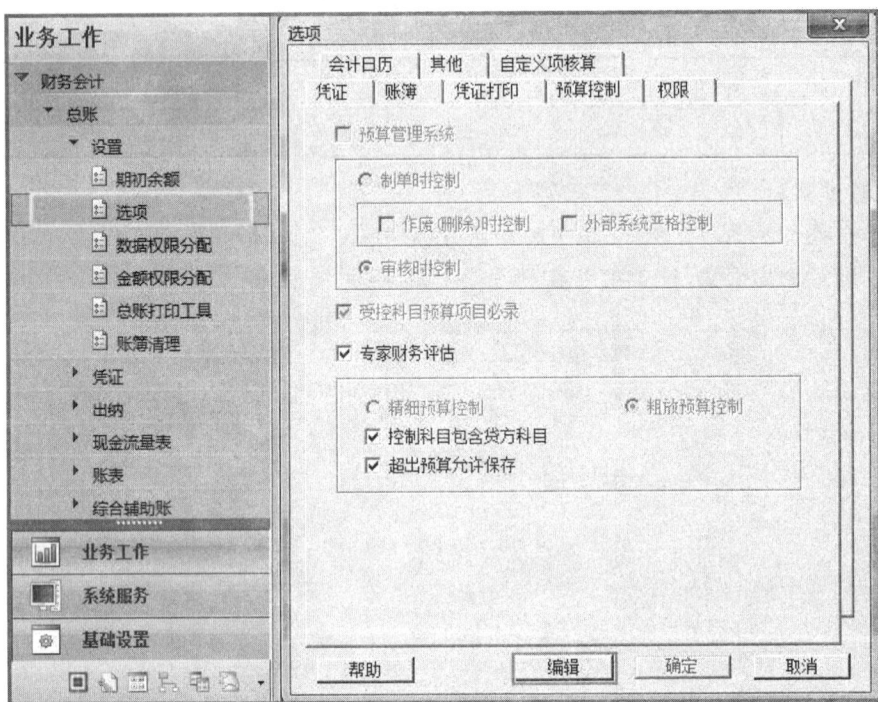

图 3 - 6　设置"预算控制"选项卡

5. 权限

权限控制有以下几个方面:

① 制单权限控制到科目:在制单时,用户只能用具有相应制单权限的科目制单。

② 制单权限控制到凭证类别:在制单时,用户只能用具有相应制单权限的凭证类别制单。

③ 用户进行金额权限控制:用户对金额的处理有额度的限制。

④ 凭证审核控制到用户:允许对审核凭证权限做进一步细化,如只允许某用户审核其本部门的用户填制的凭证,而不能审核其他部门用户填制的凭证,并应通过"明细权限"去做进一步的设置。

　　⑤ 出纳凭证必须经由出纳签字：含有现金、银行存款科目的凭证必须由出纳人员对其进行核对签字后才能记账。

　　⑥ 凭证必须经由主管签字：凭证必须由主管对其进行核对签字后才能记账。

　　⑦ 允许修改他人填制的凭证：在制单时可修改别人填制的凭证。

　　⑧ 可查询他人凭证：可以对他人填制的凭证进行查询。

　　⑨ 明细账查询权限控制到科目：允许对查询和打印权限做进一步控制，例如，仅允许某用户具有部分科目明细账的查询或打印权限，而不具有另一部分科目明细账的查询或打印权限。

案例 3-5　承前案例，权限设置的要求如表 3-5 所示。

表 3-5　权限设置的要求

选项卡	参数设置
权限	出纳凭证必须经由出纳签字
	允许修改、作废他人填制的凭证
	可查询他人凭证

【操作步骤】

　　前三个操作步骤与案例 3-1 中的相同，然后打开"权限"选项卡，按表 3-5 中所示的要求进行相应设置，设置完成后，单击"确认"按钮，如图 3-7 所示。

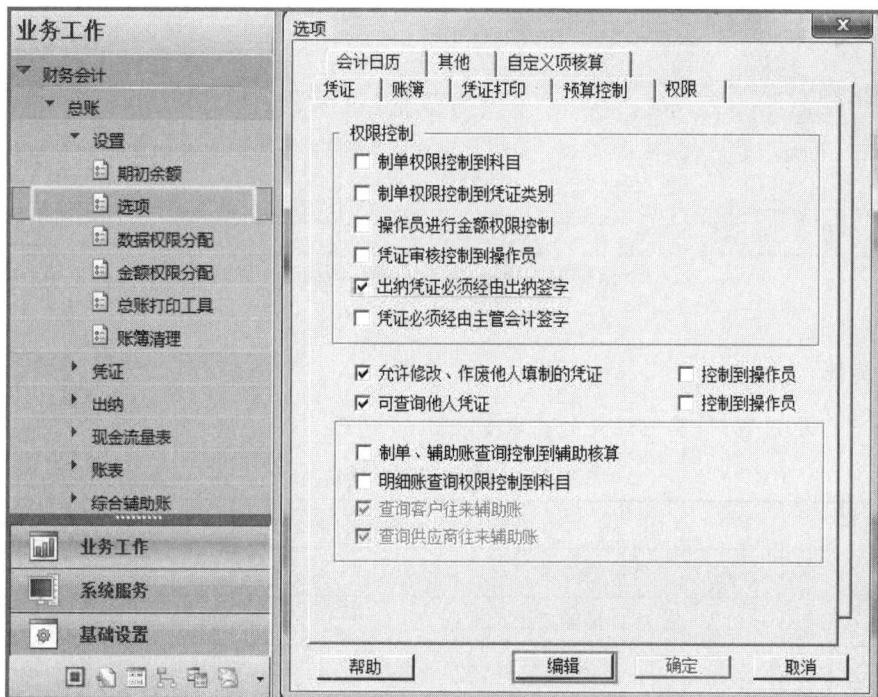

图 3-7　设置"权限"选项卡

6. 会计日历

案例3-6 承前案例,会计日历设置的要求如表3-6所示。

表3-6 会计日历设置的要求

选项卡	参数设置
会计日历	会计日历为1月1日—12月31日
	数量小数位和单位小数位设置为2位

【操作步骤】

前三个操作步骤与案例3-1中的相同,然后打开"会计日历"选项卡,按表3-6中所示的要求进行相应设置,设置完成后,单击"确认"按钮,如图3-8所示。

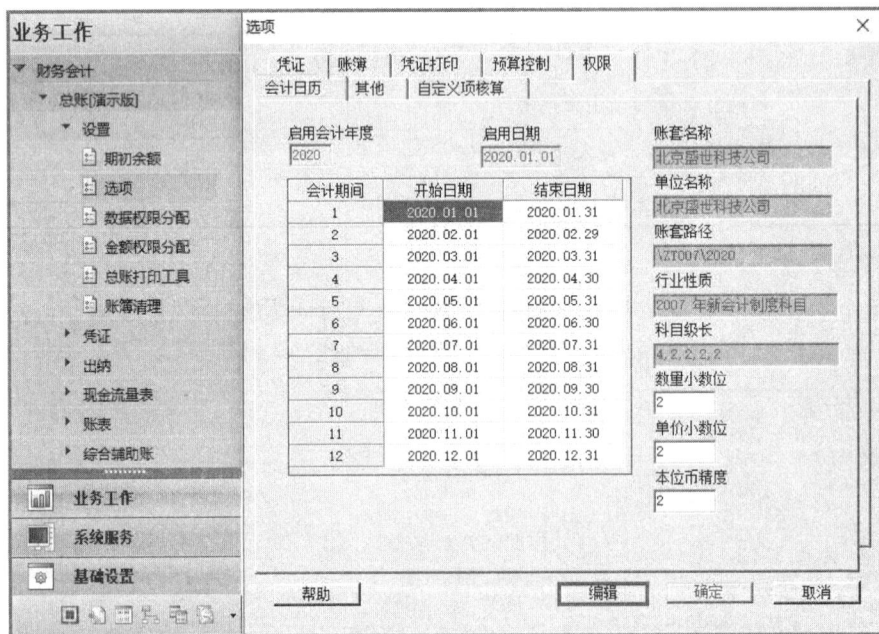

图3-8 设置"会计日历"选项卡

7. 其他

案例3-7 承前案例,其他设置的要求如表3-7所示。

表3-7 其他设置的要求

选项卡	参数设置
其他	外币核算采用固定汇率
	部门、个人、项目按编码方式排序

【操作步骤】

前三个操作步骤与案例3-1中的相同,然后打开"其他"选项卡,按表3-7中所示的要求进行相应设置,设置完成后,单击"确认"按钮。如图 3-9 所示。

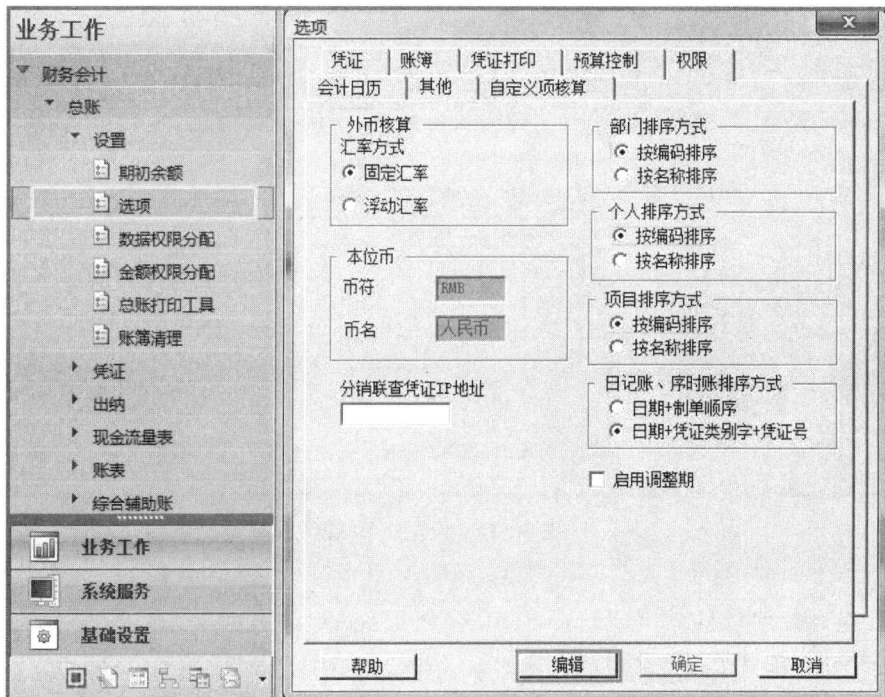

图 3-9　"其他"设置

3.2.2　基础数据设置

1. 定义外币及汇率

汇率管理是专为外币核算服务的。企业有外币业务要进行外币及汇率的设置。其作用是,一方面可以减少录入汇率的次数和差错;另一方面可以避免在汇率发生变化时出现错误。

外币及汇率的设置仅用于录入固定汇率与浮动汇率值,并不决定在制单时是使用固定汇率还是浮动汇率,在制单时是使用固定汇率还是浮动汇率由账簿初始化设置决定。

如果使用固定汇率,则应在每月月初录入记账汇率(即期初汇率),月末计算汇兑损益时录入调整汇率(即期末汇率);如果使用浮动汇率,则应每天在此处录入当日汇率。

案例 3-8　北京盛世信息科技有限公司持有外币,币符 USD;币名:美元;固定汇率 1:6.83(此汇率只供演示使用)。

【操作步骤】

① 在企业应用平台的"基础设置"选项卡中,执行"基础档案—财务—外币设置"命令,打开"外币设置"对话框。

② 单击"增加"按钮,输入币符"USD";币名"美元",单击"确认"按钮。

③ 输入"2020-01"月份的记账汇率"6.83",单击"退出"按钮,如图 3-10 所示。

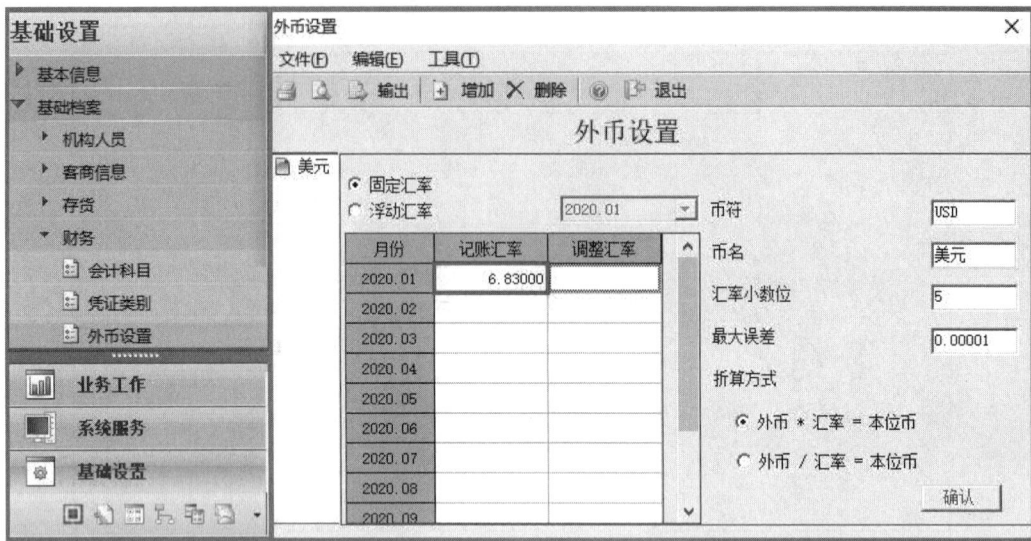

图 3-10　设置外币核算

2. 建立会计科目

建立会计科目是会计核算的方法之一。在使用系统之前,应根据《会计法》《企业会计准则》及《企业会计制度》等的要求,结合本单位会计核算和管理的需要及软件的特点,确定会计科目。

(1) 会计科目体系设置的要求

会计科目体系的设置应考虑以下几方面的要求:

① 必须满足会计核算的要求。要根据不同单位经济业务的特点,以全面核算其经济业务的全过程及结果为目的,使全部经济业务在所设的科目体系中都能得到反映。

② 必须满足管理的要求。会计信息系统还要为单位管理提供各种信息,为考核和分析单位的经营状况,实施控制,做出预测、决策提供依据。而这些要求都可以通过合理地设置科目体系得到满足。

③ 必须满足报表的要求。会计报表是会计信息系统输出的基本信息之一,会计报表中的各项数据应能方便地从系统中自动生成。会计报表中的各个要素应能从各级会计科目中找到。

④ 要保持相对稳定性。进行科目设置时必须考虑单位经济活动的发展前景,留出较充分的余地。

⑤ 必须满足会计制度的要求。我国的《企业会计制度》对一级科目名称、编码使用范围都有明确的规定,不允许各单位进行修改,只能在制度允许的条件下进行适当的增删,单位在确定科目体系时必须遵循这一规定。

会计科目编码方案一旦确定,在一个会计年度内不得变更,只能进行明细科目的增减变动,因而,会计科目编码方案必须相对稳定。但是,随着经济业务的变化,原有的会计科目体系可能难以满足核算和管理的要求,需要加以改变。

按照 42222 的设置方法,二级明细科目最多有 99 个,能满足绝大多数会计科目明细科目设置的需要。如"银行存款""应收账款""管理费用"等总账科目都需要设置二级科目。在这些科目中,"银行存款"科目通常以开户银行及账号为设置依据,少则两三个,多则七八个,而"管理费用"等科目下设的二级明细科目一般都不会超过 100 个。两位长度的代码应能满足以后添加同级科目的需求。而"应收账款"等往来科目通常根据客户或单位设置二级明细科目,随着经济业务的不断扩大,对于往来业务较多的单位,明细科目可能超过 100 个,这样原有的科目设置方案就难以满足会计核算的要求,需要增至 3 位甚至更长。由于同级科目必须使用等长的科目编码,其他总账科目下的二级科目也要使用 3 位或更长的科目编码。所以,如果设定的分段代码位数较长而绝大多数总账科目所包含的明细科目个数不多时,其他科目的操作速度势必因此而受影响,这一点便与简洁性原则相矛盾。

为解决上述问题,对往来科目目前有两种设置方法。一是在总账科目下将往来单位设置为明细科目,可将明细科目先行分类,按分类设置二级科目,然后设置三级明细科目。如"应收账款"总账科目下先按客户所属地区分类,设置二级明细科目,然后按客户对象设置三级明细科目。这种设置方法比较简单、直观,但其主要缺陷是明细科目级数太多,明细科目数量过多,难以满足业务发展的要求,也难以对往来账进行重点管理。二是设置辅助账,往来科目下不设往来单位明细科目,专设往来辅助账对往来业务进行管理。

往来目录设定后,还要设置相应科目的往来明细账和总账。当输入记账凭证时,先输入会计科目编码,再输入相应的往来单位编号和业务编号,记账时则会同时登记相应的往来辅助账。

这种办法解决了将往来单位设为明细科目的缺陷,充分利用了计算机存储容量大、处理能力强的特点,使会计信息更加全面、详细,有助于提高核算和管理水平。目前,大部分会计软件都支持往来辅助账,同时还可以设置部门核算辅助账、项目核算辅助账等,使会计核算资料更加全面、完整。

例如,为了充分体现计算机管理的优势,在单位原有的会计科目基础上,应对以往的一些科目结构进行调整,以便充分发挥计算机的辅助核算功能。如果单位原来有许多往来单位、个人、部门、项目是通过设置明细科目来进行核算管理的,那么,在使用总账管理系统后,可将这些明细科目设为相应的辅助核算目录。一个科目设置了辅助核算后,它所发生的每一笔业务将会登记在辅助总账和辅助明细账中。

(2)会计科目设置的内容

① 科目编码。科目编码应是科目全编码,即从一级科目至本级科目的各级科目编码组合。其中,各级科目编码必须唯一,且必须按其级次的先后次序建立,即先有上级科目,然后才能建立下级明细科目。科目编码中的一级科目编码必须符合现行的会计制度。通常,通用商品化会计核算系统在建立账套时,会自动装入规范的一级会计科目。

② 科目名称。科目名称是指本级科目名称,通常分为科目中文名称和科目英文名称。在中文版中,必须录入中文名称;若是英文版,则必须录入英文名称。科目中文名称和英文名称不能同时为空。

③ 科目类型。科目类型是指会计制度中规定的科目类型,分为资产、负债、共同权益、成本、损益。

④ 账页格式。账页格式用于定义该科目在账簿打印时的默认打印格式。通常系统会提供金额式、外币金额式、数量金额式、外币数量式四种账页格式供选择。

⑤ 助记码。助记码用于帮助记忆科目,提高录入和查询速度。通常科目助记码不必唯一,可以重复。

⑥ 科目性质(余额方向)。增加登记在借方的科目,科目性质为借方;增加登记在贷方的科目,科目性质为贷方。一般情况下,只能在一级科目设置科目性质,下级科目的科目性质与其一级科目的相同。已有数据的科目不能再修改科目性质。

⑦ 辅助核算。辅助核算也称为辅助账类,用于说明本科目是否有其他核算要求,系统除完成一般的总账、明细账核算外,还提供部门核算、个人往来核算、客户往来核算、供应商往来核算、项目核算五种专项核算功能供选用。

⑧ 其他核算。其他核算用于说明本科目是否有其他要求,如银行账、日记账等。一般情况下,"库存现金"科目要设为日记账;"银行存款"科目要设为银行账和日记账。

⑨ 外币核算。外币核算用于设定该科目是否有外币核算,以及核算的外币名称。一个科目只能核算一种外币,只有有外币核算要求的科目才允许且必须设定外币名称。

⑩ 数量核算。数量核算用于设定该科目是否有数量核算,以及数量计量单位。计量单位可以是任何汉字或字符,如千克、件、吨等。

(3) 会计科目设置的功能

① 科目增加。该功能允许增加一个新的会计科目,增加时要进行合法性和正确性检查,即不能有相同的科目代码出现,保持科目代码的唯一性。

② 科目修改。当科目属性有错误时,可以对错误属性进行修改。但是如果某科目已被制过单或已录入期初余额,则不能修改该科目。如要修改该科目必须先删除所有与该科目有关的凭证,并将该科目及其下级科目余额清零后再修改。修改完毕后要将余额及凭证补上。已使用的科目不能增加下级。

③ 科目查询。准确而迅速地定位在用户所要查询的科目上,可以方便地查询或修改科目的各种属性。

④ 科目删除。对不再使用的科目,可以将其从科目库中删除掉。但是有余额的科目不能删除,不能删除非末级科目。

⑤ 科目打印。该功能可实现科目的简单和明细打印。

⑥ 科目保存。该功能是将科目设置的内容保存在科目文件中。

(4) 会计科目编码方案

手工会计业务处理中,在进行账务处理时一般使用会计科目名称。采用计算机处理会计业务后,使用会计科目名称容易引起歧义性问题,如"应收"和"应收账款"都表示"应收账款"科目,但计算机会将其作为两个会计科目处理。因此,会计电算化后,会计科目全部使用编码,在对账凭证及各种账簿等查询时会同时显示会计科目名称。

会计科目设置所涉及的内容很多,包括会计科目的编码、级别、类型、性质等。在账务处理系统中编码被广泛应用,其重要性不言而喻。在介绍会计科目设置方法之前,首先要强调科目编码的设置原则。一套科学、合理、规范的会计科目编码将为后续的业务核算打下良好的基础。在设置科目编码时需要遵循以下几项原则:

① 系统性原则。财政部门制定的会计制度中已系统地给出了全部总账科目以及少量二级科目的名称和编码。对总账科目和规范的二级科目编码的设置必须符合会计制度的有关规定,对其他明细科目编码的设置,可在会计制度允许的范围内,主要按照本单位的业务特点和上级主管部门的管理要求来设定。全部科目编码形成一个系列。

② 唯一性原则。要保证每一个代码对应于唯一的一个会计科目,而不允许出现重复的科目编码,以避免在业务处理时发生科目串位。对于分属于不同的上级科目的明细科目,其名称可以相同,其代码则由前置的上级科目的代码来区别。如"差旅费"往往作为多个费用科目的明细科目来设置,"销售费用——差旅费"的科目代码为"660105",而"管理费用——差旅费"的科目代码为"660205"。

③ 简洁性原则。在满足管理要求和适合计算机处理的前提下,力求使编码简单明了。编码位数越短越好,简洁的科目编码既便于记忆又能提高输入数据的速度。

④ 可扩展性原则。会计科目体系一经设定,其编码结构就无法改变,修改结构只能通过重建账套来实现,而重新建账则将丢失已输入的所有初始化数据和日常核算资料。因此在设计编码时一定要充分考虑各方面的要求。总账科目编码长度一般是由会计制度规定的,为4位。而某一级明细科目的代码长度则通常是以这一级次科目最大可能达到的个数来确定。

会计信息系统对会计科目代码编码方案一般最大限制为13级40位,单级最大长度为9位。用户在此设定的科目编码级次和长度将决定用户单位的科目编码如何编制,例如,某单位将科目编码设为42222,则设置科目编码时,一级科目编码是4位长,二至五级科目编码各为在上一级科目编码长度的基础上增加两位。

案例3-9 　北京盛世信息科技有限公司2020年1月份的会计科目及期初余额如表3-8所示。

表3-8　2020年1月份的会计科目及期初余额

科目名称	方向	类别/计量	期初余额	辅助核算
库存现金(1001)	借		4 368.80	日记
银行存款(1002)	借		855 645.16	银行日记
农行存款(100201)	借		855 645.16	银行日记
中行存款(100202)	借	美元		银行日记
应收账款(1122)	借		295 800.00	客户往来
预付账款(1123)	借			
报刊费(112302)	借		580.00	
其他应收款(1221)	借		12 800.00	个人往来
应收个人款(122102)	借		12 800.00	个人往来
坏账准备(1231)	贷		12 200.00	
材料采购(1401)	借		120 000.00	

（续表）

科目名称	方向	类别/计量	期初余额	辅助核算
原材料(1403)	借		860 000.00	
芯片(140301)	借		700 000.00	数量核算
		盒	700.00	
硬盘(140302)	借		160 000.00	数量核算
		盒	200.00	
键盘(140303)	借			数量核算
		只		
鼠标(140304)	借			数量核算
		只		
材料成本差异(1404)	借		1 150.00	
库存商品(1405)	借		1 446 000.00	
周转材料(1411)	借			
固定资产(1601)	借		260 860.00	
累计折旧(1602)	贷		47 120.91	
在建工程(1604)	借			
无形资产(1701)	借		85 500.00	
待处理财产损溢(1901)	借			
短期借款(2001)	贷		220 000.00	
应付账款(2202)	贷		276 850.00	供应商往来
预收账款(2203)	贷			客户往来
应付职工薪酬(2211)	贷		12 200.00	
应付工资(221101)	贷		12 200.00	
职工福利费(221102)	贷			
工会经费(221103)	贷			
职工教育经费(221104)	贷			
应交税费(2221)	贷		−18 600.00	
应交增值税(222101)	贷		−18 600.00	
进项税额(22210101)	贷		−35 600.00	
销项税额(22210105)	贷		17 000.00	
其他应付款(2241)	贷		4 500.00	
实收资本(4001)	贷		2 609 052.00	
本年利润(4103)	贷		1 468 000.00	

(续表)

科目名称	方向	类别/计量	期初余额	辅助核算
利润分配(4104)	贷		−119 022.31	
未分配利润(410415)	贷		−119 022.31	
生产成本(5001)	借		19 165.74	项目核算
直接材料(500101)	借		10 000.00	项目核算
直接人工(500102)	借		6 000.74	项目核算
制造费用(500103)	借		3 165.00	项目核算
制造费用(5101)	借			项目核算
间接材料(510101)	借			项目核算
间接人工(510102)	借			项目核算
折旧费(510103)	借			项目核算
其他(510104)	借			项目核算
主营业务收入(6001)	贷			
其他业务收入(6051)	贷			
营业外收入(6301)	贷			
主营业务成本(6401)	借			
其他业务成本(6402)	借			
税金及附加(6403)	借			
销售费用(6601)	借			
管理费用(6602)	借			部门核算
工资(660201)	借			部门核算
福利费(660202)	借			部门核算
办公费(660203)	借			部门核算
差旅费(660204)	借			部门核算
招待费(660205)	借			部门核算
折旧费(660206)	借			部门核算
其他(660207)	借			部门核算
财务费用(6603)	借			
利息支出(660301)	借			
营业外支出(6711)	借			

要求:按照表 3-8 中的资料,指定(将"1001 库存现金"科目指定为现金科目,将"1002 银行存款"科目指定为银行科目)增加、修改、删除会计科目。

【操作步骤】

1. 指定会计科目

① 在"会计科目"窗口中,执行"编辑—指定科目"命令,进入"指定科目"窗口。

② 选择"现金科目"单选按钮,将"1001 库存现金"由待选科目选入已选科目。

③ 单击"确定"按钮,如图 3-11 所示。

④ 同理单击"银行科目"按钮,将"1002 银行存款"由待选科目选入已选科目。

指定科目是指定出纳的专管科目。只有指定科目后才能执行出纳签字,从而实现现金、银行存款管理的保密性,才能查看现金、银行存款日记账。

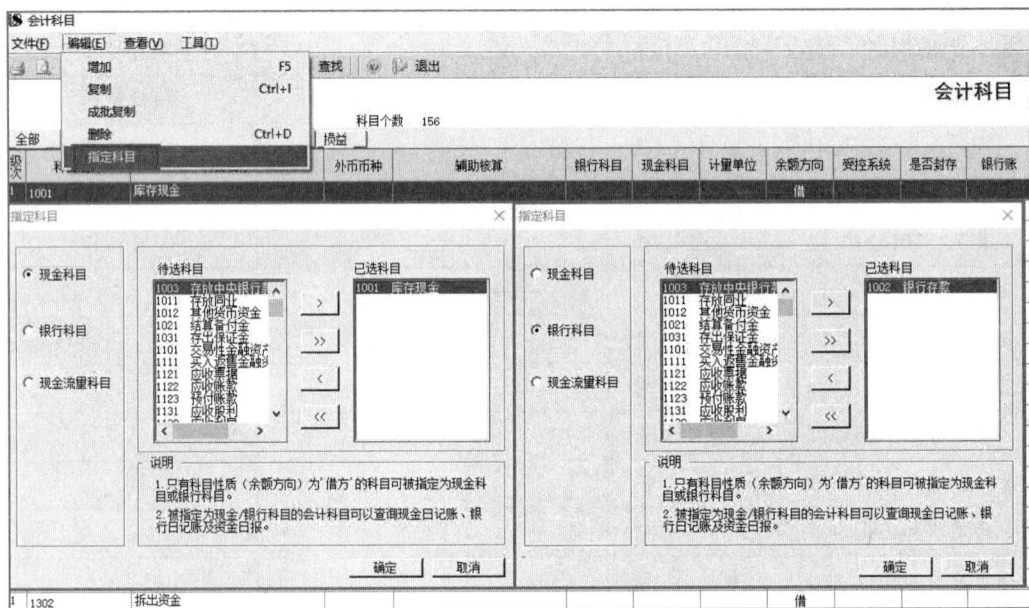

图 3-11   指定科目

2. 增加会计科目

① 执行"基础档案—财务—会计科目"命令,进入"会计科目"窗口,显示所有按"2007年新会计制度科目"预置的科目,如图 3-12 所示。

② 单击"增加"按钮,进入"会计科目—新增"窗口,输入相关明细科目。

③ 输入明细科目相关内容。如输入编码"100202"、科目名称"中行存款";选择账页格式"外币金额式",选择"外币核算",选择币种"美元 USD",选择"日记账""银行账"(也可通过制定科目来完成日记账和银行账的选择,参考后面"指定科目"操作的介绍),单击"确定"按钮,如图 3-13 所示。

④ 继续点击"增加"按钮,输入编码"140301"、科目名称"芯片";选择账页格式"数量金额式",选择"数量核算",输入计量单位"盒",单击"确定"按钮,如图 3-14 所示。

⑤ 全部输入完成后,单击"关闭"按钮。

图 3‑12　"会计科目"窗口

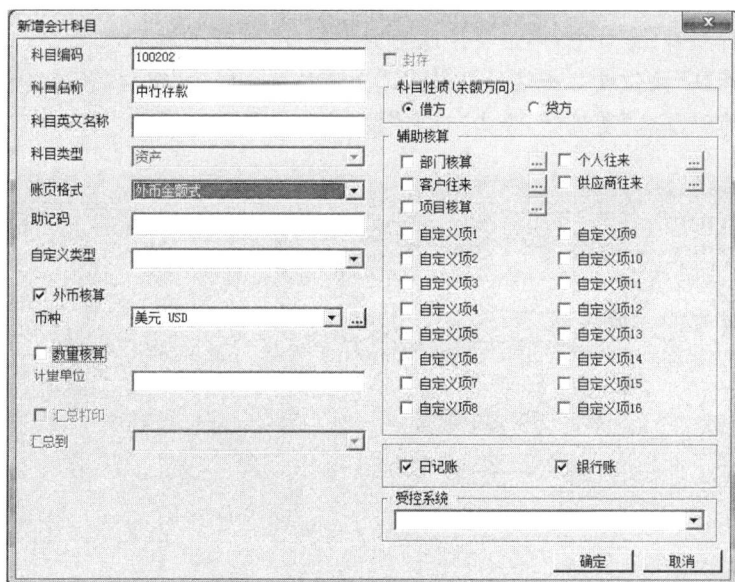

图 3‑13　新增会计科目"中行存款"

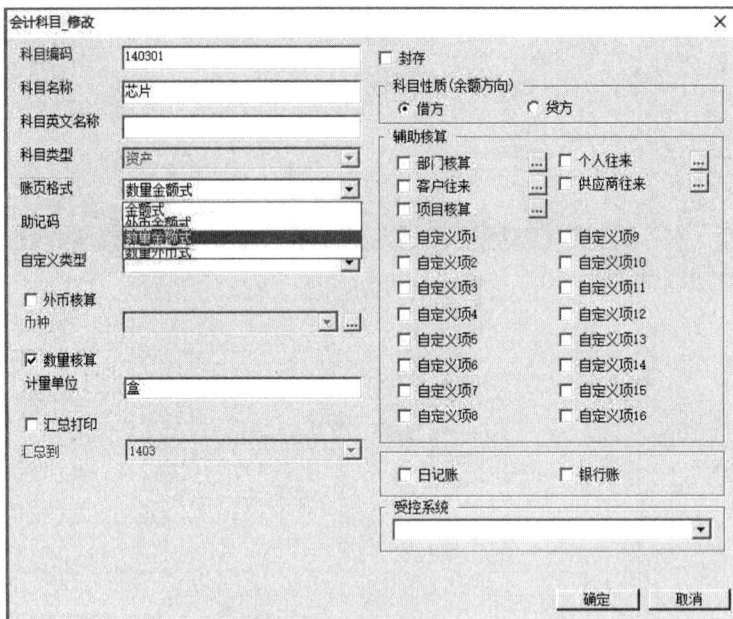

图 3-14　新增会计科目"原材料——芯片"

3. 修改会计科目

① 在"会计科目"窗口中,单击要修改的会计科目"1122 应收账款"。

② 单击"修改"按钮或双击该科目,进入"会计科目—修改"窗口,如图 3-15 所示。

③ 选中"客户往来"复选框,单击"确定"按钮,如图 3-16 所示。

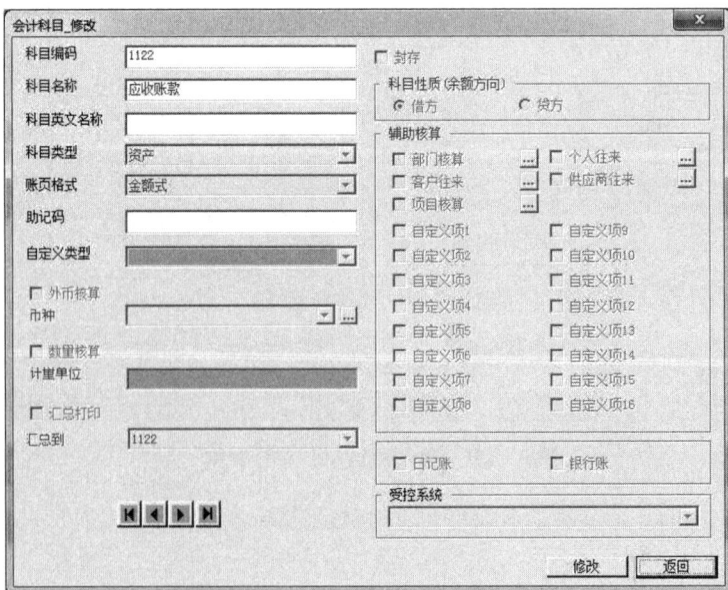

图 3-15　修改会计科目

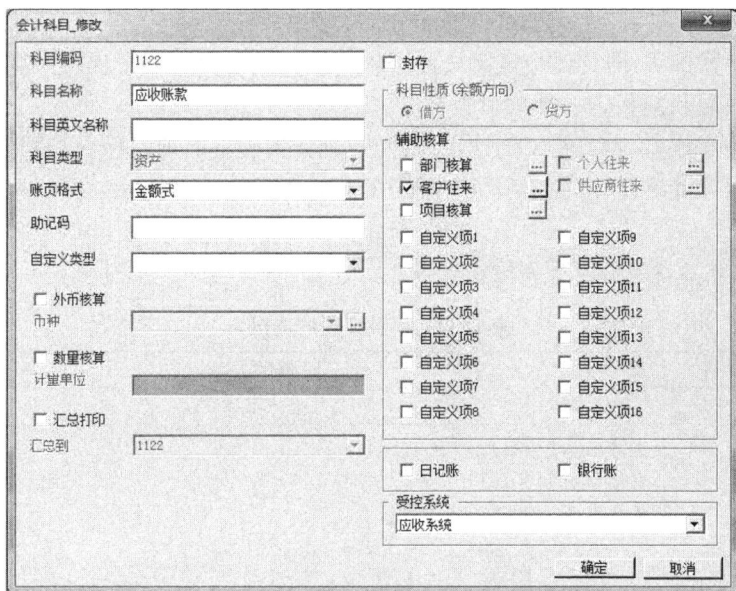

图 3 - 16　修改"应收账款"辅助核算属性

④ 按资料内容修改其他科目的辅助核算属性,修改完成后,单击"返回"按钮。

注意:

① 已有数据的科目不能修改科目性质;

② 被封存的科目在制单时不可以使用。

4. 删除会计科目

① 在"会计科目"窗口中,选择要删除的会计科目。

② 单击"删除"按钮,如图 3 - 12 所示。系统提示"记录删除后不能修复! 真的删除此记录吗?"信息。

③ 单击"确定"按钮,即可删除该科目。

如果科目已录入期初余额或已制单,则不能删除。非末级会计科目不能直接删除,必须先删除上级会计科目。被指定为"现金科目""银行科目"的会计科目必须先取消指定才能被删除。

3. 设置辅助核算档案

设置了科目的辅助核算属性是不够的,还应将从科目中去掉的明细科目设置为辅助核算的目录。若有部门核算,应设置相应的部门目录;若有个人核算,应设置相应的个人目录;若有项目核算,应设置相应的项目目录;若有客户往来核算,应设置相应的客户目录;若有供应商往来核算,应设置相应的供应商目录。下面主要说明项目核算的意义及设置方法。

一个单位项目核算的种类可能很多,为此应允许企业定义多个种类的项目核算。可以将具有相同特性的一类项目定义成一个项目大类,一个项目大类可以核算多个种类的项目核算。为了便于管理,还可以对这些项目进行分类管理。可以按以下步骤定义项目:

① 设置科目辅助核算:即在会计科目设置功能中先设置相关的项目核算科目。

② 定义项目大类:即定义项目核算的分类类别。

③ 指定核算科目:即具体指定需按此类项目核算的科目。一个项目大类可以指定多个科目,一个科目只能指定一个项目大类。

④ 定义项目分类:为了便于统计,可将同一项目大类下的项目进一步划分。

⑤ 定义项目目录:即将各个项目大类中的具体项目输入系统。

案例 3－10 参照表 3－9,设置项目目录。

表 3－9 项目设置的资料

项目设置的步骤	设置的内容
项目大类	生产成本
核算科目	生产成本(5001) 直接材料(500101) 直接人工(500102) 制造费用(500103) 制造费用(5101) 间接材料(510101) 间接人工(510102) 折旧费(510103) 其他(510104)
项目分类	1. 自行开发 2. 委托加工
项目名称	01 阳光Ⅰ型 所属分类码1 02 阳光Ⅱ型 所属分类码1

【操作步骤】

1. 定义项目大类

① 在企业应用平台的"基础设置"选项卡中,执行"基础档案—财务—项目目录"命令,进入"项目档案"窗口。

② 单击"增加"按钮,打开"项目大类定义—增加"对话框。

③ 输入新项目大类名称"生产成本",如图 3－17 所示。

④ 单击"下一步"按钮,输入要定义的项目级次,假设本例采用系统默认值,如图 3－18 所示。

⑤ 单击"下一步"按钮,输入要修改的项目栏目,假设本例采用系统默认值。

⑥ 单击"完成"按钮,返回"项目档案"窗口,如图 3－19 所示。

注意:项目大类的名称是该类项目的总称,而不是会计科目名称。

2. 指定核算科目

① 在"项目档案"窗口中,打开"核算科目"选项卡。

② 选择项目大类"生产成本"。

③ 单击"≫"按钮,将"5001 生产成本""5101 制造费用"及其明细科目从"待选科目"选为"已选科目",单击"确定"按钮,如图 3－20 所示。

注意:一个项目大类可指定多个科目,一个科目只能对应一个项目大类。

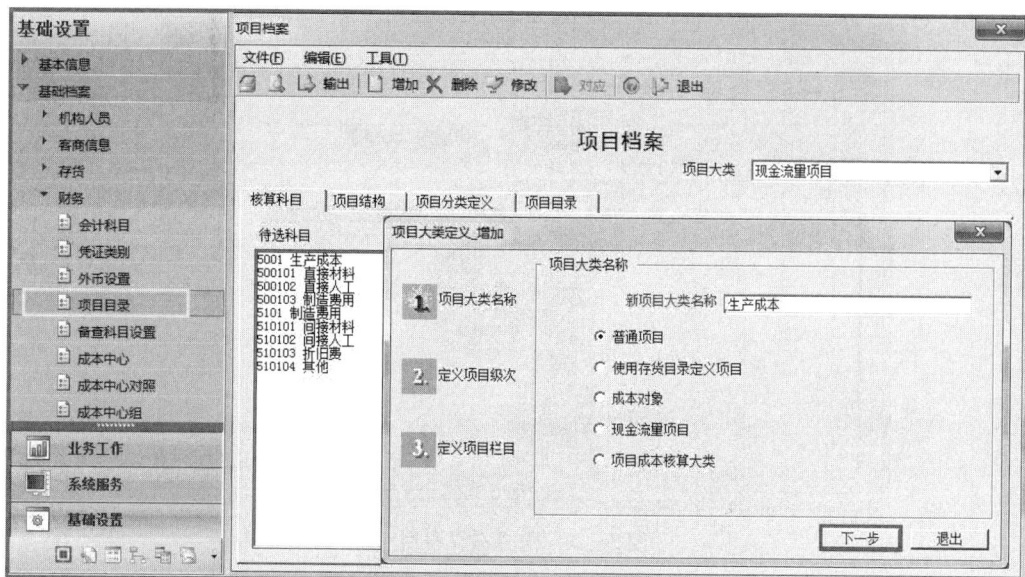

图 3-17 设置项目大类名称

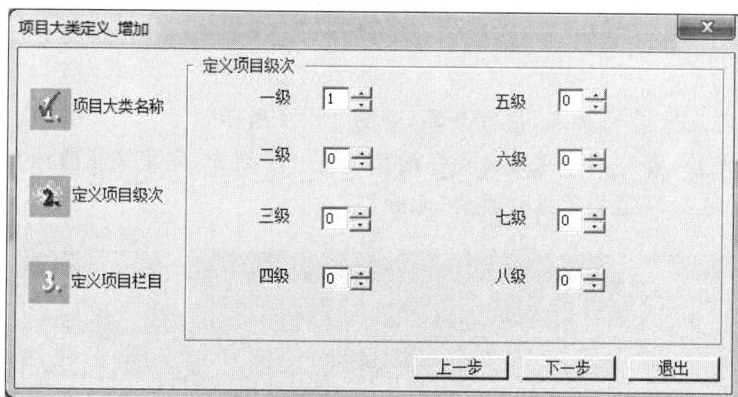

图 3-18 定义项目级次

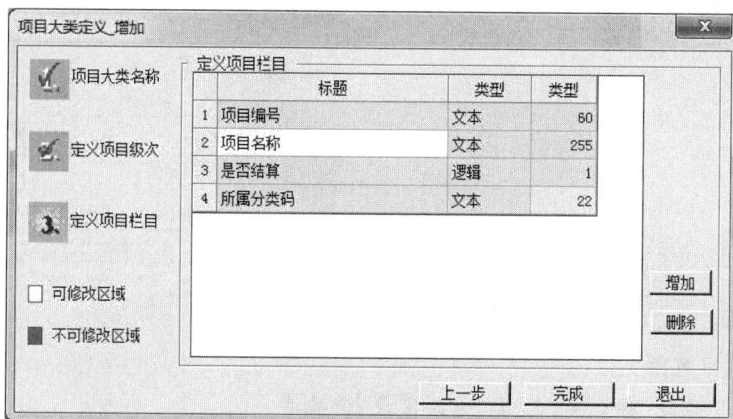

图 3-19 定义项目栏目

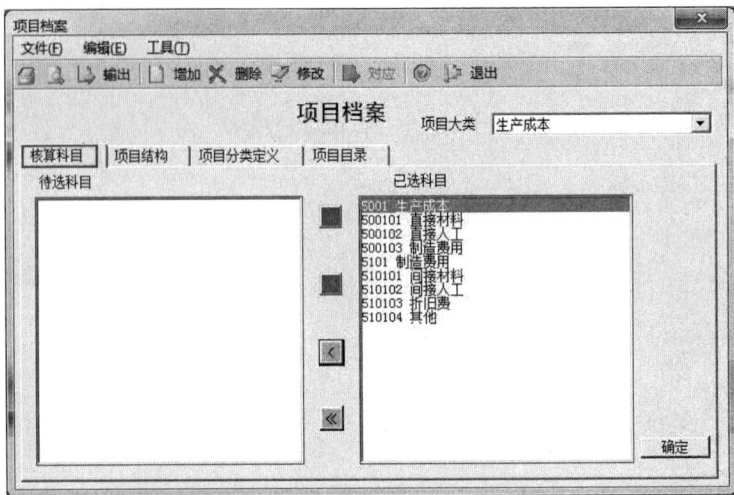

图 3-20　选择核算科目

3. 定义项目分类

① 在"项目档案"窗口中,打开"项目分类定义"选项卡。

② 单击右下角的"增加"按钮,输入分类编码"1",再输入分类名称"自行生产",单击"确定"按钮。

③ 同理,定义"2 委托加工"项目分类,如图 3-21 所示。

为了便于统计,可对同一项目大类下的项目进一步划分,即定义项目分类。

若无分类,也必须定义项目分类为"无分类"。

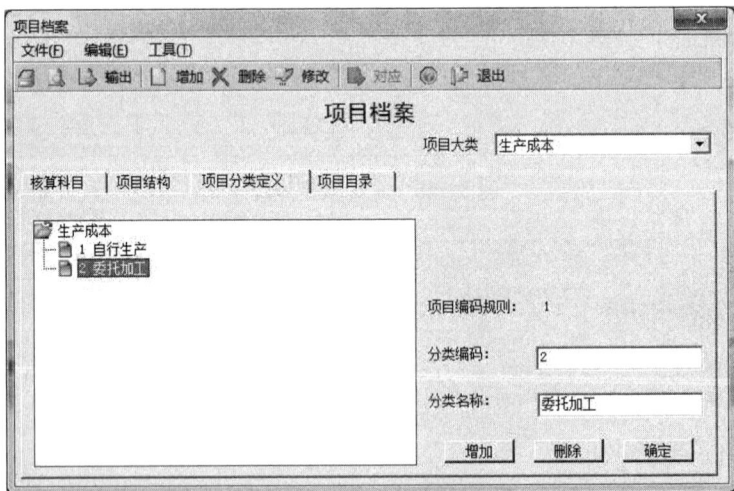

图 3-21　定义项目分类

4. 定义项目目录

① 在"项目档案"窗口中,打开"项目目录"选项卡。

② 单击右下角的"维护"按钮,进入"项目目录维护"窗口。

③ 单击"增加"按钮,输入项目编号"01",再输入项目名称"阳光Ⅰ型";选择所属分类码"1"。

④ 同理,继续增加"02 阳光Ⅱ型"项目档案,如图 3-22 所示。

注意:标志结算后的项目将不能再使用。

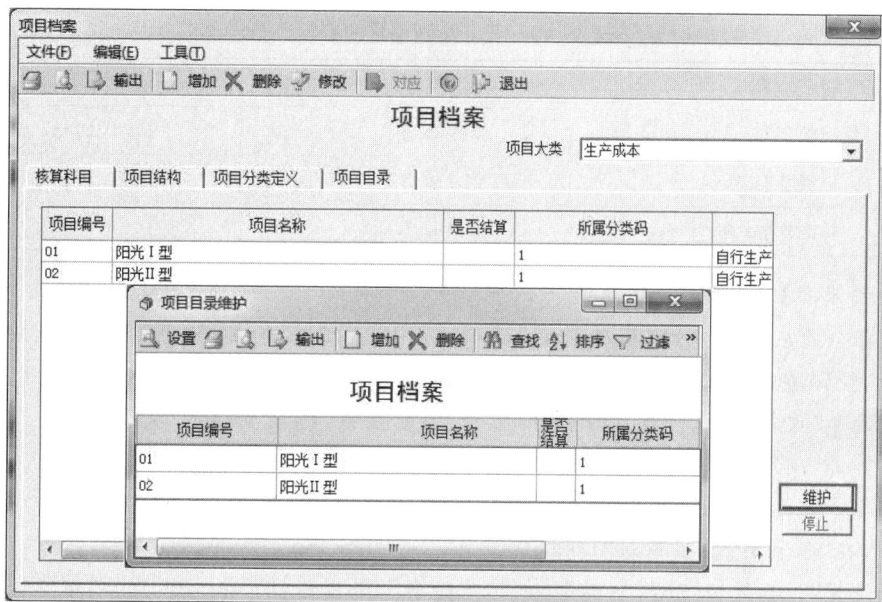

图 3-22　定义项目目录

4. 设置凭证类别

许多单位一般会对记账凭证进行分类编制,但各单位的分类方法不尽相同,可以按照本单位的需要对凭证进行分类。通常,系统提供五种常用分类方式供选择:记账凭证;收款、付款、转账凭证;现金、银行、转账凭证;现金收款、现金付款、银行收款、银行付款、转账凭证;自定义凭证类别。

某些类别的凭证在制单时对科目有一定限制,通常系统有以下五种限制类型供选择:

① 借方必有:制单时,此类凭证借方至少有一个限制科目有发生额;

② 贷方必有:制单时,此类凭证贷方至少有一个限制科目有发生额;

③ 凭证必有:制单时,此类凭证无论借方还是贷方至少一方有一个限制科目有发生额;

④ 凭证必无:制单时,此类凭证无论借方还是贷方均不可有一个限制科目有发生额;

⑤ 无限制:制单时,此类凭证可使用所有合法的科目。

例如,在会计实务中,"收款凭证"的借方必须是"库存现金"或"银行存款"科目。在计算机方式下,可将"收款凭证"的限制类型设置为"借方必有",限制科目为"库存现金"和"银行存款"科目。

这样做的好处是,在填制一张收款凭证时,若借方出现的不是"库存现金"或"银行存款"科目,则凭证不能保存。

在录入凭证之前,应进行凭证类别的设置;已使用的凭证类别不能删除,也不能修改类别字;若限制科目为非末级科目,则在制单时,其所有下级科目将受到同样的限制。

案例 3-11 参照表 3-10,设置凭证类别。

表 3-10　凭证类别设置的资料

凭证类别	限制类型	限制科目
收款凭证	借方必有	1001,1002
付款凭证	贷方必有	1001,1002
转账凭证	凭证必无	1001,1002

【操作步骤】

① 在企业应用平台的"基础设置"选项卡中,执行"基础档案—财务—凭证类别"命令,打开"凭证类别预置"对话框。

② 选择"收款凭证、付款凭证、转账凭证"单选按钮。

③ 单击"确定"按钮,进入"凭证类别"窗口。

④ 单击工具栏上的"修改"按钮,单击"收款凭证"的"限制类型"下三角按钮,选择"借方必有",在"限制科目"栏输入"1001,1002"。

⑤ 设置"付款凭证"的限制类型为"贷方必有",限制科目"1001,1002";"转账凭证"的限制类型为"凭证必无",限制科目"1001,1002"。

⑥ 设置完成后,单击"退出"按钮,如图 3-23 所示。

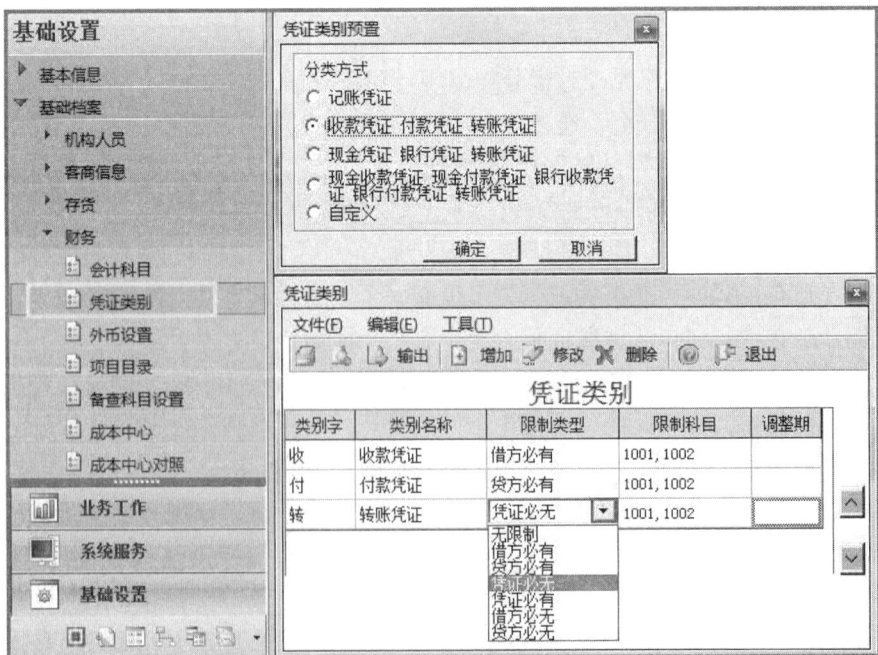

图 3-23　设置凭证类别

5. 设置结算方式

用来建立和管理单位在经营活动中所涉及的结算方式。它与财务结算方式一致,如现金结算、支票结算等。

案例 3-12 参照表 3-11,设置结算方式。

表 3-11 结算方式设置的资料

结算方式编码	结算方式名称	票据管理
1	现金结算	否
2	支票结算	是
201	现金支票	是
202	转账支票	是
3	其他	否

【操作步骤】

① 在企业应用平台的"基础设置"选项卡中,执行"基础档案—收付结算—结算方式"命令,进入"结算方式"对话框。

② 单击"增加"按钮,输入结算方式编码"1"、结算方式名称"现金结算",单击"保存"按钮。

③ 依次输入其他结算方式,对于"现金支票"和"转账支票"要选中"票据管理标志"。

④ 设置完成后,单击"退出"按钮,如图 3-24 所示。

注意:支票管理是系统为辅助银行出纳对银行结算票据的管理而设置的功能,类似于手工系统中的支票登记簿的管理方式。若需实施票据管理,则选中"是否票据管理"复选框。

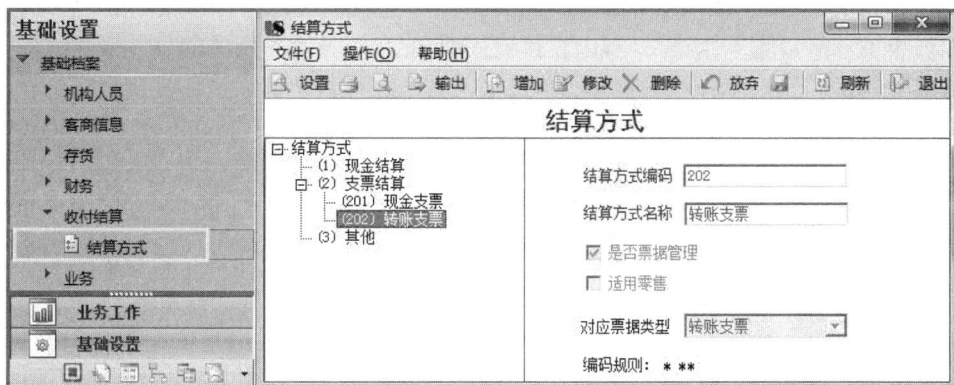

图 3-24 设置结算方式

6. 定义常用凭证及常用摘要

(1) 常用凭证定义

在企业日常的经济业务中,会出现大量的同类业务,反映这些业务的会计凭证的分录格式一致,不同的仅仅是日期和发生额。为方便这类凭证的输入,可以预先定义这类凭证的分录格式,即常用凭证。将这些常用的凭证存储起来,在填制会计凭证时随时调用,必将大大提高业务处理的效率。确切地说,"常用凭证"提供的是常用会计凭证的模板,在调用常用凭证后仍可做修改,使其符合当时会计业务的需要。

(2) 常用摘要定义

在日常填制凭证的过程中,经常会有许多摘要完全相同或大部分相同,如果将这些常用摘要存储起来,在填制会计凭证时可随时调用,必将大大提高业务处理的效率。常用摘要是系统为方便以后凭证输入,帮助用户规范摘要而设定的功能。用户可以通过常用摘要定义功能来定义本单位常用摘要,在填制会计凭证时可随时调用。

7. 设置明细权限

当需要对操作员的操作权限做进一步细化时,如希望制单权限控制到科目、凭证审核权控制到操作员、明细账查询控制到科目等,首先应在设置系统参数时,将上述选项做选中标志,再到"明细权限"功能中进行设置。

3.2.3 输入期初余额

为了保证业务处理的连续性,初次使用总账管理系统时,应将经过整理的手工账目的期初余额录入计算机。若企业是在年初建账,或不反映启用日期以前的发生额,则期初余额就是年初数;若企业是年中建账,而又希望查询结果全面反映全年的业务情况,则应先将各账户此时的余额和年初到此时的借、贷方累计发生额计算清楚,作为启用系统的期初数据录入到总账管理系统中,系统将自动计算年初余额。若科目有辅助核算,还应整理各辅助项目的期初余额,以便在期初余额中录入。

1. 不同性质科目余额的输入

在总账期初余额表中,用了三种不同的颜色来代表不同性质的科目。显示为白色的单元格表示该科目为末级科目,可以直接输入期初余额;显示为灰色的单元格表示该科目为非末级科目,无法直接输入期初余额,当输入其末级科目余额后该科目余额将自动汇总生成;显示为黄色的单元格表示该科目设置了辅助核算,需要双击该单元格进入"辅助账期初余额录入"窗口,辅助账期初余额输入完成退出后,总账的相应期初余额自动生成。

2. 末级、非辅助核算科目期初余额的录入

期初余额录入是将手工会计资料录入到计算机中的过程之一。余额和累计发生额的录入要从最末级科目开始,上级科目的余额和累计发生额数据由系统自动计算。如果某科目为数量、外币核算,应录入期初数量、外币余额,并且必须先录入本币余额,再录入数量外币余额。若期初余额有外币、数量余额,则必须有本币余额。红字余额用负数输入。

案例 3-13 参照表 3-8,输入末级科目的期初余额。

【操作步骤】

① 在企业应用平台的"业务工作"选项卡中,执行"总账—设置—期初余额"命令,打开"期初余额录入"对话框。

② 单击"1001 库存现金"的期初余额栏,输入"4 368.30",按回车键确认,数字自动靠右对齐。

③ 同理在"100201 农行存款"的期初余额栏,输入"855 645.16",按回车键确认后,"1002 银行存款"的期初余额栏将自动生成"855 645.16",如图 3-25 所示。

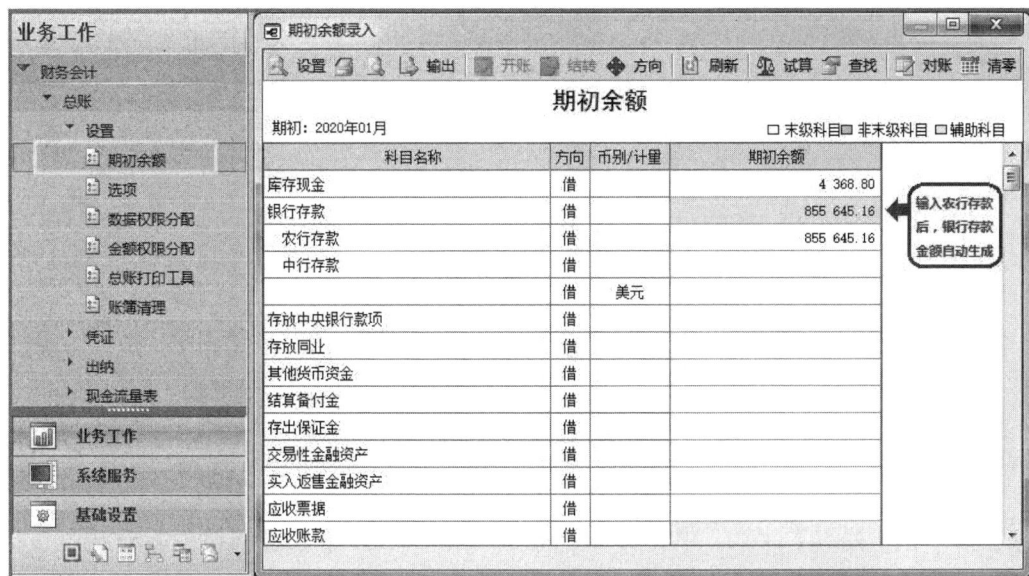

图 3-25　输入末级科目的期初余额

案例 3-14　参照表 3-8,输入数量核算科目的期初余额。

【操作步骤】

① 在企业应用平台的"业务工作"选项卡中,执行"总账—设置—期初余额"命令,打开"期初余额录入"对话框。

② 单击"140301 原材料——芯片"的期初余额栏,输入"700 000.00",按回车键确认。

③ 单击"140301 原材料——芯片"标有计量单位"盒"的期初余额栏,输入期初数量"700.00",按回车键确认。

④ 同理,输入"140302 原材料——硬盘"的期初余额及数量,如图 3-26 所示。

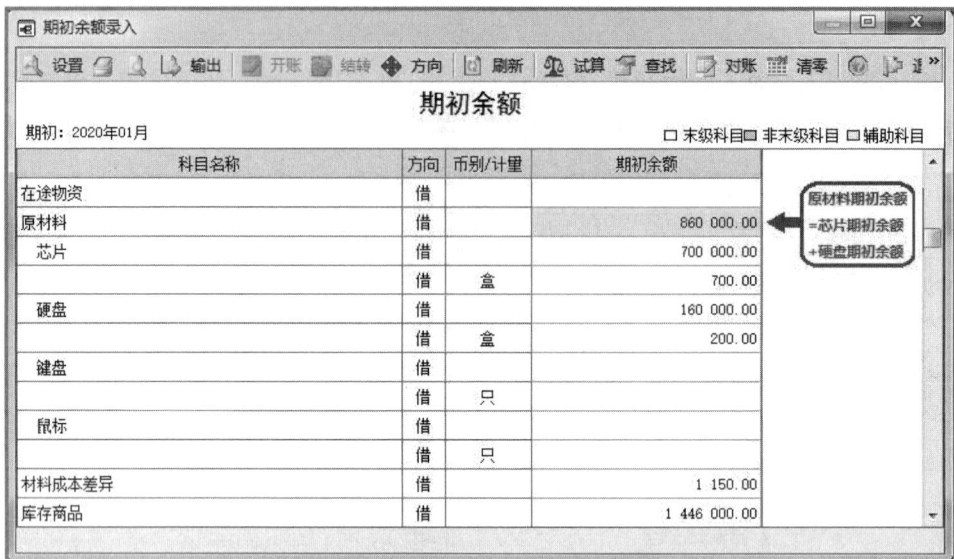

图 3-26 输入数量核算科目的期初余额

案例 3-15 根据表 3-12 中各辅助账期初余额的数据，输入各辅助核算科目的期初余额。

1. 客户往来科目期初余额的录入

会计科目：1122 应收账款　　　　余额：借 295 800.00 元

往来明细：

表 3-12 客户往来科目的期初余额

日 期	凭证号	客 户	摘 要	方向	期初金额/元	业务员	票号	票据日期
2019-12-15	转-201	复兴公司	销售商品	借	197 600.00	王丽	P201	2019-12-25
2019-12-05	转-162	赣星贸易公司	销售商品	借	98 200.00	王丽	Z110	2019-12-10

【操作步骤】

① 在企业应用平台的"业务工作"选项卡中，执行"总账—设置—期初余额"命令，打开"期初余额录入"对话框。

② 双击"1122 应收账款"期初余额栏，打开"辅助期初余额"窗口。

③ 单击工具栏上的"往来明细"按钮，打开"期初往来明细"窗口。

④ 单击"增行"按钮，输入详细业务信息，单击"汇总"按钮，系统弹出"完成往来明细到辅助期初表的汇总！"对话框。

⑤ 单击"确定"按钮，再单击"退出"按钮，返回"辅助期初余额"窗口。

⑥ 单击"退出"按钮，返回"期初余额录入"窗口，系统自动带出"1122 应收账款"的期初余额"295 800.00"元，如图 3-27 所示。

图 3 – 27　输入客户往来科目的期初余额

2. 个人往来科目期初余额的录入

会计科目：122102　其他应收账款——应收个人款　　余额：借 12 800.00 元

往来明细：

表 3 – 13　个人往来科目的期初余额

日　　期	凭证号	部　　门	个　人	摘　　要	方向	期初余额/元
2019 – 12 – 26	付 – 118	总经理办公室	赵辉	出差借款	借	8 000.00
2019 – 12 – 27	付 – 156	销售部	黄莹莹	出差借款	借	4 800.00

【操作步骤】

①在企业应用平台的"业务工作"选项卡中，执行"总账—设置—期初余额"命令，打开"期初余额录入"对话框。

②双击"122102 其他应收款——应收个人款"期初余额栏，打开"辅助期初余额"窗口。

③单击工具栏上的"往来明细"按钮，打开"期初往来明细"窗口。

④单击"增行"按钮，输入详细业务信息，单击"汇总"按钮，系统弹出"完成往来明细到辅助期初表的汇总！"对话框。

⑤单击"确定"按钮，再单击"退出"按钮，返回"辅助期初余额"窗口。

⑥单击"退出"按钮，返回"期初余额录入"窗口，系统自动带出"122102 其他应收款——应收个人款"的期初余额"12 800.00"元，如图 3 – 28 所示。

图 3-28 输入个人往来科目的期初余额

3. 供应商往来科目期初余额的录入

会计科目：2202　应付账款　　　　余额：借 276 850.00 元

往来明细：

表 3-14　供应商往来科目的期初余额

日　期	凭证号	供应商	摘　要	方向	期初金额/元	业务员	票号	票据日期
2019-10-20	转-45	优品公司	购买原材料	贷	276 850.00	李军	C001	2019-10-20

【操作步骤】

① 在企业应用平台的"业务工作"选项卡中，执行"总账—设置—期初余额"命令，打开"期初余额录入"对话框。

② 双击"2202 应付账款"期初余额栏，打开"辅助期初余额"窗口。

③ 单击工具栏上的"往来明细"按钮，打开"期初往来明细"窗口。

④ 单击"增行"按钮，输入详细业务信息，单击"汇总"按钮，系统弹出"完成往来明细到辅助期初表的汇总！"对话框。

⑤ 单击"确定"按钮，再单击"退出"按钮，返回"辅助期初余额"窗口。

⑥ 单击"退出"按钮，返回"期初余额录入"窗口，系统自动带出"2202 应付账款"的期初余额"276 850.00"元，如图 3-29 所示。

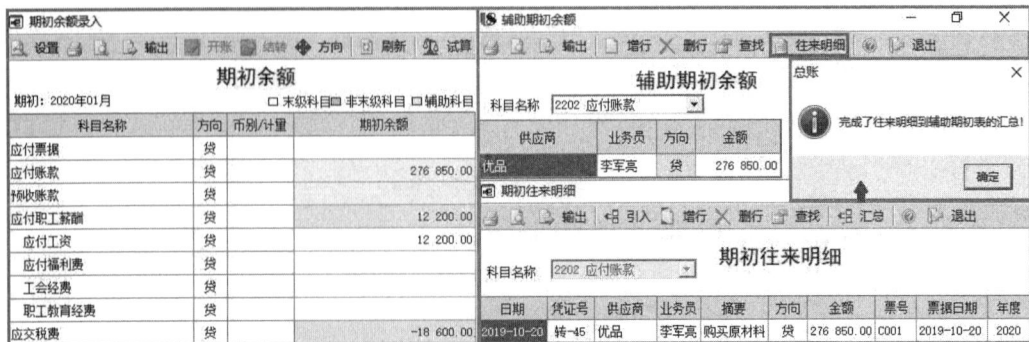

图 3-29　输入供应商往来科目的期初余额

4. 项目核算科目期初余额的录入

会计科目:5001　生产成本　　　　余额:借 17 165.74 元

往来明细:

表 3-15　项目核算科目的期初余额　　　　　　　　　　　　元

科目名称	阳光Ⅰ型	合　计
直接材料(500101)	10 000.00	10 000.00
直接人工(500102)	4 000.74	4 000.74
制造费用(500103)	3 165.00	3 165.00
合计	17 165.74	17 165.74

【操作步骤】

① 在企业应用平台的"业务工作"选项卡中,执行"总账—设置—期初余额"命令,打开"期初余额录入"对话框。

② 双击"500101 生产成本——直接材料"期初余额栏,打开"辅助期初余额"窗口。

③ 单击"增行"按钮,输入详细业务信息,单击"退出"按钮,返回"期初余额录入"窗口。

④ 同理输入"500102 生产成本——直接人工"期初余额。

⑤ 同理输入"500103 生产成本——制造费用"期初余额。

⑥ 系统自动带出"500101 生产成本——直接材料"的期初余额"19 165.74"元,如图 3-30 所示。

图 3-30　输入项目核算科目的期初余额

若使用了应收、应付款管理子系统,并且客户往来或供应商往来由应收、应付款管理子系统核算,那么,应该到应收、应付款管理子系统中录入含客户、供应商账类科目的明细期初余额。在总账管理系统中,只能录入这些科目的总余额,若这些科目还有其他辅助核算,如部门核算或项目核算等,则只能录入这些科目下各部门总余额或各项目的总余额。

3. 试算平衡

期初余额录入完毕后,应该试算平衡。期初余额试算不平衡,将不能记账,但可以填制凭证;已经记过账,则不能再录入、修改期初余额,也不能执行"结转上年余额"的功能。

各科目期初余额及累计发生额全部录入后,为保证初始数据的正确性,必须对会计科目余额进行试算平衡。系统根据"资产=负债+所有者权益",对所有一级科目的综合本位币做出试算平衡检查。有的会计信息系统根据"借方总额=贷方总额"的规则来检验输入的期初数据。如果试算后结果不平衡,则不能正式启用该账套。

试算平衡是计算机自动完成的,如果借、贷方余额不平衡,系统在显示试算结果的同时,要求用户重新返回余额录入界面,对各项数据逐项进行检查更正。这时应仔细核对、认真查证并修改,否则,后续业务处理都将不能进行。

余额检验平衡后,即可开始进行日常业务处理活动。此时,多数系统将以"启用账套"的形式使当前系统过渡到日常业务处理过程。

案例 3-16 进行期初余额试算平衡检查。

【操作步骤】

① 在企业应用平台的"业务工作"选项卡中,执行"总账—设置—期初余额"命令,打开"期初余额录入"对话框。

② 单击工具栏上的"试算"按钮,打开"期初试算平衡表"对话框。

③ 查看试算结果,单击"确定"按钮退出,如图 3-31 所示。

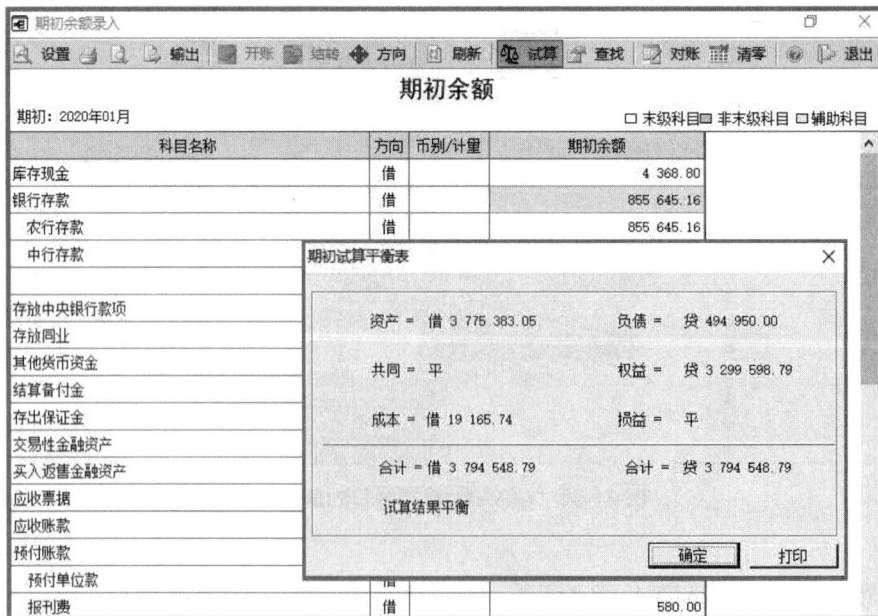

图 3-31 期初余额试算平衡

3.3   总账管理系统日常业务处理

初始化设置完成后,就可以开始进行日常业务处理了。总账管理系统的日常业务包括凭证管理、出纳管理、账簿管理等。

3.3.1   凭证管理

总账管理系统日常业务处理主要包括记账凭证的输入、审核和记账等工作。凭证管理的内容包括填制凭证、审核凭证、凭证汇总、凭证记账等功能。

其中记账凭证的处理是总账管理系统日常业务处理过程中手工业务处理和计算机业务处理的连接点,也是计算机总账管理系统最基本和最主要的数据来源。因此凭证处理是账务处理的关键环节。由于各企业日常会计工作中需要处理的凭证数量很多,大量凭证需要依靠手工方式通过键盘输入计算机,如何快速、正确地输入凭证是凭证处理的重点。

1. 填制凭证

记账凭证是登记账簿的依据,在实行计算机处理账务后,电子账簿的准确与完整完全依赖于记账凭证,因而确保记账凭证输入的准确性和完整性十分重要。在实际工作中,用户可直接在计算机上根据审核无误准予报销的原始凭证填制记账凭证,也可以先由人工制单而后集中输入,用户采用哪种方式应根据本企业的实际情况确定。一般来说,业务量不多或基础较好或使用网络版的用户可采用前者,而在第一年使用或人机并行阶段,则比较适合采用后一种处理方式。

通常,一张凭证中可填写的行数是没有限制的,可以是简单分录,也可以是复合分录,但每一张凭证应该只记录一笔经济业务,不可把记录不同经济业务的分录填入一张凭证。

(1)增加凭证

记账凭证的内容一般包括凭证头和凭证体两部分。如果输入的会计科目有辅助核算要求,则应输入辅助核算内容;如果一个科目同时兼有多种辅助核算,则同时要求输入各种辅助核算的有关内容。

1)凭证头

凭证头反映凭证编号和制单日期等内容。

① 凭证类别:输入凭证类别字。凭证类别是在初始化时设置的。如果没有设置凭证类别,则此处为空。此后,系统将自动生成凭证编号。

② 凭证编号:一般情况下,由系统分类按月自动编制,即每类凭证每月都从 0001 号开始。对于网络用户,如果是几个人同时制单的,在凭证右上角,系统提示了一个参考凭证号,真正的凭证编号只有在凭证已填制并经保存完毕后才给出;如果只有一个人制单或使用单用户版制单的,凭证右上角的凭证号即正在填制的凭证的编号。系统同时也自动管理凭证页号,系统规定每页凭证有 5 笔分录,当凭证不只一页时,系统自动在凭证号后标出凭证页数。如果在启用账套或在设置账簿时,设置凭证编号方式为"手工编号",则

可以手工录入凭证编号。

③ 制单日期:系统自动选取进入账务处理系统前输入的业务日期为记账凭证填制的日期,如果日期不对,可进行修改或参照输入。

④ 附单据数:即输入原始单据的张数。

⑤ 凭证自定义项:是由用户自定义的凭证补充信息,用户根据需要自行定义和输入,系统对这些信息不进行校验,只进行保存。

2) 凭证体

凭证体主要输入分录信息,包括摘要、科目、借贷方向、发生金额等内容。

① 摘要:输入本笔分录的业务说明,摘要要求简洁明了。

② 科目:科目必须输入末级科目。科目可以输入科目编码、中文科目名称、英文科目名称或助记码。当输入的科目名称有重名现象时,系统会自动提示重名科目供选择。

③ 辅助信息:对于要进行辅助核算的科目,系统提示输入相应的辅助核算信息。辅助核算信息包括客户往来、供应商往来、个人往来、部门核算、项目核算。

如果该科目要进行数量核算,则屏幕提示用户输入"数量""单价"。系统根据"数量×单价"自动计算出金额。

若科目为银行科目,那么,还应输入"结算方式""票号"及"发生日期"。输入这些数据的目的主要是便于进行银行对账,同时也可以方便对支票的管理。

如需对所输入的辅助核算信息进行修改,可双击需要修改的项,系统显示辅助信息录入窗口,可进行修改。

④ 金额:即该笔分录的借方或贷方本币发生额,金额不能为0,但可以是红字,红字金额以负数形式输入。

如果使用了应收款管理系统来管理所有客户往来业务,那么所有与客户发生的业务都应在应收款管理系统中生成相应的凭证,而不能在"填制凭证"功能中制单。如果使用了应付款管理系统来管理所有供应商往来业务,那么所有与供应商发生的业务都应在应付款管理系统中生成相应的凭证。

案例3-17 请根据2020年1月份发生的经济业务填制相应凭证。

以003马方身份登录企业应用平台,进行填制凭证的相关操作。

1月2日,销售部王丽购买了860元办公用品,以现金支付,附单据一张。

借:销售费用(6601)   860

　　贷:库存现金(1001)   860

【操作步骤】

① 在企业应用平台的"业务工作"选项卡中,执行"总账—凭证—填制凭证"命令,进入"填制凭证"窗口。

② 单击"增加"按钮,增加一张空白凭证。

③ 选择凭证类别"付款凭证";输入制单日期"2020-01-02";输入附单据数"1"。

④ 输入摘要"购买办公用品";输入科目名称"6601",借方金额"860",按Enter键,摘要自动带入下一行,输入科目名称"1001",贷方金额"860",单击"保存"按钮,再单击"确

认"返回。

⑤ 系统弹出"凭证已成功保存!"信息提示框,单击"确认"按钮,如图 3-32 所示。

注意:

① 采用序时控制时,凭证日期应大于等于启用日期,不能超过业务日期。

② 凭证一旦保存,其凭证类别、凭证编号不能修改。

③ 正文中不同行的摘要可以相同也可以不同,但不能为空,每行摘要将随相应的会计科目在明细账、日记账中出现。

④ 科目编码必须是末级科目的编码。

⑤ 金额不能为 0;红字以"一"号表示。

⑥ 可按"＝"键,取当前凭证借、贷方金额的差额到当前光标位置。

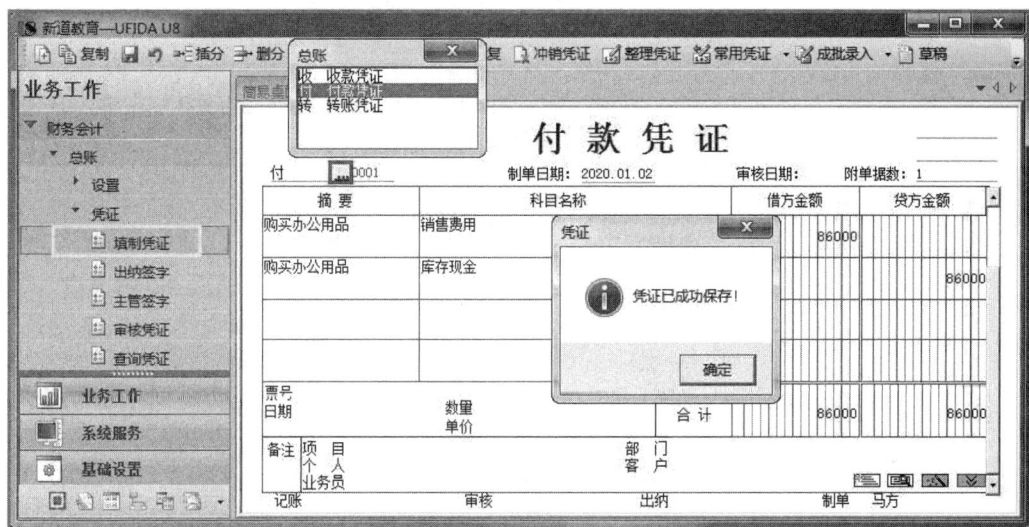

图 3-32 填制凭证

1月3日,财务部王晶从农行提取现金 80 000 元,作为备用金,现金支票号 XJ001。

借:库存现金(1001)   80 000

　　贷:银行存款——农行存款(100201)   80 000

【操作步骤】

① 选择凭证类别"付款凭证";输入制单日期"2020-01-03";输入附单据数"1"。

② 输入摘要"提现";输入科目名称"1001"、借方金额"80 000"元,按 Enter 键,摘要自动带入下一行。

③ 输入科目名称"100201",弹出"辅助项"对话框。

④ 输入结算方式"201"、票号"XJ001",发生日期系统自动带出,单击"确定"按钮,如图 3-33 所示。

图 3-33　填制银行账辅助核算凭证

⑤ 输入贷方金额"80 000"元，单击"保存"按钮，若此张支票尚未登记，系统弹出"此支票尚未登记，是否登记?"信息提示对话框。

⑥ 输入领用日期"2020-01-03"、领用部门"财务部"、姓名"王晶"、限额"80 000"，用途"备用金"，单击"确认"按钮保存凭证，如图 3-34 所示。

注意:选择支票控制，即该结算方式设为支票管理，银行账辅助信息不能为空，并且该方式的票号应在支票登记簿中有记录。

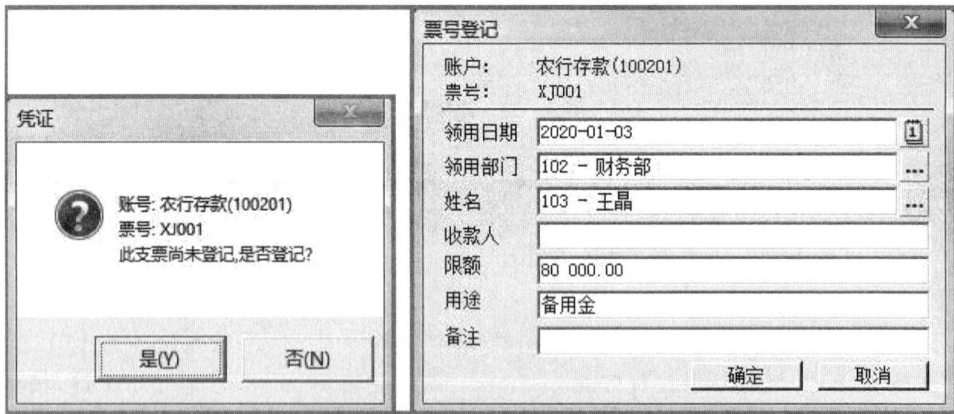

图 3-34　支票登记(一)

1月5日，收到优品集团投资资金 50 000 美元，汇率 1∶6.83，转账支票号 ZZW001。

借:银行存款——中行存款(100202)　　　　　　　　341 500

　　贷:实收资本(4001)　　　　　　　　　　　　　　341 500

【操作步骤】

① 选择凭证类别"收款凭证";输入制单日期"2020-01-05;输入附单据数"1"。

② 输入摘要"收到投资";输入外币科目"100202",弹出"辅助项"对话框。

③ 输入结算方式"202",票号"ZZW001",发生日期系统自动带出,单击"确定"按钮。输入外币金额"50 000"美元,根据自动显示的外币汇率"6.83"自动算出并显示本币金额"341 500"元。

④ 按 Enter 键,摘要自动带入下一行,输入科目名称"4001",贷方金额"341 500"元。

⑤ 全部输入完成后,单击"保存"按钮保存凭证,如图 3-35 所示。

注意:汇率栏中的内容是固定的,不能输入或修改。如使用浮动汇率,汇率栏中显示最近一次汇率,可以直接在汇率栏中修改。

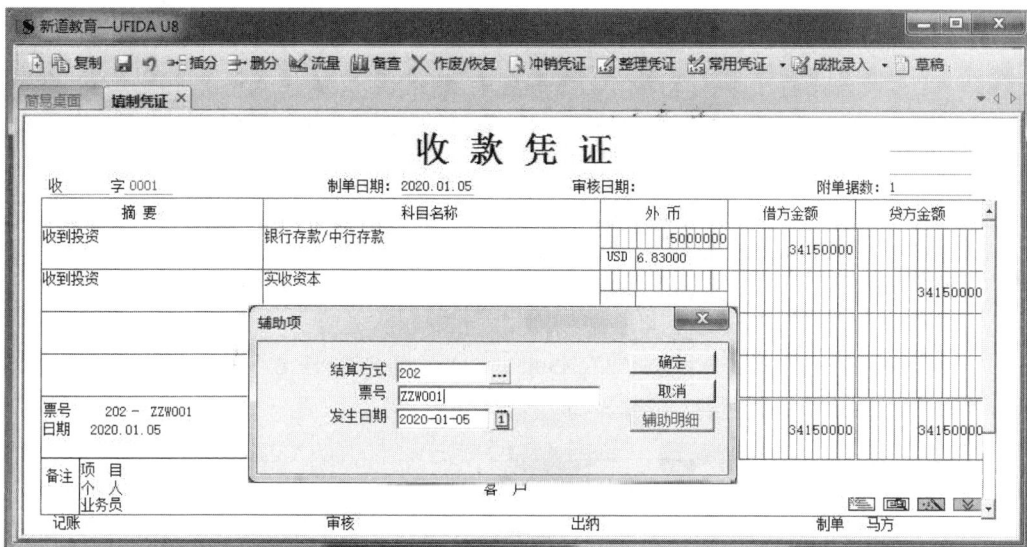

图 3-35　填制外币核算辅助核算凭证

1 月 8 日,采购部白雪采购硬盘 100 盒,单价 800 元,材料直接入库,货款以银行存款支付,转账支票号 ZZR001。

借:原材料——硬盘(140302)　　　　　　　　　　　　80 000

　　应交税费——应交增值税(进项税额)(22210101)　10 400

　　贷:银行存款——农行存款(100201)　　　　　　　　　　90 400

【操作步骤】

① 选择凭证类别"付款凭证";输入制单日期"2020-01-08";输入附单据数"1"。

② 输入摘要"采购硬盘";输入会计科目"140302",弹出"辅助项"对话框。

③ 输入数量"100",单价"800",单击"确定"按钮,返回"填制凭证"对话框,借方金额自动生成"80 000"元。

④ 按 Enter 键,摘要自动带入下一行,输入会计科目"22210101",输入借方金额"10 400"元。

⑤ 按 Enter 键,摘要自动带入下一行,输入会计科目"100201",弹出"辅助项"对话框。输入结算方式"202",票号"ZZR001",发生日期系统自动带出,单击"确定"按钮。输入贷方金额"90 400"元,单击"保存"按钮,如图 3-36 所示。

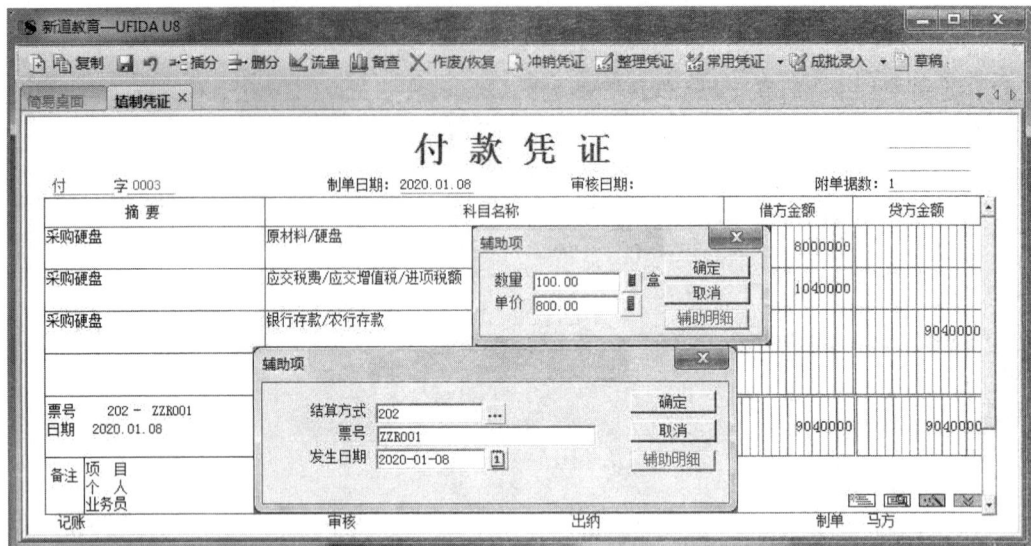

图 3-36　填制数量核算辅助核算凭证

⑥ 若此张支票尚未登记,系统弹出"此支票尚未登记,是否登记?"信息提示对话框。

⑦ 输入领用日期"2020-01-08"、领用部门"采购部"、姓名"白雪"、用途"采购硬盘",单击"确认"按钮保存凭证,如图 3-37 所示。

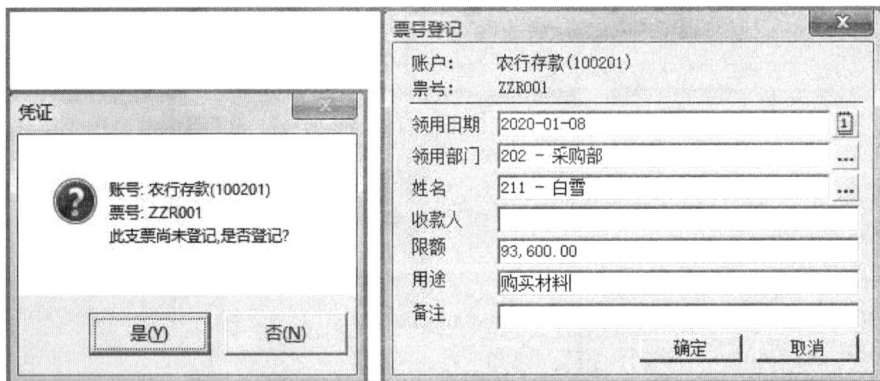

图 3-37　支票登记(二)

1 月 12 日,销售部王丽收到复兴公司转来的一张转账支票,金额 197 600 元,用以偿还前欠货款,转账支票号 ZZR002。

借:银行存款——农行存款(100201)　　　　　　　　197 600

　　贷:应收账款(1122)　　　　　　　　　　　　　　　　197 600

【操作步骤】

① 选择凭证类别"收款凭证";输入制单日期"2020-01-12;输入附单据数"1"。

② 输入摘要"收到前欠货款";输入会计科目"100201",弹出"辅助项"对话框;输入结算方式"202"、票号"ZZR002",发生日期系统自动带出,单击"确定"按钮,返回"填制凭证"

对话框,输入借方金额"197 600"元。

③ 按 Enter 键,摘要自动带入下一行,输入会计科目"1122",弹出"辅助项"对话框,输入客户"复兴"、业务员"王丽"、票号"ZZR002",发生日期系统自动带出,单击"确定"按钮,返回"填制凭证"对话框,输入贷方金额"197 600"元。

④ 单击"保存"按钮保存凭证,如图 3-38 所示。

注意:如果往来单位不属于已定义的往来单位,则要正确输入新往来单位的辅助信息,系统会追加到往来科目目录中。

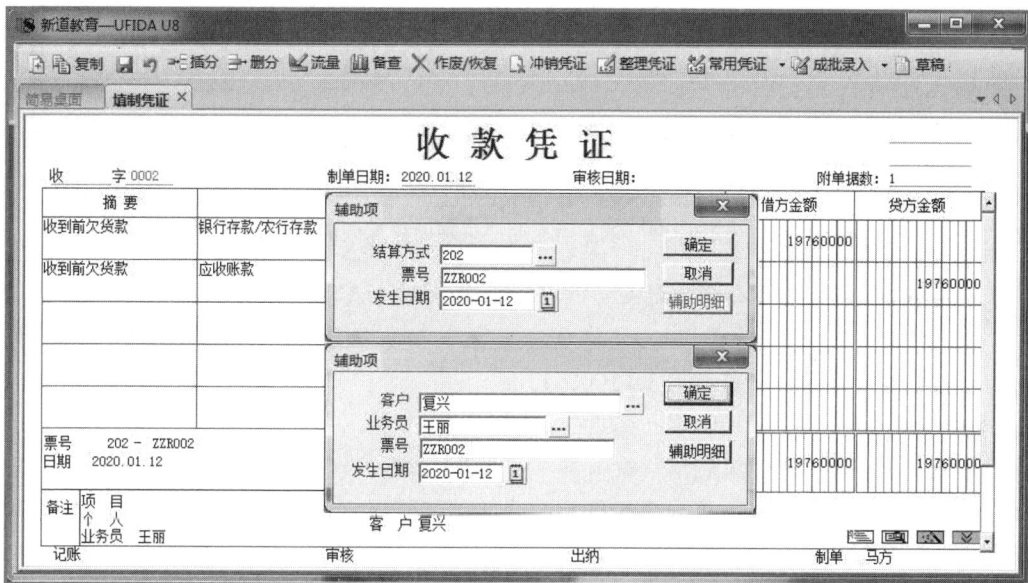

图 3-38　填制客户往来辅助核算凭证

1月14日,采购部白雪从优品公司购入打印机 50 台,单价 2 800 元,价税合计款暂欠,商品已验收入库,适用税率 13%。

借:库存商品(1405)　　　　　　　　　　　　　　　　140 000

　　应交税费——应交增值税(进行税额)(22210101)　　18 200

　　贷:应付账款(2202)　　　　　　　　　　　　　　　　158 200

【操作步骤】

① 选择凭证类别"转账凭证";输入制单日期"2020-01-14";输入附单据数"1"。

② 输入摘要"采购打印机";输入会计科目"1405",输入借方金额"140 000"元。

③ 按 Enter 键,摘要自动带入,输入科目"22210101",输入借方金额"18 200"元。

④ 按 Enter 键,摘要自动带入下一行,输入会计科目"2202",弹出"辅助项"对话框。输入供应商"优品"、业务员"白雪",票号不用填写,发生日期系统自动带出,单击"确定"按钮,返回"填制凭证"对话框,输入贷方金额"158 200"元。

⑤ 单击"保存"按钮保存凭证,如图 3-39 所示。

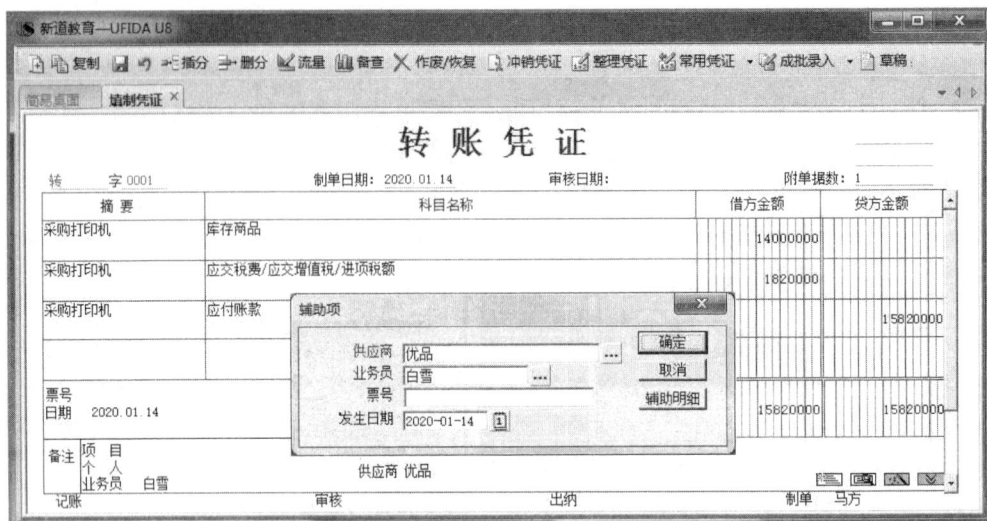

图 3-39 填制供应商往来辅助核算凭证

1月16日,总经理办公室支付业务招待费3 200元,转账支票号ZZR003。

借:管理费用——招待费(660205)   3 200

  贷:银行存款——农行存款(100201)   3 200

【操作步骤】

① 选择凭证类别"付款凭证";输入制单日期"2020-01-16";输入附单据数"1"。

② 输入摘要"支付招待费";输入科目名称"660205",弹出"辅助项"对话框,输入部门"总经理办公室",单击"确定"按钮,返回"填制凭证"对话框,输入借方金额"3 200"元。

③ 按Enter键,摘要自动带入下一行,输入科目名称"100201",弹出"辅助项"对话框,输入结算方式"202",票号"ZZR003",发生日期系统自动带出,单击"确定"按钮,返回"填制凭证"对话框,输入贷方金额"3 200"元。如图3-40所示。

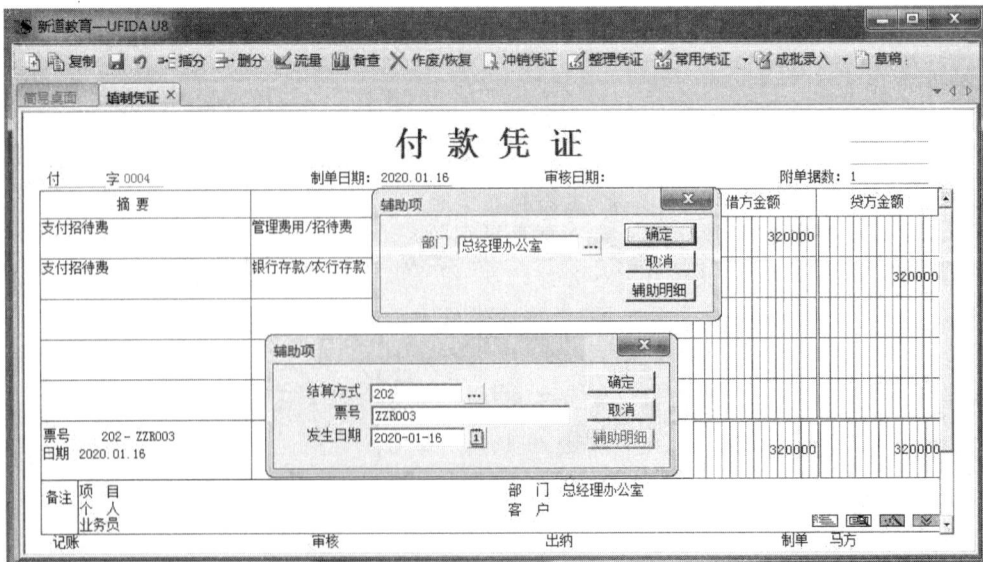

图 3-40 填制部门核算辅助核算凭证

④ 若此张支票尚未登记，系统弹出"此支票尚未登记，是否登记?"信息提示对话框。

⑤ 输入领用日期"2020-01-16"、领用部门"总经理办公室"、用途"支付招待费"，单击"确认"按钮保存凭证，如图3-41所示。

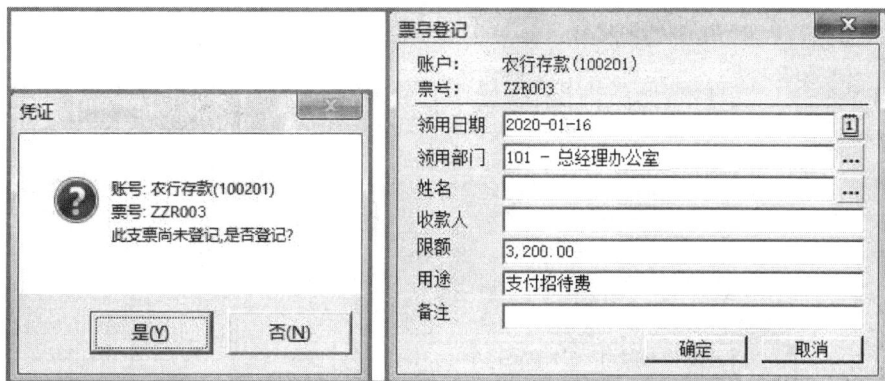

图 3-41　支票登记(三)

1月18日，总经理办公室赵辉出差归来，报销本次差旅费9 400元，并交回现金600元。

借:管理费用——差旅费(660204)　　　　　　　　　　　　9 400

　　库存现金(1001)　　　　　　　　　　　　　　　　　　　600

　　贷:其他应收款(122102)　　　　　　　　　　　　　　　　　　10 000

【操作步骤】

① 选择凭证类别"收款凭证";输入制单日期"2020-01-18";输入附单据数"1"。

② 输入摘要"报销差旅费";输入会计科目"660204"，弹出"辅助项"对话框，输入部门"总经理办公室"，单击"确定"按钮，返回"填制凭证"对话框，输入借方金额"9 400"元。

③ 按Enter键，摘要自动带入下一行，输入科目"1001"，输入借方金额"600"元。

④ 按Enter键，摘要自动带入下一行，输入会计科目"122102"，弹出"辅助项"对话框，输入部门"总经理办公室"、个人"赵辉"，票号不用填写，发生日期系统自动带出，单击"确定"按钮，返回"填制凭证"对话框，输入贷方金额"10 000"元。

⑤ 单击"保存"按钮保存凭证，如图3-42所示。

注意:在输入个人信息时，若不输入"部门名称"只输入"个人名称"，系统将根据所输入的个人名称自动输入其所属的部门。

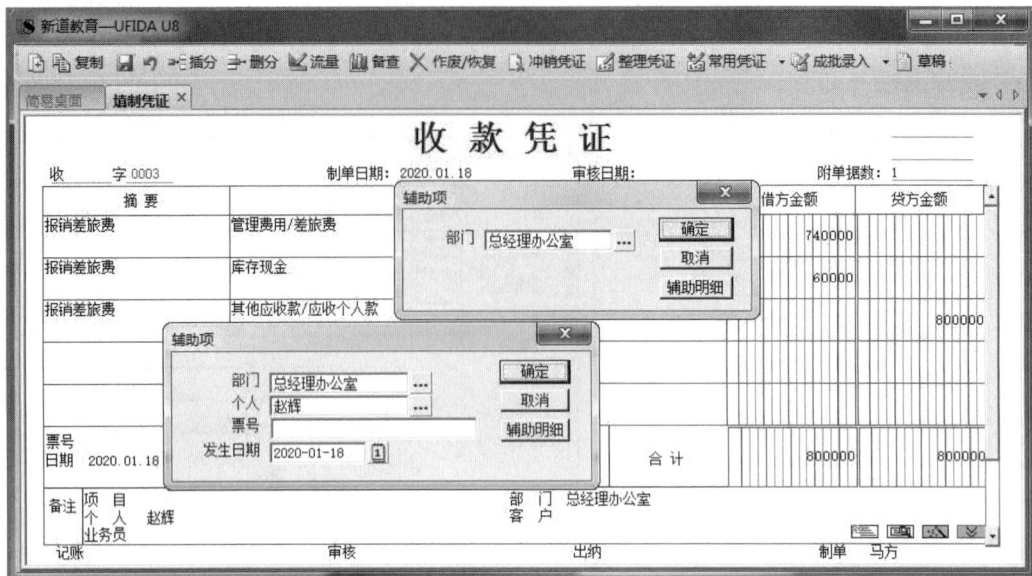

图 3-42　填制个人往来辅助核算凭证

1月20日,一车间领用芯片50盒,单价1000元,用于生产阳光Ⅰ型电脑。

借:生产成本——直接材料(500101)　　　　　　　　　50 000

　　贷:原材料——芯片(140301)　　　　　　　　　　　50 000

【操作步骤】

① 选择凭证类别"转账凭证";输入制单日期"2020-01-20";输入附单据数"1"。

② 输入摘要"生产领用材料";输入会计科目"500101",弹出"辅助项"对话框,输入项目名称"阳光Ⅰ型",单击"确定"按钮,返回"填制凭证"对话框,输入借方金额"50 000"元。

③ 按 Enter 键,摘要自动带入下一行,输入科目"140301",弹出"辅助项"对话框,输入数量"50"、单价"1 000",单击"确定"按钮,返回"填制凭证"对话框,输入贷方金额"50 000"元。

④ 单击"保存"按钮保存凭证,如图 3-43 所示。

注意:系统根据数量和单价自动计算出金额,并将金额先显示在借方,如果方向不符,可将光标移动到贷方,按 Space(空格)键即可调整金额方向。

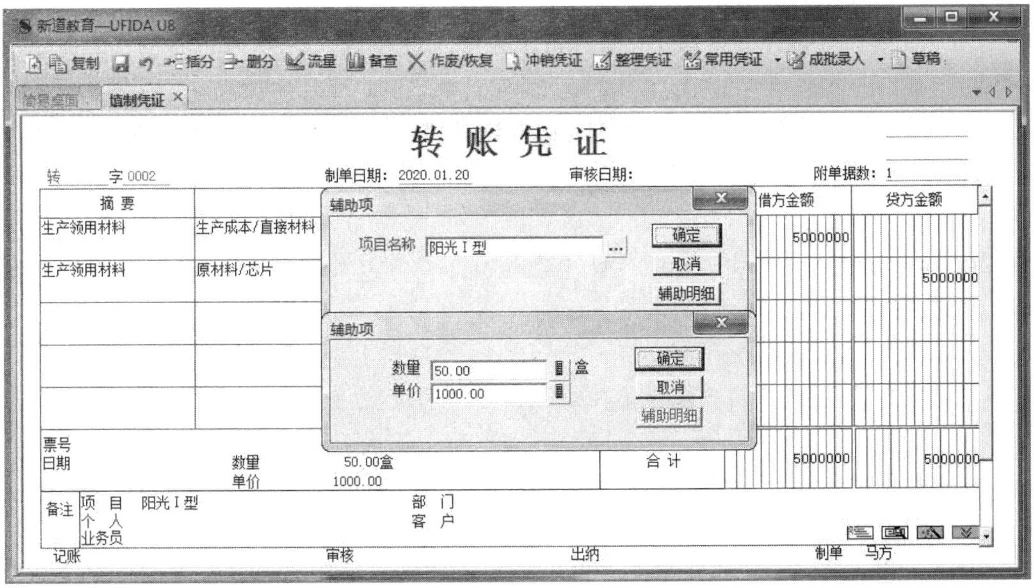

图 3－43 填制项目核算辅助核算凭证

1 月 30 日,财务部王晶把现金 20 000 元存入农行账户。

借:银行存款——农行存款(100201)   20 000

    贷:库存现金(1001)   20 000

操作步骤略,凭证参考图 3－44。

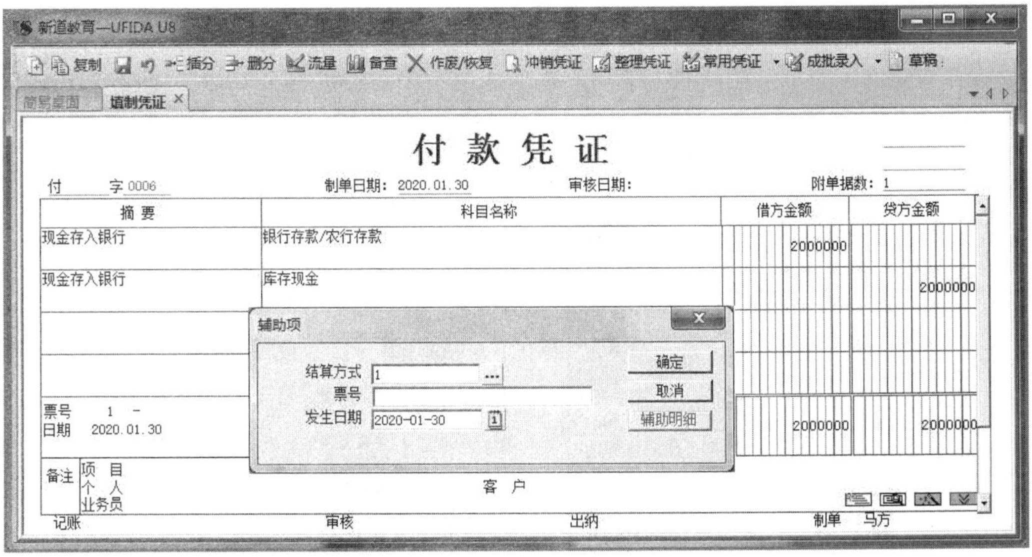

图 3－44 现金存入银行凭证

（2）生成和调用常用凭证

可以将某张凭证作为常用凭证存入常用凭证库中，以后可按所存代号调用这张常用凭证。

在填制一张与"常用凭证"相类似或完全相同的凭证时，可调用此常用凭证，以便加快凭证录入的速度。

案例 3-18 以1月3日业务填制的付字0002凭证作为常用凭证，代号为"0001"，说明为"提现"。

具体业务内容如下：

1月3日，财务部王晶从农行提取现金10 000元，作为备用金，现金支票号XJ001。

借：库存现金（1001）　　　　　　　　　　　　　　　　10 000

　　贷：银行存款——农行存款（100201）　　　　　　　　　10 000

【操作步骤】

注意：操作该案例之前，请先以admin的身份登录系统管理操作平台，在"权限——权限"中增加003马方"常用凭证"的权限，操作步骤略，结果参考图3-45所示。

① 在企业应用平台的"业务工作"选项卡中，执行"总账—凭证—填制凭证"命令，进入"填制凭证"窗口。

② 单击工具栏上的 ↦ ← 按钮，查找到该凭证。

③ 下拉"常用凭证"右边的三角形，单击"生成常用凭证"按钮，弹出"常用凭证生成"对话框。

④ 输入代号"0001"、说明"提现"，单击"确认"按钮，返回"填制凭证"对话框，如图3-46所示。

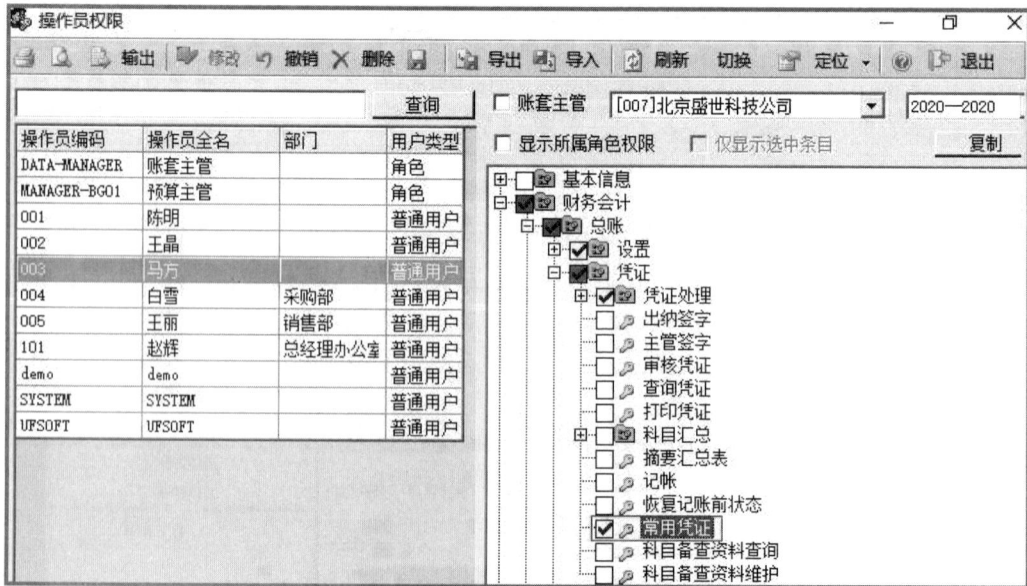

图 3-45　增加"常用凭证"权限

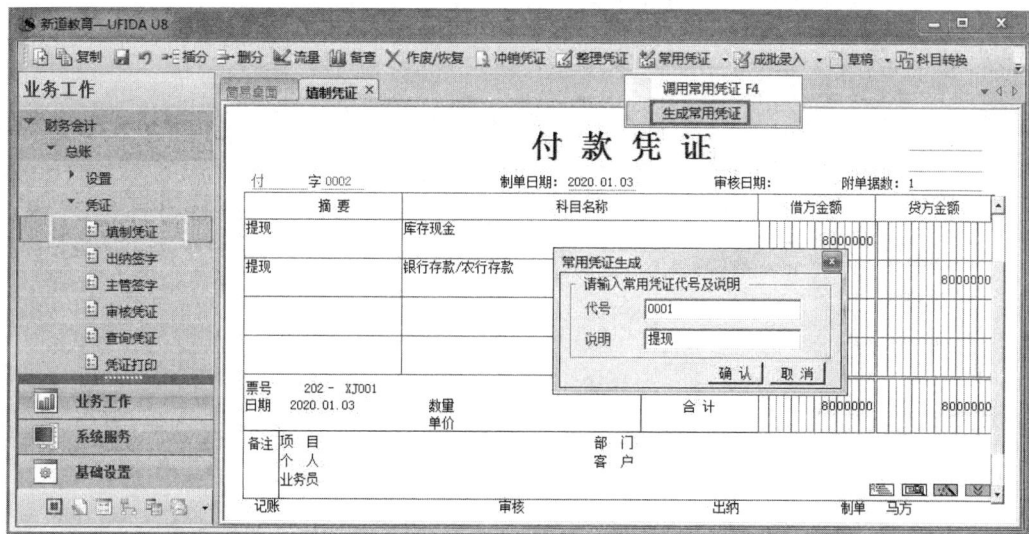

图 3‑46 生成常用凭证

案例 3‑19 调用 0001 号常用凭证。

具体业务内容如下：

1 月 22 日，财务部王晶从农行提取现金 50 000 元，作为备用金，现金支票号 XJ002。

借：库存现金(1001)　　　　　　　　　　　　　　50 000

　贷：银行存款——农行存款(100201)　　　　　　　　50 000

【操作步骤】

① 在企业应用平台的"业务工作"选项卡中，执行"总账—凭证—填制凭证"命令，进入"填制凭证"窗口。下拉"常用凭证"右边的三角形，单击"调用常用凭证"按钮，弹出"调用常用凭证"对话框。

② 输入常用凭证代码"0001"，单击"确定"按钮，如图 3‑47 所示。

③ 返回"填制凭证"对话框。修改制单日期为"2020‑01‑22"，并修改借、贷方金额为"50 000"元，光标下拉至"票号日期"位置，双击此处，弹出"辅助项"，修改票号和日期，如图 3‑48 所示。

④ 单击"确定"按钮，返回"填制凭证"对话框，保存凭证。

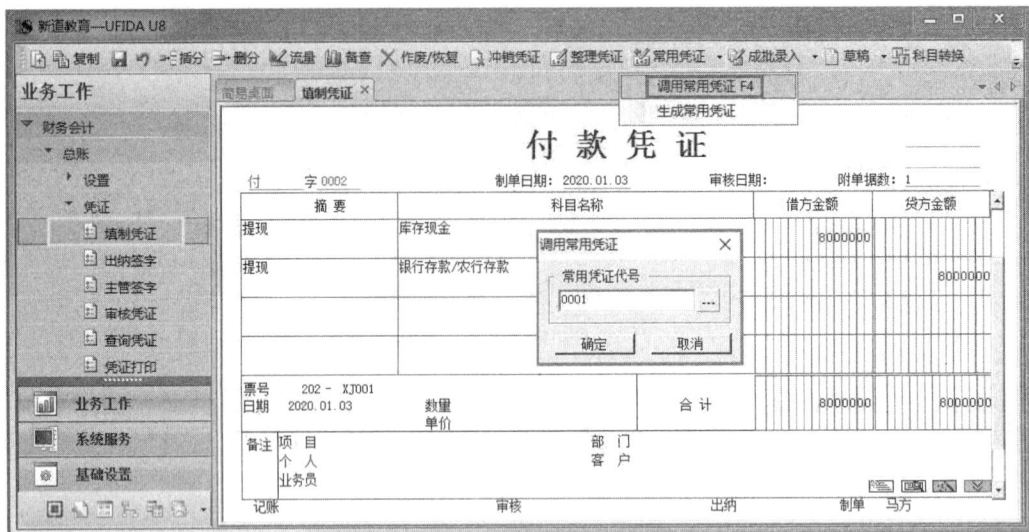

图 3 - 47 调用常用凭证

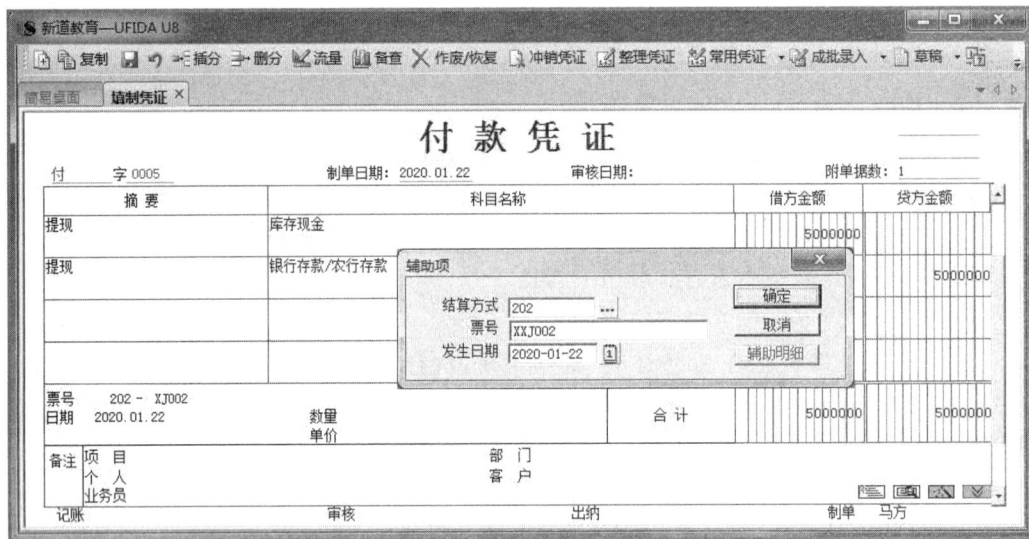

图 3 - 48 生成新凭证

（3）修改凭证

在填制凭证中，通过翻页查找或输入查询条件，找到要修改的凭证，将光标移到需要修改的地方，进行修改即可。可修改内容包括摘要、科目、辅助项、金额及方向、增删分录等。

① 未经审核的错误凭证可通过"填制凭证"功能直接修改；已审核的凭证应先取消审核后，再进行修改。

② 若已采用制单序时控制，则在修改制单日期时，不能在上一张同一种类凭证的制单日期之前。

③ 若选择"不允许修改或作废他人填制的凭证"权限控制，则不能修改或作废他人填制的凭证。

④ 外部系统传过来的凭证不能在总账管理系统中进行修改,只能在生成该凭证的系统中进行修改。

（4）作废/恢复凭证

当某张凭证不想要或出现不便修改的错误时,可将其作废。作废后的凭证上显示"作废"字样,表示已将该凭证作废,但仍保留内容及编号。

作废凭证和恢复凭证是同一按钮,若想取消凭证的作废操作,只需再一次执行"作废/凭证"命令即可。具体操作见后面案例。

注意:

① 作废凭证不能修改、不能审核;

② 作废凭证要参与记账,否则月末无法完成结账。

（5）整理凭证

整理凭证就是删除所有作废凭证,并对未记账凭证重新编号。若本月已有凭证记账,那么,本月最后一张已记账凭证之前的凭证将不能做凭证整理,只能对其后面的未记账凭证做凭证整理。若想做凭证整理,应先利用"恢复记账前状态"功能恢复本月月初的记账前状态,再做凭证整理。

注意:只能对未记账的凭证进行凭证整理。

案例 3-20　利用"作废/恢复凭证"和"整理凭证"功能,删除"付字 0006"凭证。

【操作步骤】

① 在企业应用平台的"业务工作"选项卡中,执行"总账—凭证—填制凭证"命令,进入"填制凭证"窗口。

② 单击工具栏上的 |◀ ◀ ▶ ▶| 按钮,查找到该凭证。

③ 单击工具栏上的"作废/恢复"按钮,凭证左上角出现"作废"红色字样。如图 3-49 所示。

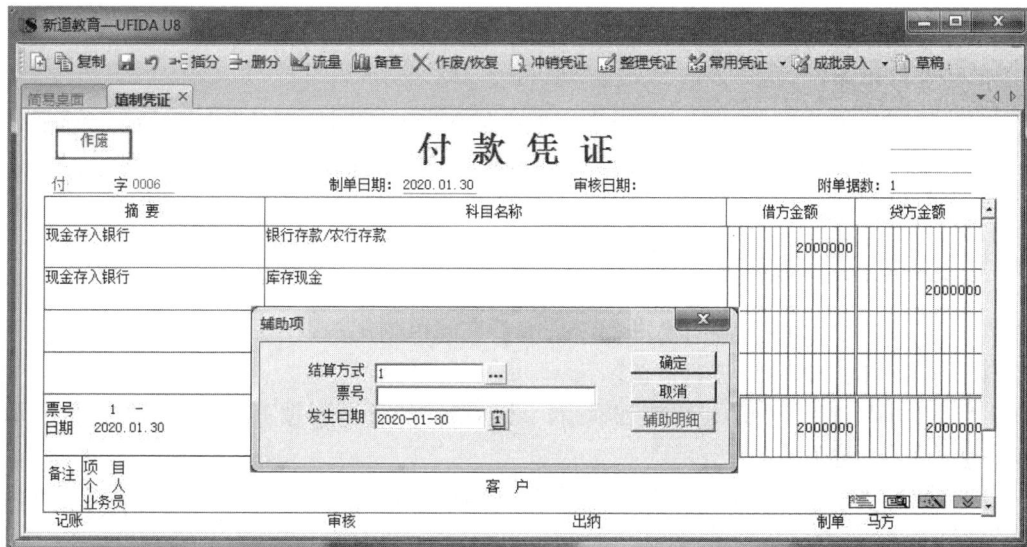

图 3-49　作废凭证

④ 单击工具栏上的"整理凭证"按钮,弹出"凭证期间选择"对话框,选择"2020.01",单击"确定"按钮。

⑤ 弹出"作废凭证表"对话框,出现已作废凭证列表,单击"全选"按钮,需要被删除的凭证出现"Y"标志,单击"确定"按钮。

⑥ 弹出"提示"对话框,选择"按凭证号重排",出现"是否还需整理凭证断号?"提示信息,单击"是"按钮,如图 3-50 所示。凭证删除已经完成。

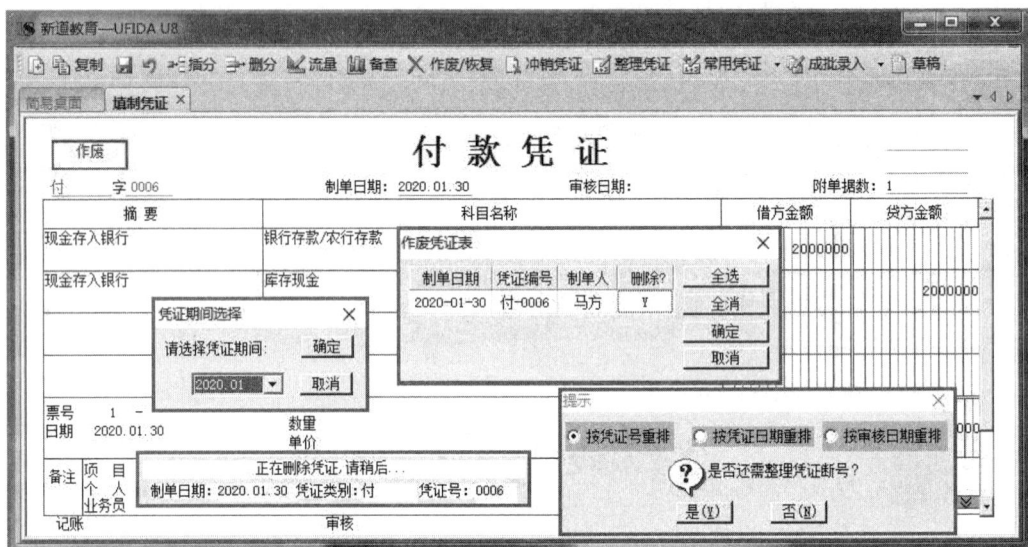

图 3-50 整理凭证

(6) 查看凭证有关信息

总账管理系统的"填制凭证"功能不仅是各账簿数据的输入口,同时也提供了强大的信息查询功能。通过该查询功能,可以查看到各科目最新余额、外部系统制单信息、联查明细账等。

2. 审核凭证

为确保登记到账簿中的每一笔经济业务的准确性和可靠性,制单员填制的每一张凭证都必须经过审核员的审核。审查认为错误或有异议的凭证,应交与填制人员修改后再审核。

审核员和制单员不能是同一个人。审核用户除了需要具有凭证审核权限外,还需要具有对待审核凭证制单员所制凭证的审核权。

凭证一经审核,就不能被修改、删除,只有被取消审核签字后才可以进行修改或删除。取消审核签字只能由审核人自己进行。采用手工制单的用户,在手工凭单上审核完后还须对录入计算机中的凭证进行审核。

作废凭证不能被审核,也不能被标错。已标错的凭证不能被审核,若想审核,须先取消标错后才能审核。

若设置了"凭证需出纳签字"参数,则对于收款和付款凭证不仅需审核员签字还需出纳签字。

（1）出纳签字

出纳凭证由于涉及企业库存现金和银行存款的收入与支出，应加强对出纳凭证的管理。出纳人员可通过"出纳签字"功能对制单员填制的带有现金、银行科目的凭证进行检查核对，主要核对出纳凭证出纳科目的金额是否正确。审查认为错误或有异议的凭证，应交与填制人员修改后再核对。

出纳签字应先更换操作员，由具有签字权限的出纳人员来进行。对于出纳凭证，可以单张签字，也可以成批签字。

系统同时也提供了"取消出纳签字"的功能，也分为单张取消和成批取消出纳签字两种取消方式。

案例 3-21　由 002 王晶对 003 马方已填制的凭证进行出纳签字。

【操作步骤】

① 以 002 王晶身份登录企业应用平台，如图 3-51 所示。

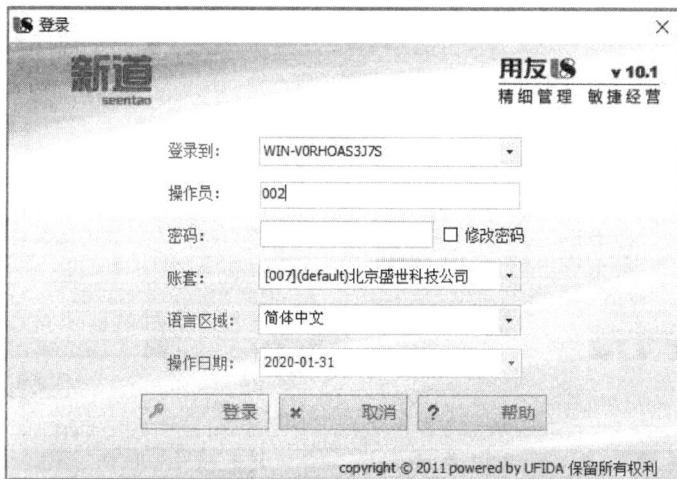

图 3-51　002 王晶登录企业应用平台对话框

② 在企业应用平台的"业务工作"选项卡中，执行"总账—凭证—出纳"命令，弹出"出纳签字"对话框，单击"确定"按钮，如图 3-52 所示。

制单日期	凭证编号	摘要	借方金额合计	贷方金额合计	制单人	签字人	系统名	备注	审核日期	年度
2020-1-5	收-0001	收到投资	341 500.00	341 500.00	马方					2020
2020-1-12	收-0002	收到欠钱货款	197 600.00	197 600.00	马方					2020
2020-1-18	收-0003	报销差旅费	8 000.00	8 000.00	马方					2020
2020-1-2	付-0001	购买办公用品	860.00	860.00	马方					2020
2020-1-3	付-0002	提现	80 000.00	80 000.00	马方					2020
2020-1-8	付-0003	采购硬盘	93 600.00	93 600.00	马方					2020
2020-1-16	付-0004	支付业务招待费	3 200.00	3 200.00	马方					2020
2020-1-16	付-0005	提现	80 000.00	80 000.00	马方					2020

图 3-52　"出纳签字"对话框

③ 返回"出纳签字列表"对话框,双击任意一行凭证信息,进入"出纳签字"对话框,如图 3-53 所示。

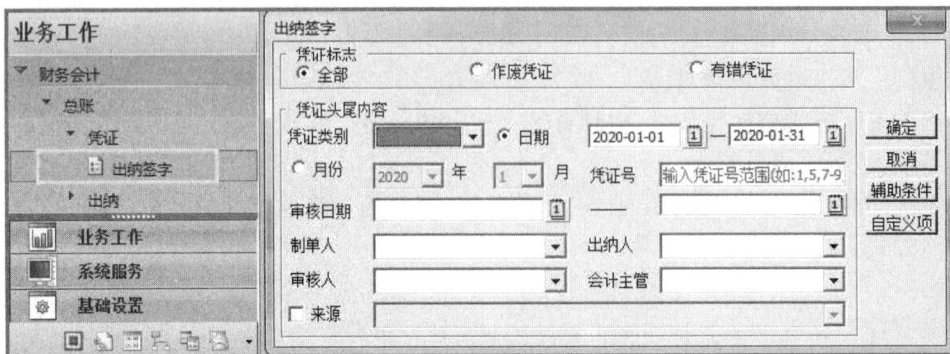

图 3-53 "出纳签字"对话框

④ 下拉工具栏中"批处理"的三角按钮,单击"成批出纳签字"按钮,弹出"凭证"对话框,显示已成批完成出纳签字的数量等信息,单击"确定"按钮。

⑤ 弹出"是否重新刷新凭证列表数据"信息提示对话框,单击"是"按钮。

⑥ 所有出纳凭证页面底部的"出纳"后面都会出现"王晶"的签名,显示出纳签字已经完成,如图 3-54 所示(若单张签字,可直接单击工具栏中的"签字"按钮)。

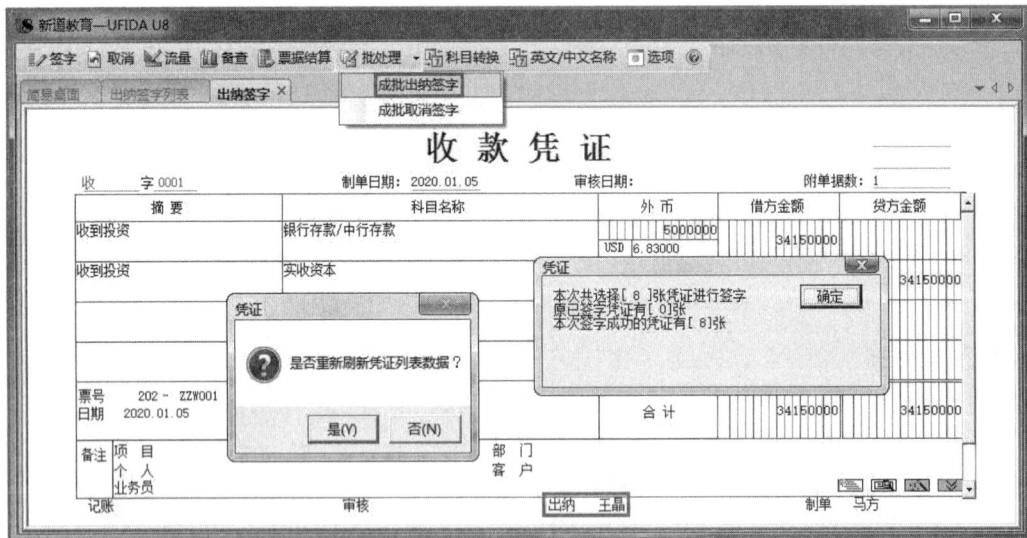

图 3-54 成批出纳签字

注意:

① 凭证填制人和出纳签字人可以为同一人,也可为不同的操作员。

② 涉及指定为现金科目或银行科目的凭证才须出纳签字。

③ 凭证一经签字就不能被修改或删除,只有取消签字后才能被修改或删除,取消签字只能由签字的操作员来完成。

④ 凭证签字并非审核凭证的必要步骤。若在设置总账参数时,不选择"出纳凭证必须经由出纳签字",则可以跳过"出纳签字"操作,直接进行审核凭证。

（2）主管签字

为了加强对会计人员制单的管理,系统提供了"主管签字"功能供用户选择,选择该功能后,会计人员填制的凭证必须经主管签字才能记账。

（3）审核凭证

审核凭证是审核员按照财会制度,对制单员填制的记账凭证进行检查核对,主要审核记账凭证是否与原始凭证相符、会计分录是否正确等。审查认为错误或有异议的凭证,应交与填制人员修改后再审核,只有具有审核权的人才能进行审核操作。

审核无误的凭证可以进入下一处理过程——记账;审核中如果发现错误,可以利用系统提供的"标错"功能为凭证标注有错凭证,便于制单人快速查询和更正,待修正后再重新审核。

凭证审核同出纳签字一样须更换操作员,由具有审核权限的操作员来进行。凭证既可逐张审核,也可成批审核。

对审核后的凭证,系统提供了"取消审核"的功能,也分为单张取消和成批取消审核两种取消方式。

案例 3 - 22　由 001 陈明对 003 马方已填制的凭证进行凭证审核。

【操作步骤】

① 以 001 陈明身份登录企业应用平台。

② 在企业应用平台的"业务工作"选项卡中,执行"总账—凭证—审核凭证"命令,弹出"凭证审核"对话框,单击"确定"按钮,如图 3 - 55 所示。

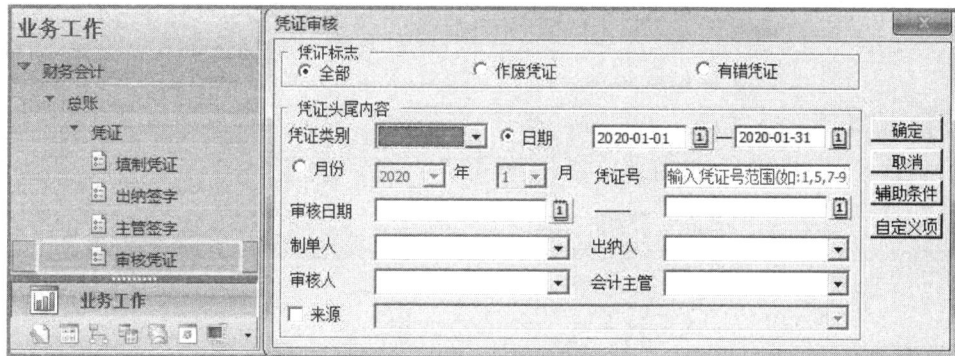

图 3 - 55　审核凭证

③ 返回"凭证审核列表"对话框,双击任意一行凭证信息,进入"凭证审核"对话框,下图 3 - 56 所示。

④ 下拉工具栏中"批处理"的三角按钮,单击"成批审核凭证"按钮,弹出"凭证"对话框,显示已成批完成审核的数量等信息,单击"确定"按钮。

⑤ 弹出"是否重新刷新凭证列表数据?"信息提示对话框,单击"是"按钮。

图 3-56　凭证审核列表

⑥ 所有凭证页面底部的"审核"后面都会出现"陈明"的签名,且在"审核日期"后会自动标注出审核的日期,显示凭证审核已经完成,如图 3-57 所示(若单张签字,可直接单击工具栏中的"审核"按钮)。

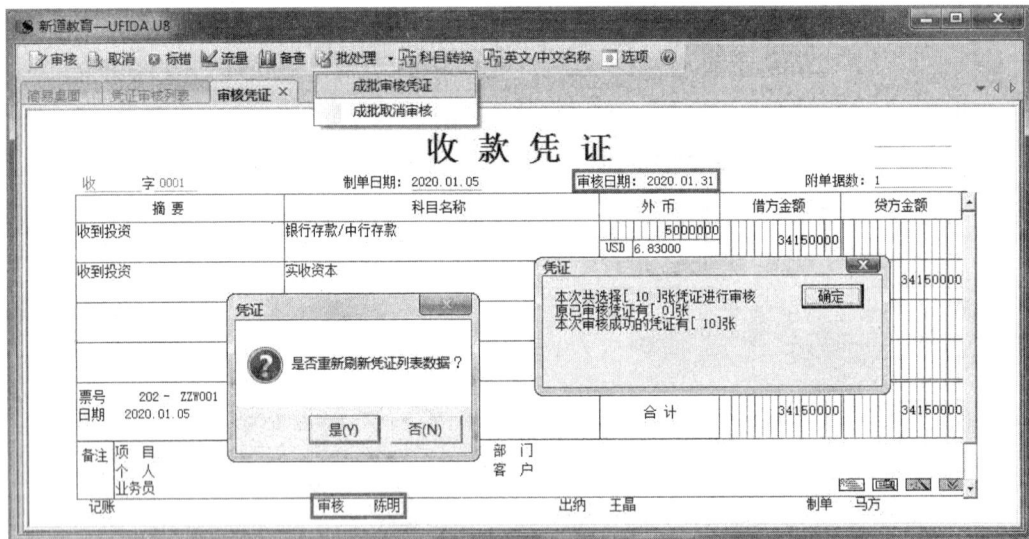

图 3-57　成批审核凭证

注意:

① 审核人必须具有审核权。如果在"选项"中设置了"凭证审核控制到操作员",则审核人还需要有对制单人所制凭证的审核权。

② 作废凭证不能被审核,也不能被标错。

③ 审核人和制单人不能为同一人,凭证一经审核,不能被修改或删除,只有取消审核签字后才可修改或删除,已标志作废的凭证须先取消作废标志才可被审核。

④ 已标错的凭证不能被审核,须先取消标错后才能被审核。

3. 科目汇总

科目汇总是按条件对记账凭证进行汇总,并生成一张凭证汇总表。进行汇总的凭证可以是已记账凭证,也可以是未记账凭证,因此财务人员可在凭证未全部记账前,随时查看企业目前的经营状况及其他财务信息。

案例 3 - 23　由 001 陈明来完成 2020 年 1 月份未记账凭证的科目汇总,查询 1 月份的科目汇总表。

【操作步骤】

① 以 001 陈明身份登录企业应用平台。

② 在企业应用平台的"业务工作"选项卡中,执行"总账—凭证—科目汇总"命令,弹出"科目汇总"对话框,选择"未记账凭证",单击"汇总"按钮,如图 3 - 58 所示。

③ 出现"科目汇总表"对话框,如图 3 - 59 所示。

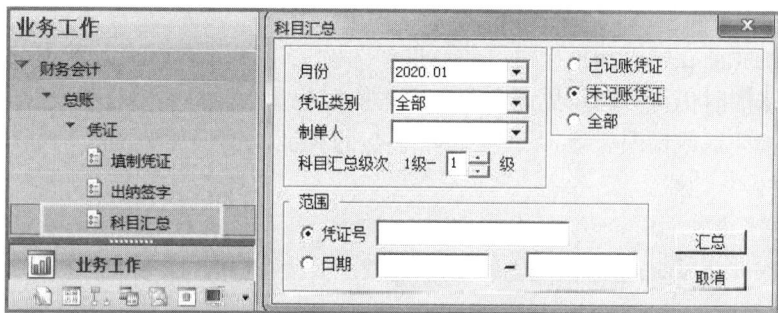

图 3 - 58　"科目汇总"对话框

科目编码	科目名称	外币名称	计量单位	金额合计		外币合计		数量合计	
				借方	贷方	借方	贷方	借方	贷方
1001	库存现金			80 600.00	860.00				
1002	银行存款			539 100.00	176 800.00				
1122	应收账款				197 600.00				
1221	其他应收款				8 000.00				
1403	原材料			80 000.00	50 000.00				
1405	库存商品			140 000.00					
资产 小计				839 700.00	433 260.00				
美元						50 000.00			
2202	应付账款				163 800.00				
2221	应交税费			37 400.00					
负债 小计				37 400.00	163 800.00				
4001	实收资本				341 500.00				
权益 小计					341 500.00				
5001	生产成本			50 000.00					
成本 小计				50 000.00					
6601	销售费用			860.00					
6602	管理费用			10 600.00					
损益 小计				11 460.00					
合计				938 560.00	938 560.00				
美元						50 000.00			

图 3 - 59　"科目汇总表"对话框

4. 凭证记账

计算机总账管理系统中的记账和手工会计中的登记账簿的目的是相同的,都是一个将经济业务数据进行正式记录保存,以便能全面、系统地反映企业各项经济业务活动的情况。但由于采用计算机进行数据处理,因此,记账的过程又有所不同。计算机账务处理中的记账过程首先是一个数据传递的过程,把经过审核签章的、要求记账的记账凭证从录入凭证数据库文件中传递到记账凭证数据库文件中,这一工作由计算机自动完成。经过记账的凭证是不能修改的,也就是记账凭证数据库文件中的数据是不能修改的,由此形成了会计核算系统稳定的数据。系统记账一般都遵循这样一个过程。

(1)选择记账凭证

开始记账时,系统首先要求用户选择要记账的凭证范围。凭证范围由月份、凭证类别、凭证编号决定,系统一般给出凭证编号的最大范围作为默认值。一般月份不能为空,类别如果为空,系统自动将各类已审核的记账凭证全部进行记账。

(2)自动检验记账凭证

虽然记账凭证在输入和审核时已经经过多次检验,但为了确保会计数据的正确,系统在登记机内账簿时仍将对记账凭证进行一次平衡校验和会计科目等有关内容的检验。如果发现不平衡凭证或错误凭证,系统会将不平衡的凭证或错误凭证的类别和凭证号显示给用户,同时停止记账。

(3)数据保护

记账工作涉及系统内多个数据库,记账过程一旦发生意外,会使记账涉及的数据库受到影响,为此系统设计了数据保护功能。记账前系统首先将有关数据库在硬盘上进行备份,一旦记账过程出现意外,系统将停止记账并自动利用备份文件恢复系统数据。

记账过程意外中断时,系统将自动调用"恢复记账前状态"功能恢复数据,然后重新记账。

(4)正式记账

做完以上工作,系统自动将选定的记账凭证登记到机内账簿中(包括部门核算、往来核算和项目核算的辅助账簿),并进行汇总工作,计算出各个科目最新的本月发生额、累计发生额和最新的当前余额,将其保存在系统中,完成记账工作并将已记账的凭证张数显示给用户。

注意:

① 第一次记账时,若期初余额试算不平衡,不能记账。

② 上个月未记账,本月不能记账。

③ 上个月未结账,本月不能记账。

④ 未经审核的记账凭证不能记账,记账范围应小于等于已审核范围。

⑤ 作废凭证无须审核可直接记账。

⑥ 有不平衡凭证或错误凭证时,系统停止记账。这种情况较为特殊,通常在系统投入日常使用后,违反规定修改初始设置时容易发生。

⑦ 记账过程决不允许无故中断系统运行或关机。

案例 3 - 24　由 001 陈明来完成 2020 年 1 月份的记账和取消记账。

【操作步骤】

1. 记账

① 以 001 陈明身份登录企业应用平台。

② 在企业应用平台的"业务工作"选项卡中,执行"总账—凭证—记账"命令,弹出"记账"对话框,单击"全选"按钮,再单击"记账"按钮。

③ 弹出"期初试算平衡表"对话框,显示"试算结果平衡",单击"确定"按钮,如图 3 - 60 所示。

④ 系统开始正式记账,记账完成后,弹出"记账完毕!"信息提示对话框,单击"确定",如图 3 - 61 所示。

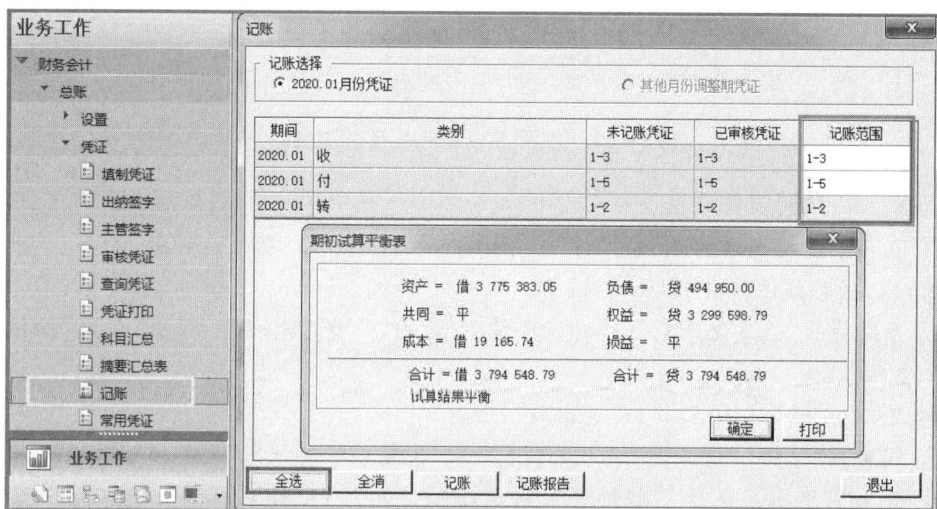

图 3 - 60　"期初试算平衡表"对话框

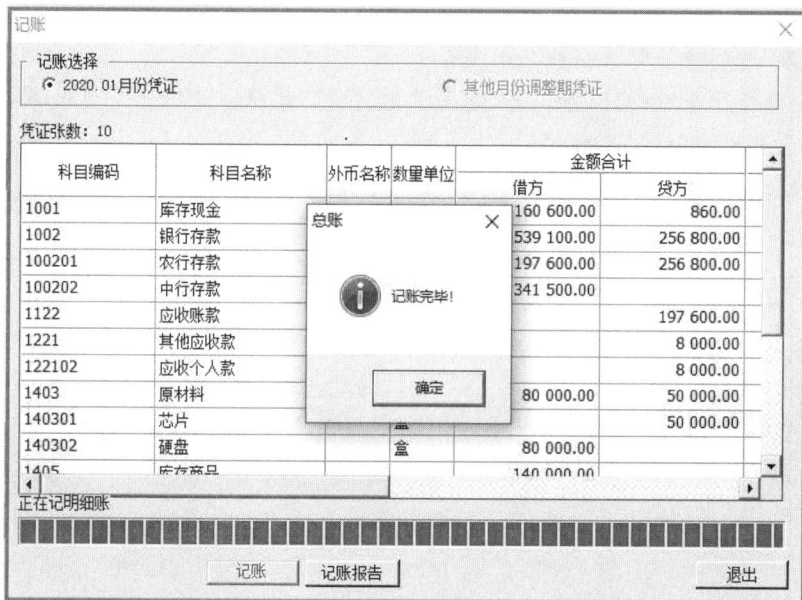

图 3 - 61　完成记账

2. 取消记账

图 3-62　激活"恢复记账前状态"功能

① 以 001 陈明身份登录企业应用平台。

② 在企业应用平台的"业务工作"选项卡中,执行"总账—期末—对账"命令,弹出"对账"对话框,同时按住键盘上 Ctrl+H 键。

③ 系统弹出"恢复记账前状态功能已被激活。"信息提示对话框,单击"确定"按钮,如图 3-62 所示。

④ 返回"对账"对话框,单击"退出"按钮。

⑤ 同时在"总账—凭证—记账"菜单下显示"恢复记账前状态"菜单项。

注意:如果退出系统后又重新进入系统,或在"对账"中按 Ctrl+H 键,即重新隐藏"恢复记账前状态"功能。

3. 恢复记账

① 以 001 陈明身份登录企业应用平台。

② 在企业应用平台的"业务工作"选项卡中,执行"总账—凭证—恢复记账前状态"命令,弹出"恢复记账前状态"对话框。

③ 选择"最近一次记账前状态"单选按钮,如图 3-63 所示。

④ 单击"确定"按钮,系统弹出"请输入主管口令"信息提示对话框。

⑤ 单击"确认"按钮,系统弹出"恢复记账完毕!"信息提示对话框,单击"确定"按钮。

注意:

① 已结账月份的数据不能取消记账;

② 取消记账后,一定要重新记账。

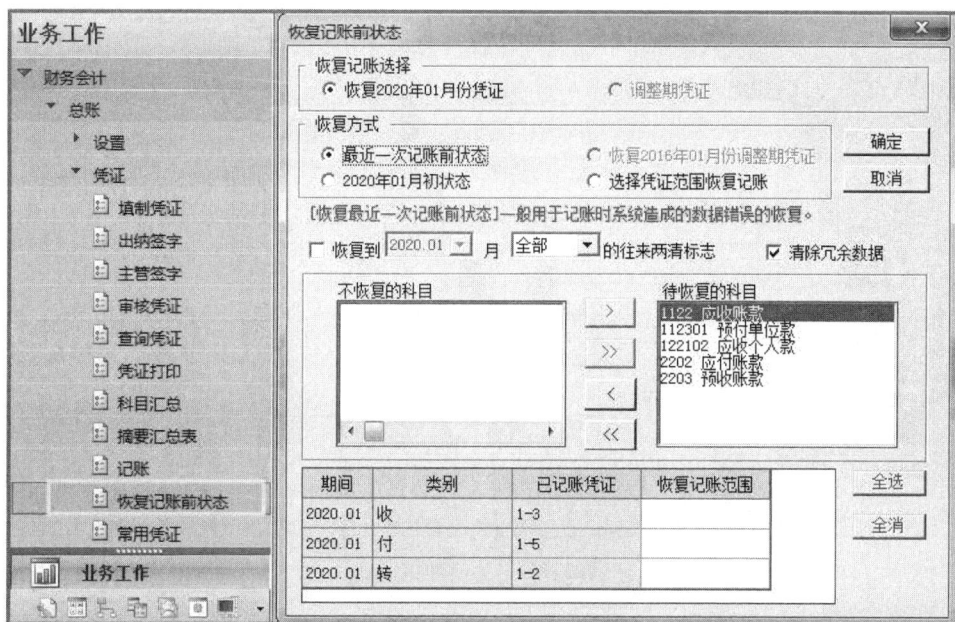

图 3 - 63　恢复记账前状态

5. 制作红字冲销凭证

对于已记账的凭证,发现错误后可以制作一张红字冲销凭证。通过红字冲销法增加的凭证,应视同正常凭证进行保存管理。

案例 3 - 25　使用"生成红字冲销凭证"功能,冲销案例 3 - 19 中调用常用凭证功能生成的付字 0005 号凭证(该凭证必须先进行出纳签字、审核和记账才能使用该功能)。

【操作步骤】

① 以 003 马方的身份进入企业应用平台。在企业应用平台的"业务工作"选项卡中,执行"总账—凭证—填制凭证"命令,进入"填制凭证"窗口。

② 单击工具栏"冲销凭证"按钮,弹出"冲销凭证"对话框。

③ 输入需要被冲销的凭证月份"2020.01"、凭证类型"付付款凭证"、凭证号"0005",单击"确定"按钮,如图 3 - 64 所示。

④ 系统自动生成一张红字冲销凭证,如图 3 - 65 所示。

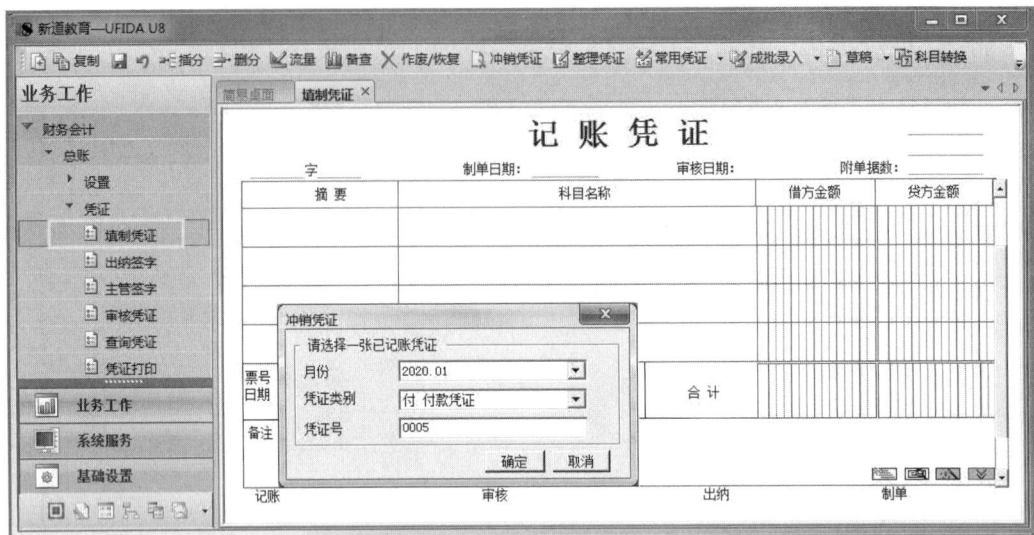

图 3－64　生成冲销凭证

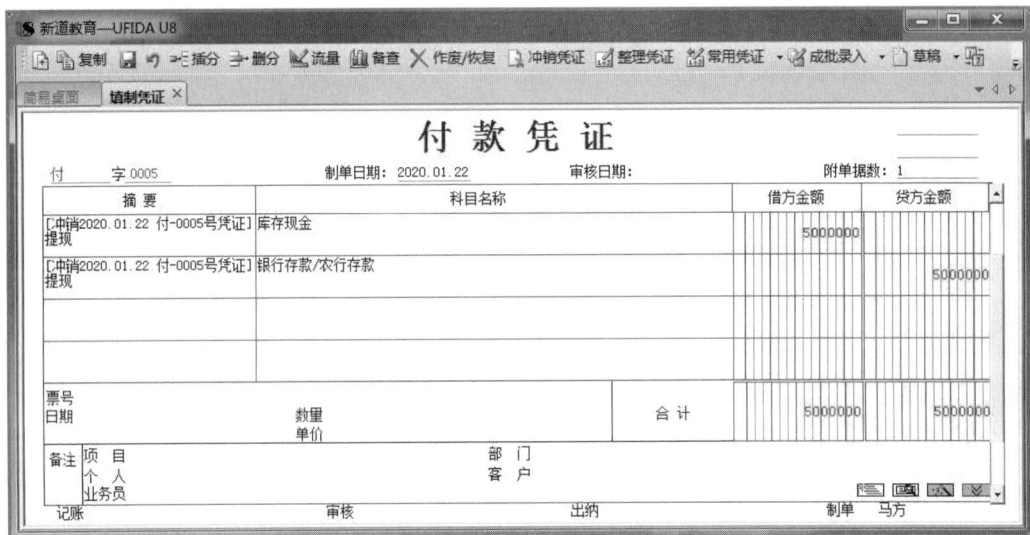

图 3－65　红字冲销凭证

3.3.2　出纳管理

　　出纳管理是总账管理系统为出纳人员提供的一套管理工具，在不同财务软件中的提法可能不一样。它主要包括出纳签字、现金和银行存款日记账的输出、支票登记簿的管理，以及银行对账等功能，同时可对银行长期未达账提供审计报告。

　　1. 出纳签字

　　前面介绍审核凭证功能时，已经介绍过"出纳签字"功能，此处不再赘述。

2. 日记账及资金日报表

日记账是指现金日记账和银行存款日记账，由计算机自动登记，日记账的主要作用是用于输出现金与银行存款日记账供出纳人员核对现金收支和结存等情况。要输出现金日记账和银行存款日记账，要求在系统初始化时，"库存现金"和"银行存款"科目必须选择"日记账"标记，即表明该科目要登记日记账。所以如果需要，任何一个会计科目都可以输出日记账。

（1）查询日记账

日记账包括现金日记账和银行存款日记账。

案例 3-26 查询北京盛世科技公司 2020 年 1 月份银行存款日记账。

【操作步骤】

① 以 002 王晶身份登录企业应用平台。

② 在企业应用平台的"业务工作"选项卡中，执行"总账—出纳—银行日记账"命令，弹出"银行日记账查询条件"对话框，单击"确定"按钮，如图 3-66 所示。

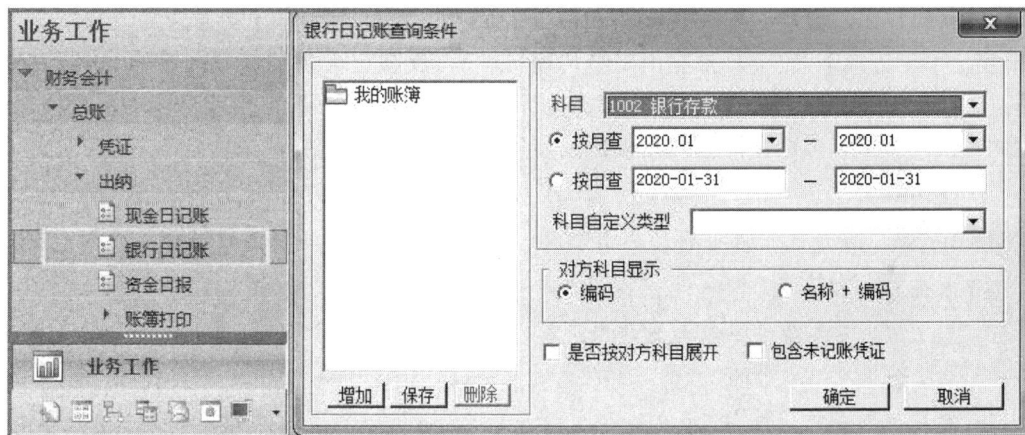

图 3-66　查询银行日记账

③ 进入"银行日记账"窗口，如图 3-67 所示。

注意：

① 如果本月尚未结账，银行日记账最下面两行显示"当前合计""当前累计"字样；

② 如果本月已经结账，则显示"本月合计""本年累计"字样。

2020年 月	日	凭证号数	摘要	结算号	对方科目	借方	贷方	方向	余额
			上年结转					借	855 645.16
01	03	付-0002	提现_201_XJ001_2020.01.03	现金支票-XJ001	1001		80 000.00	借	775 645.16
01	03		本日合计				80 000.00	借	775 645.16
01	05	收-0001	收到投资_202_ZZW001_2020.01.05	转账支票-ZZW001	4001	341 500.00		借	1 117 145.16
01	05		本日合计			341 500.00		借	1 117 145.16
01	08	付-0003	采购硬盘_202_ZZR001_2020.01.08	转账支票-ZZR001	140302,22210101		93 600.00	借	1 023 545.16
01	08		本日合计				93 600.00	借	1 023 545.16
01	12	收-0002	收到欠钱货款_202_ZZR002_2020.01.12	转账支票-ZZR002	1122	197 600.00		借	1 221 145.16
01	12		本日合计			197 600.00		借	1 221 145.16
01	16	付-0004	支付业务招待费_202_ZZR003_2020.01.16	转账支票-ZZR003	660205		3 200.00	借	1 217 945.16
01	16		本日合计				3 200.00	借	1 217 945.16
01	22	付-0005	提现_201	现金支票	1001		50 000.00	借	1 167 945.16
01	22	付-0006	[冲销2020.01.22 付-0005号凭证]提现_201	现金支票	1001		-50 000.00	借	1 217 945.16
01	22		本日合计					借	1 217 945.16
01			当前合计			539 100.00	176 800.00	借	1 217 945.16
01			当前累计			539 100.00	176 800.00	借	1 217 945.16

图 3-67　银行日记账

（2）查询日报表

资金日报表是反映"库存现金"和"银行存款"科目当日借、贷方发生额及余额情况的报表。手工方式下，资金日报表由出纳员逐日填写，反映当天营业终了时现金、银行存款的收支情况及余额；总账管理系统内，资金日报表主要用于查询、输出或打印资金日报表，提供当日借、贷方金额合计数和余额以及发生的业务量等信息。

案例 3-27　查询北京盛世科技公司 2020 年 1 月 12 日的资金日报表。

【操作步骤】

① 以 002 王晶身份登录企业应用平台。

② 在企业应用平台的"业务工作"选项卡中，执行"总账—出纳—资金日报"命令，弹出"资金日报表查询条件"对话框。

③ 选择日期"2020-01-12"，级次"1-2"，单击"确定"按钮。

④ 打开"资金日报表"对话框，如图 3-68 所示。

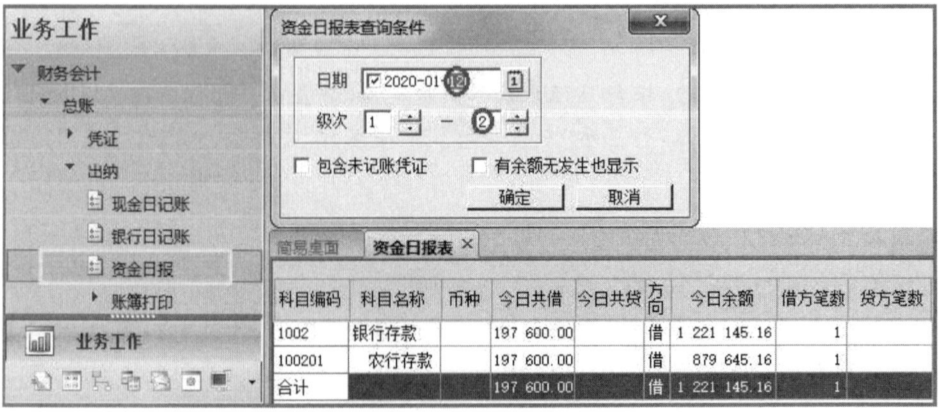

图 3-68　资金日报表

3. 支票登记簿

手工记账时,银行出纳人员通常使用支票领用登记簿来登记和管理领用的支票。总账管理系统中,也为银行出纳人员提供了"支票登记簿"功能,用以详细登记支票领用人、领用日期、支票用途、是否报销等信息。

使用支票登记簿要注意以下几点:

① 只有在会计科目中设置了银行账辅助核算的科目才能使用支票登记簿。

② 只有在结算方式设置中选择了可票据控制,才能选择登记银行科目。

③ 领用支票时,银行出纳人员须使用"支票登记"功能据实登记领用日期、领用部门、领用人、支票号、备注等。

④ 支票支出后,经办人持原始单据(发票)报销,会计人员据此填制记账凭证,在录入该凭证时,系统要求录入该支票的结算方式和支票号。填制完成该凭证后,系统自动在支票登记簿中将支票写上报销日期,该号支票即已报销。对报销的支票,系统用不同的颜色区分。

⑤ 支票登记簿中的"报销日期"栏,一般是由系统自动填写的,但对于有些已报销而由于人为原因造成系统未能自动填写报销日期的支票,可进行手工填写。

⑥ 已报销的支票不能进行修改。可以取消报销标志,再行修改。

⑦ 在实际应用中,如果要求领用人亲笔签字等,最好不使用支票登记簿,这会增加输入的工作量。

案例 3-28　查询北京盛世科技公司 2020 年 1 月份的支票登记簿。

【操作步骤】

① 以 002 王晶身份登录企业应用平台。

② 在企业应用平台的"业务工作"选项卡中,执行"总账—出纳—支票登记簿"命令,弹出"银行科目选择"对话框。

③ 选择科目"农业银行",单击"确定"按钮。

④ 打开"支票登记簿"对话框,如图 3-69 所示。

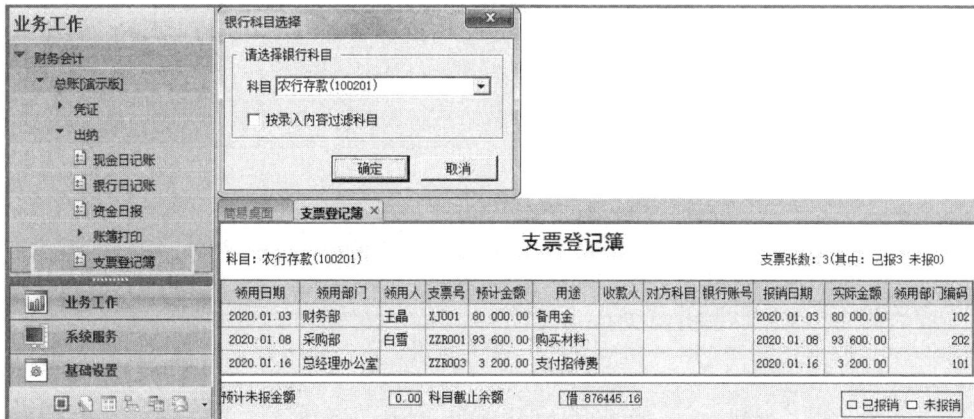

图 3-69　支票登记簿

4. 银行对账

银行对账是出纳管理的一项很重要的工作。此项工作通常是在期末进行,因此银行对账的功能在后面期末处理章节中详细介绍。

3.3.3 账簿管理

企业发生的经济业务,经过制单、审核、记账等程序后就形成了正式的会计账簿。除了前面介绍的现金和银行存款的查询和输出外,账簿管理还包括基本会计核算账簿的查询输出,以及各种辅助账的查询和输出。

1. 基本会计核算账簿管理

基本会计核算账簿包括总账、明细账、余额表、序时账、多栏账、日记账等。

（1）总账

总账查询不但可以查询各总账科目的年初余额、各月发生额合计和月末余额,而且还可以查询所有二至六级明细科目的年初余额、各月发生额合计和月末余额。

案例 3-29 查询"6602 管理费用"总账。

【操作步骤】

① 以 001 陈明身份登录企业应用平台。

② 在企业应用平台的"业务工作"选项卡中,执行"总账—账表—科目账—总账"命令,弹出"总账查询条件"对话框。

③ 输入科目"6602 管理费用",单击"确定"按钮。

④ 打开"总账簿"窗口,显示三栏式总账,如图 3-70 所示。

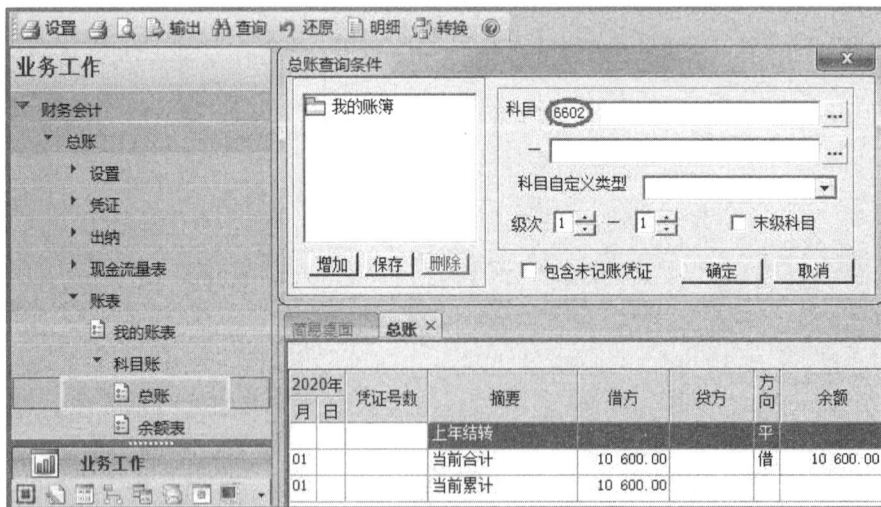

图 3-70 管理费用总账

⑤ 单击"明细"按钮,可查询"6602 管理费用"科目明细账。

注意：

① 如果科目范围为空，系统默认查询所有的科目。

② 如果选中"包含为记账凭证"复选框，未记账凭证的数据也会包含在账簿资料中。

③ 如果查询的科目设置了数量辅助核算，就可以从"账页格式"下拉列表框中选择"数量金额式"选项，以显示数量金额式总账。

④ 如果查询的科目设置了外币辅助核算，就可以从"账页格式"下拉列表框中选择"外币金额式"选项，以显示外币金额式总账。

（2）明细账

明细账用于平时查询各账户的明细发生情况，及按任意条件组合查询明细账。在查询过程中可以包含未记账凭证。账务系统通常提供三种明细账的查询格式：普通明细账、按科目排序明细账、月份综合明细账。

普通明细账是按科目查询，按发生日期排序的明细账。

按科目排序明细账是按非末级科目查询，按其有发生的末级科目排序的明细账。

月份综合明细账是按非末级科目查询，包含非末级科目总账数据及末级科目明细数据的综合明细账，使用户对各级科目的数据关系一目了然。

案例 3-30 查询"140301 原材料——硬盘"明细账。

【操作步骤】

① 以 001 陈明身份登录企业应用平台。

② 在企业应用平台的"业务工作"选项卡中，执行"总账—账表—科目账—明细账"命令，弹出"明细账查询条件"对话框。

③ 选择"月份综合明细账"复选框，下拉列表框选择"1403 原材料"，科目选择"140301"，单击"确定"按钮，如图 3-71 所示。

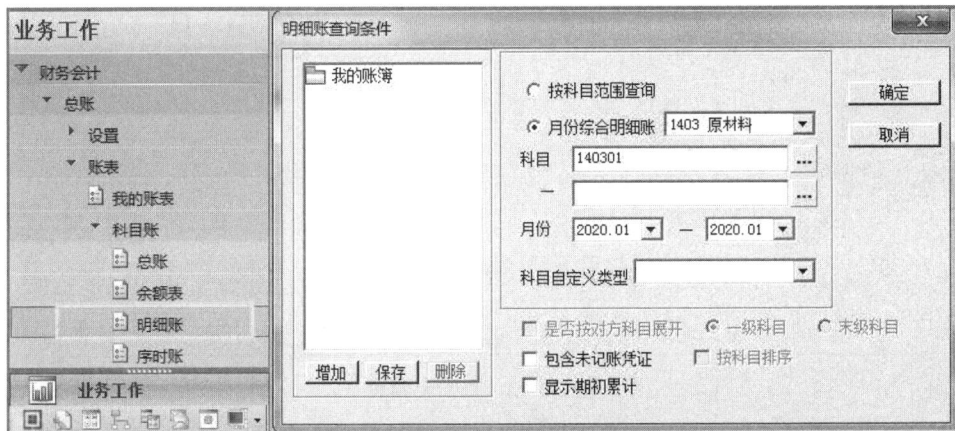

图 3-71 明细账查询条件

④ 从"账页格式"下拉列表框中选择"数量金额式"选项,可显示数量金额式明细账。查询结果如图 3-72 所示。

2020年		凭证号数	科目编码	科目名称	摘要	单价	借方		贷方		方向	余额		
月	日						数量	金额	数量	金额		数量	单价	金额
01			140301	芯片	上年结转						借	700.00	1 000.00	700 000.00
01	20	转-0002	140301	芯片	生产领用材料	1000.00			50.00	50 000.00	借	650.00		650 000.00
01			140301	芯片	当前合计(月净额:-50 000.00)				50.00	50 000.00	借	650.00	1 000.00	650 000.00
01			140301	芯片	当前累计				50.00	50 000.00	借	650.00	1 000.00	650 000.00

图 3-72　140301 原材料——芯片明细账

(3) 余额表

总账是按照总账科目分页设账,如果查询一定范围或全部科目的发生额及余额就略显不便。余额表用于查询、统计各级科目的本月发生额、累计发生额和余额等,可输出某月或某几个月的所有总账科目,或者明细科目的期初余额、本月发生额、累计发生额和期末余额。

案例 3-31　查询包括未记账凭证和末级科目在内的余额表。

【操作步骤】

① 以 001 陈明身份登录企业应用平台。

② 在企业应用平台的"业务工作"选项卡中,执行"总账—账表—科目账—余额表"命令,弹出"发生额及余额查询条件"对话框。

③ 分别选中"末级科目"和"包含未记账凭证"复选框,如图 3-73 所示。

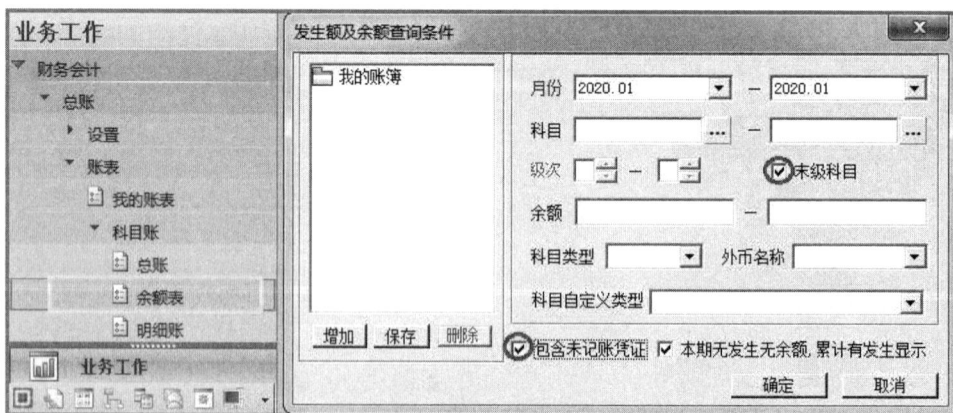

图 3-73　查询余额表

④ 单击"确定"按钮,打开"发生额及余额表"对话框,如图 3-74 所示。

⑤ 单击"累计"按钮,系统自动增加并显示累计发生额。将鼠标指针定位在设置了辅助核算的科目所在行,单击"专项"按钮,可打开该科目的辅助账。

科目编码	科目名称	期初余额		本期发生		期末余额	
		借方	贷方	借方	贷方	借方	贷方
1001	库存现金	4 368.80		80 600.00	860.00	84 108.80	
100201	农行存款	855 645.16		197 600.00	176 800.00	876 445.16	
100202	中行存款			341 500.00		341 500.00	
1122	应收账款	295 800.00			197 600.00	98 200.00	
112302	报刊费	580.00				580.00	
122102	应收个人款	12 800.00			8 000.00	4 800.00	
1231	坏账准备		12 200.00				12 200.00
1401	材料采购	12 000.00				12 000.00	
140301	芯片	700 000.00			50 000.00	650 000.00	
140302	硬盘	160 000.00		80 000.00		240 000.00	
1404	材料成本差异	1 150.00				1 150.00	
1405	库存商品	1 446 000.00		140 000.00		1 586 000.00	
1601	固定资产	260 860.00				260 860.00	
1602	累计折旧		47 120.91				47 120.91
1701	无形资产	85 500.00				85 500.00	
资产小计		3 834 703.96	59 320.91	839 700.00	433 260.00	4 241 143.96	59 320.91
2001	短期借款		220 000.00				220 000.00
2202	应付账款		276 850.00		163 800.00		440 650.00
221101	应付工资		12 200.00				12 200.00
22210101	进项税额	35 600.00		37 400.00		73 000.00	
22210105	销项税额		17 000.00				17 000.00
2241	其他应付款		4 500.00				4 500.00
负债小计		35 600.00	530 550.00	37 400.00	163 800.00	73 000.00	694 350.00
4001	实收资本		2 350 000.00		341 500.00		2 691 500.00
4103	本年利润		1 068 621.10				1 068 621.10
410415	未分配利润	119 022.31				119 022.31	
权益小计		119 022.31	3 418 621.10		341 500.00	119 022.31	3 760 121.10
500101	直接材料	10 000.00		50 000.00		60 000.00	
500102	直接人工	6 000.74				6 000.74	
500103	制造费用	3 165.00				3 165.00	
成本小计		19 165.74		50 000.00		69 165.74	
6601	销售费用			860.00		860.00	
660204	差旅费			7 400.00		7 400.00	
660205	招待费			3 200.00		3 200.00	
损益小计				11 460.00		11 460.00	
合计		4 008 492.01	4 008 492.01	938 560.00	938 560.00	4 513 792.01	4 513 792.01

图 3-74　余额表

（4）序时账

序时账是按时间顺序排列每笔业务的明细数据，实际就是以流水账的形式反映企业的经济业务，查询和打印都很简单。此处不做详细说明。

（5）多栏账

多栏账用于查询多栏明细账。在查询多栏账之前，必须先定义查询格式。进行多栏账的栏目定义有两种定义方式，即自动编制栏目、手动编制栏目。一般先进行自动编制再进行手动调整，可提高录入效率。

案例 3 - 32 查询"6602 管理费用"多栏账。

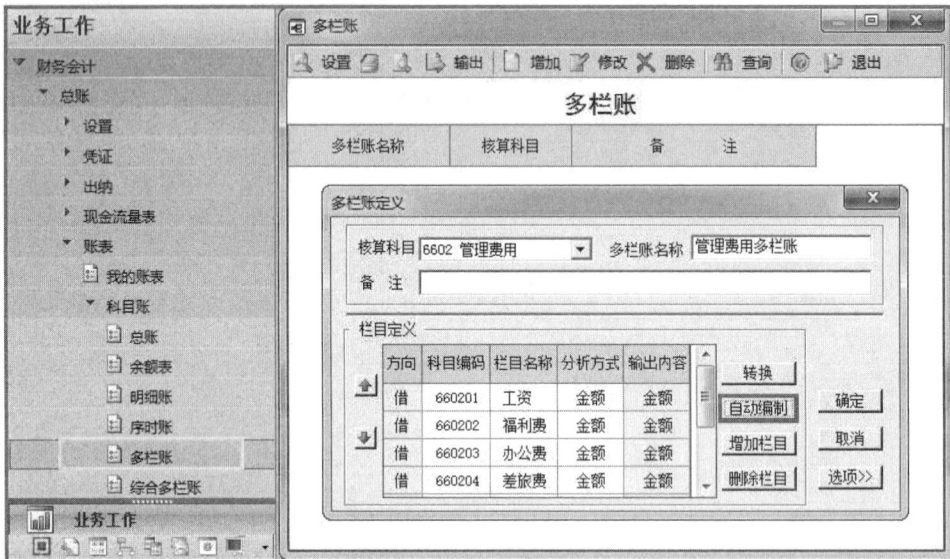

图 3 - 75 多栏账

【操作步骤】

① 以 001 陈明身份登录企业应用平台。

② 在企业应用平台的"业务工作"选项卡中,执行"总账—账表—科目账—多栏账"命令,弹出"多栏账"对话框,单击"增加"按钮。

③ 弹出"多栏账定义"对话框,从"核算科目"下拉列表框中选择"6602 管理费用"选项,单击"自动编制"按钮,系统自动把管理费用下的明细科目作为多栏账的下级栏目,单击"确定"按钮,如图 3 - 75 所示。

④ 单击"查询"按钮,返回"多栏账定义"对话框,如图 3 - 76 所示。

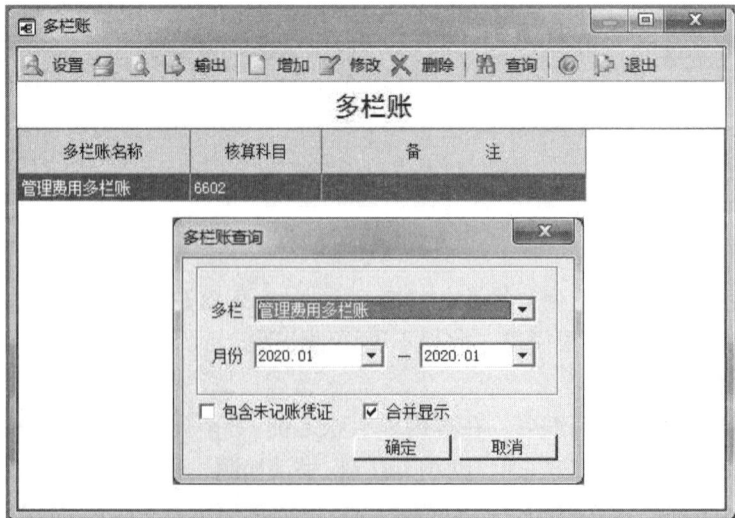

图 3 - 76 查询多栏账

⑤ 单击"确定"按钮,系统显示管理费用多栏账查询结果,如图 3 - 77 所示。

2020年		凭证号数	摘要	借方	贷方	方向	余额	借方						
月	日							工资	福利费	办公费	差旅费	招待费	折旧费	其他
01	16	付-0004	支付业务招待费	3 200.00		借	3 200.00					3 200.00		
01	18	收-0003	报销差旅费	7 400.00		借	10 600.00				7 400.00			
01			当前合计	10 600.00		借	10 600.00				7 400.00	3 200.00		
01			当前累计	10 600.00		借	10 600.00				7 400.00	3 200.00		

图 3 - 77 6602 管理费用多栏账

2. 各种辅助核算账簿管理

会计软件在完成一般企业会计核算的基础上,又提供了辅助核算与管理的功能。这些辅助核算与管理的功能包括个人往来辅助账、部门辅助账和项目辅助账。除此之外,如果客户往来及供应商往来设置为在总账管理系统中核算,那么在总账管理系统中可以查询到客户往来和供应商往来科目的情况。

(1) 个人往来辅助账

个人往来辅助账提供个人往来余额表、个人往来明细账、个人往来清理、个人往来账龄分析和个人往来催款单等主要账表的查询。

1) 个人往来余额表

系统可以输出指定会计期间内某科目、某部门下所有人的发生额及余额表;指定会计期间内某部门往来个人的各往来科目的发生额及余额表;指定会计期间内某个人往来核算科目下所有人的发生额及余额表。

2) 个人往来明细账

系统可以提供用户指定的部门和会计期间内的部门个人往来明细账;也可以根据用户指定的科目和会计期间输出个人科目明细账。

3) 个人往来清理

个人往来清理功能是对个人的借款、还款情况进行清理,使用户及时了解个人借款、还款情况,清理个人借款。系统对个人往来账的清理是通过核销的方式进行的,通常有自动核销和手工核销两种方式。

① 自动核销。往来自动核销是按"专认+逐笔+总额"的方式进行核销的。专认核销方式是指对同一科目下业务号相同、借贷方向相反、金额一致的两笔分录进行自动核销;逐笔核销方式是指在用户未指定业务号的情况下,系统按照金额一致、方向相反的原则进行自动核销;总额核销方式是指当某个人的所有未核销的借方发生额之和等于所有未核销的贷方发生额之和时,系统则将这几笔业务进行自动核销。系统一般在记账完毕或在期末查询或打印往来账前进行自动核销,并将所有已结清的往来业务打上核销标志。

案例 3 - 33 查询"总经理办公室 101 赵辉"个人往来记录情况。

【操作步骤】

① 以 001 陈明身份登录企业应用平台。

② 在企业应用平台的"业务工作"选项卡中,执行"总账—账表—个人往来账—个人往来清理"命令,弹出"个人往来两清条件"对话框。

③ 在"个人"中输入"101 赵辉",单选"显示已两清"复选框,单击"确定"按钮,如图 3 - 78 所示。

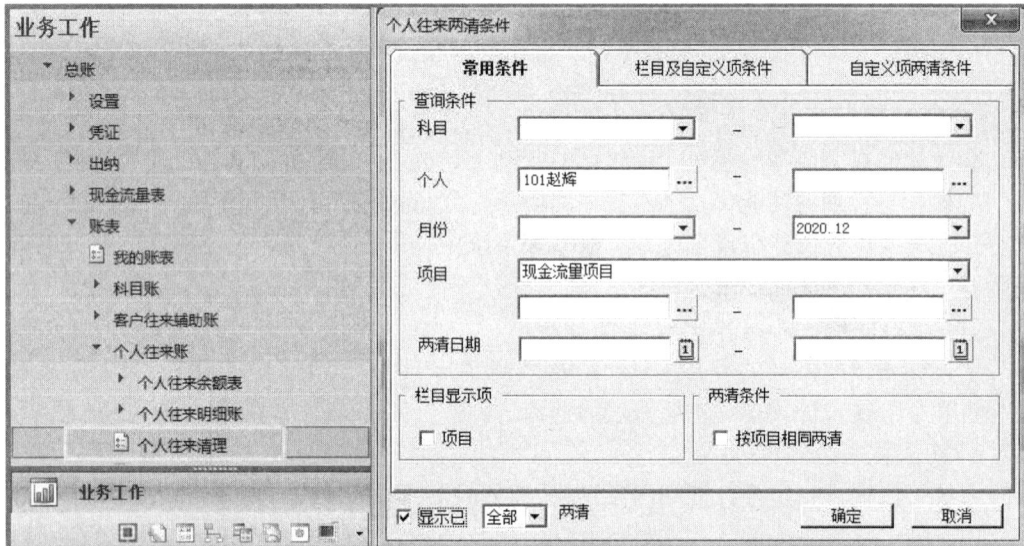

图 3 - 78 个人往来两清条件

④ 进入"个人往来两清"对话框,单击"勾对"按钮,系统进行勾对,弹出"是否对查询条件范围内的数据进行两清? 如选择'否',则只对当前界面的数据进行两清。"信息提示对话框,如图 3 - 79 所示。

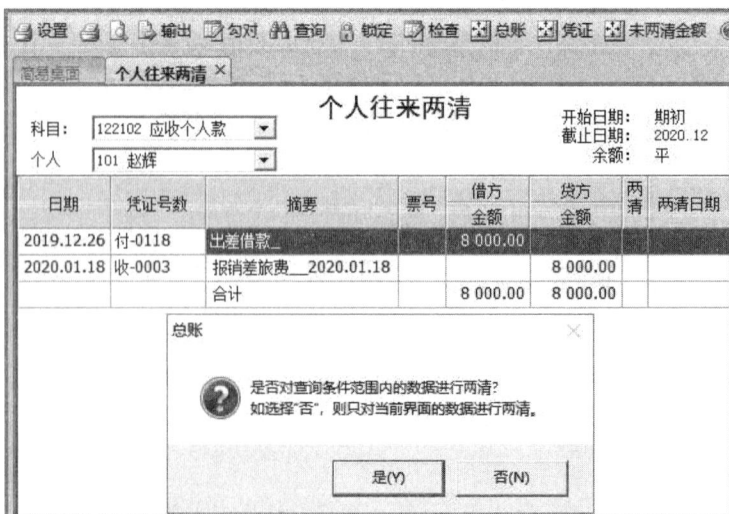

图 3 - 79 勾对

⑤ 单击"是"按钮,弹出"自动勾兑结果"对话框,显示逐笔勾对的数量为"2"。

⑥ 单击"确定"按钮,返回"个人往来两清"对话框,系统将自动勾兑上的记录的"两清"栏上打上两清标记"○",如图 3-80 所示。

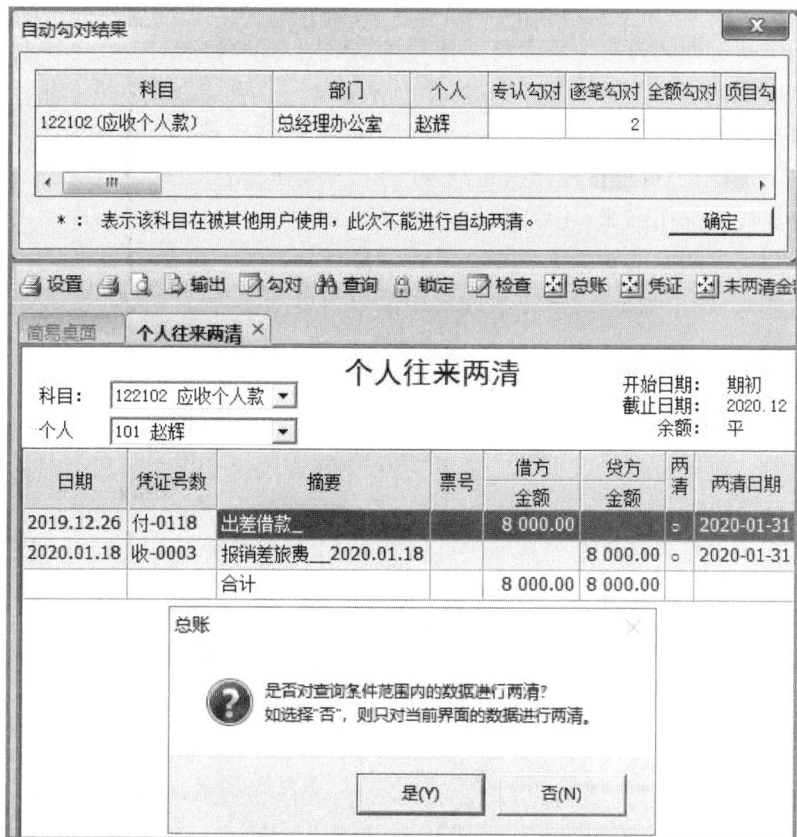

图 3-80　"个人往来两清"对话框

② 手工核销。对于由制单过程中可能出现的误操作或其他业务原因导致无法使用自动核销的个人往来业务,可以采用手工核销的方式进行核销。

4) 个人往来账龄分析

它是指对个人往来款余额的时间分布情况进行账龄分析,以便财务人员及时了解个人往来款项的资金占用情况,及时催收或支付款项。

5) 个人往来催款单

系统一般都提供打印指定的往来个人的往来款项催款单的功能,以便用户及时地清理个人借款。

(2) 部门辅助账

计算机账务处理系统中,如果用户进行了准确的部门核算与管理的设置,系统就可自动生成部门核算与管理的数据。其具体方法是在账务系统处理日常业务时,若遇到要求进行部门核算的业务(科目为"部门核算"类),系统将自动提示用户输入相应的部门;记账时,系统将自动形成部门核算与管理所需的各种数据。

1)部门总账

系统可根据用户指定的部门核算科目和会计期间,输出该部门核算科目下指定期间内各部门的期初余额、借贷方发生额及期末余额;也可根据用户指定的部门和会计期间,输出该部门下指定期间内对应各个部门核算科目的期初余额、借贷方发生额及期末余额。

2)部门明细账

系统可根据用户指定的部门核算科目和会计期间,输出该部门核算科目在指定期间内分部门的明细账;也可根据用户指定的部门和会计期间,输出该部门在指定期间内对应各个部门核算科目的明细账;还可通过指定部门核算科目及部门和会计期间,输出该科目和该部门下指定期间内的明细账。根据建立会计科目时所定义的账页格式,明细账的具体格式有金额式、原币金额式、数量金额式和原币数量式四种。具体输出明细账时,用户可选择输出格式。另外,还可输出多栏式明细账。

3)部门收支分析表

部门收支分析表即对各个部门或部分部门指定期间内的收入情况和费用开支情况汇总分析的报表。统计分析的数据可以是发生额、余额或同时是发生额和余额。

(3)项目辅助账

用户在完成了项目核算与管理所需的设置后,在进行日常业务处理时,若遇到项目核算业务(即科目为"项目核算"类),系统会自动提示用户输入项目名称;记账时,系统就自动生成了项目核算与管理数据。

1)项目总账

项目总账是反映某项目大类中的各个具体项目对应各个科目的各期(通过起始月份与终止月份指定的)发生额和余额的账簿。

2)项目明细账

在项目核算科目下,各项目的明细数据有三栏式和多栏式两种格式。项目明细账在其对应具体项目中一般有明细数据。

3)项目统计分析

项目统计分析即反映各项目在各个对应科目下的期初余额、借贷方发生额及期末余额的汇总报表,通过此汇总报表可为管理者提供各项目的进展情况及各项目的开支情况,以便于对项目进行管理和控制。该功能可以统计所有项目在所有对应科目下的余额和发生额情况,也可根据用户的选择输出部分项目在其对应的部分项目核算科目下的余额及发生额情况。

4)项目成本一览表

根据成本列支项目列示。

5)项目成本多栏明细账

个人往来核算不能与其他辅助核算一同设置,客户往来与供应商往来核算不能一同设置。辅助核算账类必须设在末级科目上,但为了查询或出账方便,有些科目也可以在末级和上级科目同时设置辅助核算账类。但若只在上级科目设置辅助核算账类,而在其末级科目没有设置辅助核算账类,系统将不会进行辅助核算。

在设置辅助核算时应尽量慎重,因为,如果科目已有数据,而要对科目的辅助核算类型进行修改,那么,很可能会造成总账与辅助账对账不平。

3.4　总账管理系统期末处理

总账管理系统中,期末业务处理的主要工作是,银行对账,自动转账,期末的摊、提、结转业务的处理,对账,结账等工作。期末业务是会计部门在每个会计期末都需要完成的特定业务。由于期末业务处理的主要数据来源于账簿记录,各会计期间的多数期末业务处理具有很强的规律性,在总账管理系统中,期末业务的处理主要是由计算机根据用户的设置自动进行的。

3.4.1　银行对账

由于企业与银行的账务处理和在入账时间上的差异,因此经常会出现未达账项。为防止记账发生差错,正确掌握银行存款的实际余额,必须定期将企业银行存款日记账与银行发出的对账单进行核对并编制银行存款余额调节表。

总账管理系统中的银行对账就是将系统登记的银行存款日记账与银行对账单进行核对,银行对账单来自企业的开户行。

1. 录入银行对账期初数据

录入银行对账期初数据需要做的工作如下:

① 确定企业银行账户的启用日期。

② 录入企业银行日记账和银行对账单的调整前余额。

③ 录入企业银行日记账和银行对账单期初未达账项,系统将根据调整前余额及期初未达账项自动计算出银行对账单与企业银行日记账的调整后余额,如果调整后余额不平,应该调平。否则,在执行银行对账之后,会造成账面不平。

上述三项步骤完成以后,不得随意调整启用日期,尤其是向前调;否则,有可能造成启用日期后的期初数不能再参与对账。

案例 3 - 34　北京盛世信息科技公司于 2020 年 1 月 1 日启用银行对账。单位日记账农行人民币户调整前余额为 855 645.16 元,银行对账单调整前余额为 900 975.16 元,有未达账项一笔,是银行已收企业未收款 45 330 元,业务日期:2019 - 12 - 30,结算方式:202 转账支票。

【操作步骤】

① 以 002 王晶身份登录企业应用平台。

② 在企业应用平台的"业务工作"选项卡中,执行"总账—出纳—银行对账—银行对账期初录入"命令,弹出"银行科目选择"对话框。

③ 科目选择"农行存款(100201)",单击"确定"按钮。

④ 弹出"银行对账期初"对话框,确定启用日期"2020 - 01 - 01"。

⑤ 输入企业日记账的调整前余额"855 645.16"元;输入银行对账单的调整前余额

"900 975.16"元。

⑥ 单击"对账单期初未达账项"按钮,进入"银行方期初"对话框。

⑦ 单击"增加"按钮,输入日期"2019－12－30",结算方式"202"转账支票、借方金额"45 330.00"元。

⑧ 单击工具栏 ■(保存)按钮,单击"退出"按钮,如图3－81所示。调整后如图3－82所示。

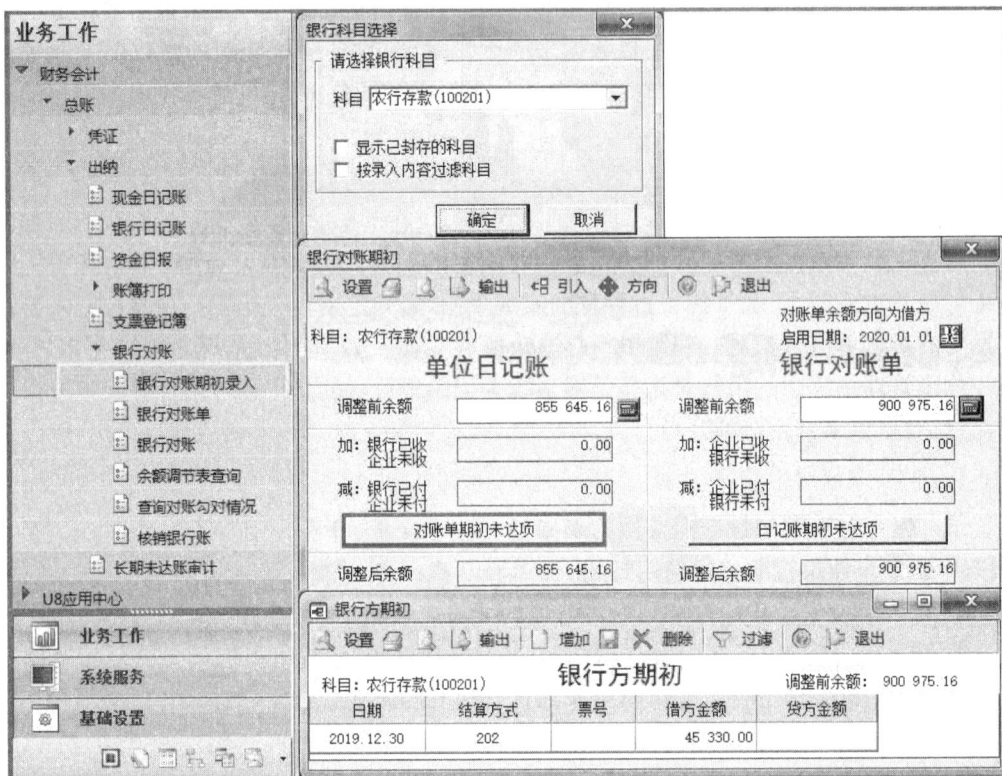

图3－81　录入银行对账期初数据

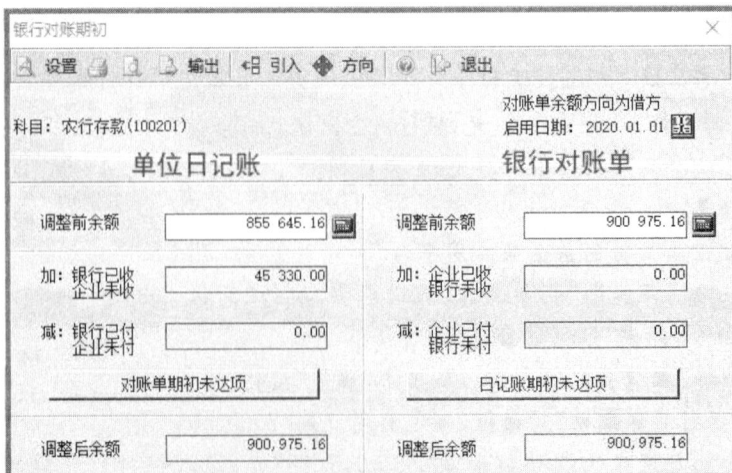

图3－82　银行对账期初调整结果

注意：第一次使用"银行对账"功能前，系统要求录入企业银行存款日记账及对账单的未达账项，在开始使用"银行对账"功能之后不再要求。

2. 录入银行对账单

在一个会计期间末需要进行银行对账时，选择银行账户，录入银行对账单。本功能用于平时录入银行对账单。在指定账户(银行科目)后，可录入本账户下的银行对账单，以便于与企业银行存款日记账进行对账。

案例 3-35　2020 年 1 月月末银行寄来对账单，如表 3-16 所示。

表 3-16　1 月份银行对账单

日　期	结算方式	票号	借方金额/元	贷方金额/元
2020-01-03	201	XJ001		80 000
2020-01-06				60 000
2020-01-10	202	ZZR001		93 600
2020-01-12	202	ZZR002	197 600	

【操作步骤】

① 以 002 王晶身份登录企业应用平台。

② 在企业应用平台的"业务工作"选项卡中，执行"总账—出纳—银行对账—银行对账单"命令，弹出"银行科目选择"对话框。

③ 科目选择"农行存款(100201)"，月份"2020-01—2020-01"，单击"确定"按钮。

④ 弹出"银行对账单"对话框，单击"增加"按钮。

⑤ 按资料输入银行对账单数据，单击工具栏 保存按钮，如图 3-83 所示。

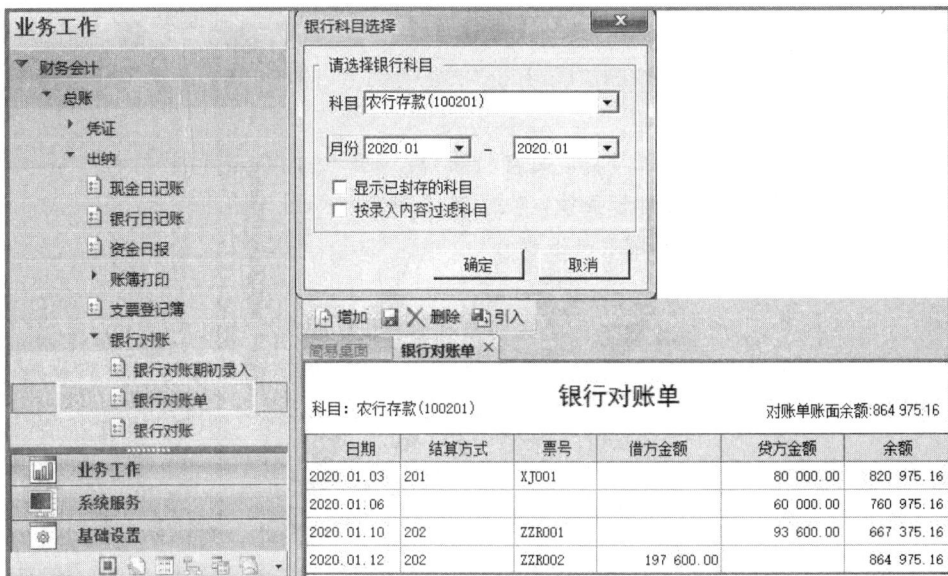

图 3-83　录入银行对账单

3. 银行对账

银行对账采用自动对账和手工对账相结合的方式进行。

自动对账是计算机根据对账依据自动进行核对、勾销。对账依据由用户根据需要选择,其中"方向、金额相同"是必要条件,其他可选条件是票号相同、结算方式相同、日期在多少天之内。对于已经核对上的银行业务,系统将自动在银行存款日记账和银行对账单双方标上两清标志,并视为已达账。对于在两清栏上未标上两清符号的记录,系统视为未达账项。由于自动对账是以银行存款日记账和银行对账单双方对账依据完全相同为条件,所以为了保证自动对账的正确和彻底,必须保证对账数据的规范合理。例如,银行存款日记账和银行对账单的票号要统一位长,否则,系统将无法识别。

手工对账是对自动对账的补充,使用自动对账后,可能还有一些特殊的已达账没有对出来而被视为未达账项,可以用手工对账进行调整。

下面四种情况下,只有第一种情况能自动核销已对账的记录,后三种情况均须通过手工对账来强制核销:

① 对账单文件中一条记录和银行日记账未达账项文件中一条记录完全相同。
② 对账单文件中一条记录和银行日记账未达账项文件中多条记录完全相同。
③ 对账单文件中多条记录和银行日记账未达账项文件中一条记录完全相同。
④ 对账单文件中多条记录和银行日记账未达账项文件中多条记录完全相同。

案例 3-36 先利用"自动对账"功能进行自动对账,再进行手工对账。

【操作步骤】

1. 自动对账

① 以 002 王晶身份登录企业应用平台。

② 在企业应用平台的"业务工作"选项卡中,执行"总账—出纳—银行对账—银行对账"命令,弹出"银行科目选择"对话框。

③ 选择科目"农行存款(100201)"、月份"2020-01—2020-01",单击"确定"按钮,进入"银行对账"对话框。

④ 单击工具栏"对账"按钮,弹出"自动对账"对话框,选择截止日期"2020-01-31"。

⑤ 默认系统提示的其他对账条件,单击"确定"按钮,如图 3-84 所示。

⑥ 显示自动对账结果,如图 3-85 所示。

注意:

① 对账条件中的方向、金额相同是必要条件,对账截止日期可以不输入;

② 对于已达账项,系统自动在银行存款日记账和银行对账单双方的"两清"栏打上两清标记"○"。

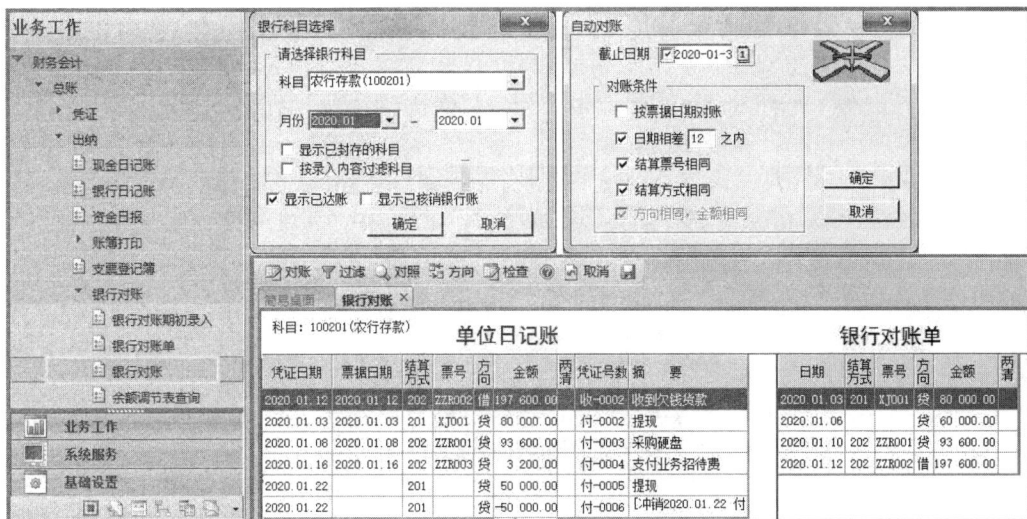

图 3-84　银行对账之自动对账

图 3-85　自动对账结果

2. 手工对账

① 在"银行对账"对话框中,对一些应勾对而未勾对上的账项,可分别双击"两清"栏,直接进行手工调整。

② 手工对账的标志为在"两清"栏中打上"√"标记,以区别于自动对账标志。

③ 对账完毕,单击工具栏"检查"按钮,弹出"对账平衡检查"对话框,单击"确定"按钮。

④ 单击工具栏 ■ (保存)按钮,如图 3-86 所示。

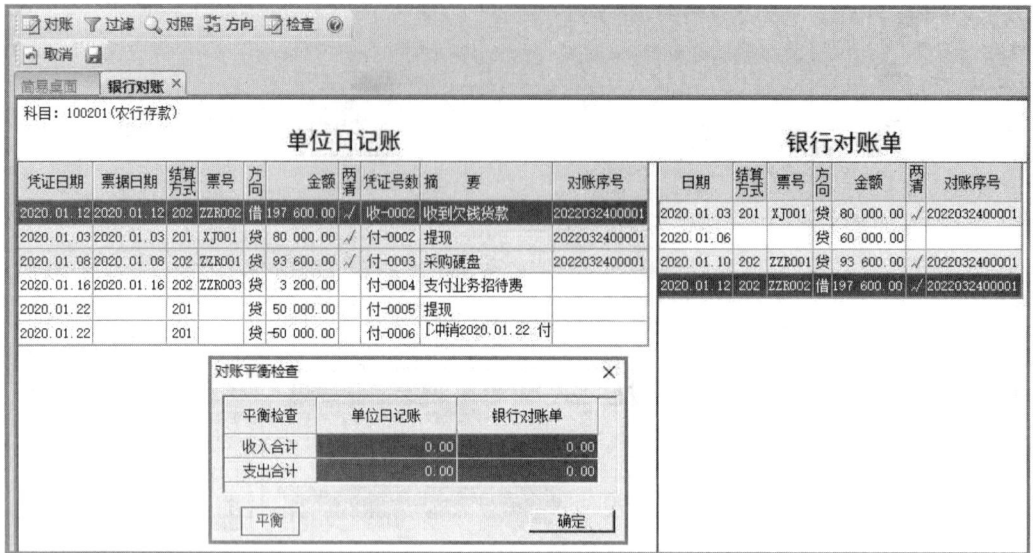

图 3-86 手工对账

4. 余额调节表的查询输出

在对银行账进行两清勾对后,计算机自动整理汇总未达账项和已达账项,因此银行存款余额调节表是系统自动编制的。对账结束后,就可编制、查询和打印银行存款余额调节表,以检查对账是否正确。该银行存款余额调节表为截止到对账截止日期的余额调节表,若无对账截止日期,则为最新银行存款余额调节表。如果银行存款余额调节表显示账面余额不平,应查"银行期初录入"中的相关项目是否平衡,"银行对账单"录入是否正确,"银行对账单"中勾对是否正确、对账是否平衡,如不正确应进行调整。

案例 3-37 生成银行存款余额调节表。

【操作步骤】

① 以 002 王晶身份登录企业应用平台。

② 在企业应用平台的"业务工作"选项卡中,执行"总账—出纳—银行对账—余额调节表查询"命令,进入"银行存款余额调节表"对话框。

③ 单击工具栏"查看"按钮,弹出"银行存款余额调节表"对话框,可查看详细情况,如图 3-87 所示。

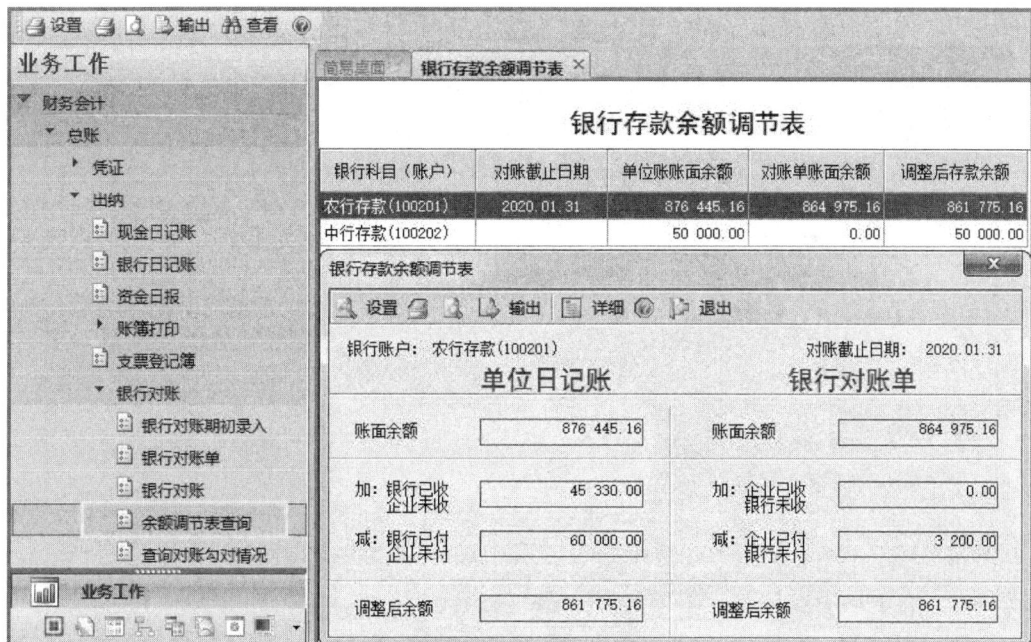

图 3‑87　银行存款余额调节表

5. 对账结果查询

对账结果查询主要用于查询企业银行存款日记账和银行对账单的对账结果。它是对银行存款余额调节表的补充，可进一步了解对账后的对账单上勾对的明细情况（包括已达账项和未达账项），从而进一步查询对账结果。检查无误后，可通过核销银行账来核销已达账项。

银行对账不平时，不能使用核销功能，核销不影响银行日记账的查询和打印。核销错误可以进行反核销。

6. 核销银行账

核销银行账用于删除核对正确并无误的已达账项。对于一般用户来说，在银行对账正确后，如果想将已达账项删除并保留未达账项时，可使用本功能。

案例 3‑38　核销已达账项。

【操作步骤】

① 以 002 王晶身份登录企业应用平台。

② 在企业应用平台的"业务工作"选项卡中，执行"总账—出纳—银行对账—核销银行账"命令，弹出"核销银行账"对话框。

③ 选择核销银行科目"农行存款100201"选项，弹出"您是否确实要进行银行账核销"信息提示对话框。

④ 单击"是"按钮，弹出"银行账核销完毕"信息提示对话框，单击"是"按钮，如图

3－88 所示。

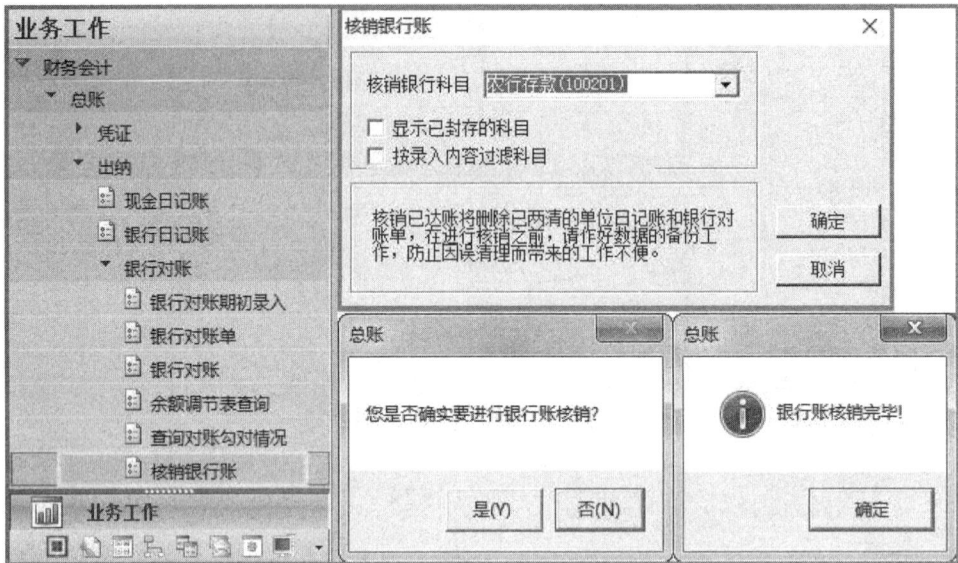

图 3－88　核销银行账

3.4.2　自动转账

转账分为外部转账和内部转账。外部转账是指将其他专项核算子系统生成的凭证转入总账管理系统中;内部转账是指在总账管理系统内部,把某个或某几个会计科目中的余额或本期发生额结转到一个或多个会计科目中。

实现自动转账包括转账定义和生成转账凭证两部分。

1. 转账定义

转账定义主要包括自定义转账、对应结转、销售成本结转、汇兑损益结转、期间损益结转。

（1）自定义转账设置

"自定义转账"功能可以完成的转账业务主要有以下几个方面:

①"费用分配"的结转,如工资分配等。

②"费用分摊"的结转,如制造费用等。

③"供应商核算"的结转。

④"部门核算"的结转。

⑤"项目核算"的结转。

⑥"个人核算"的结转。

⑦"客户核算"的结转。

⑧"税金计算"的结转,如增值税等。

定义完转账凭证后,每月月末只需调用自定义凭证,即可由计算机快速生成转账凭证,在此生成的转账凭证将自动追加到未记账凭证中去,通过审核、记账后才能真正完成结转工作。

如果使用应收款、应付款管理系统,则在总账管理系统中不能按客户、供应商辅助项进行结转,只能按科目总数进行结转。

案例3-39　自定义凭证:计提短期借款利息(年利率为15%)。

借:财务费用——利息支出(660301)[“短期借款(2001)”科目的贷方期末余额×0.15÷12]
　　贷:应付利息(2231)

【操作步骤】

① 以003马方身份登录企业应用平台。

② 在企业应用平台的“业务工作”选项卡中,执行“总账—期末—转账定义—自定义转账”命令,弹出“自定义转账设置”对话框。

③ 单击工具栏中“增加”按钮,弹出“转账目录”对话框。

④ 输入转账序号“0001”、转账说明“计提短期借款利息”,选择凭证类型“转转账凭证”,单击“确定”按钮,如图3-89所示。

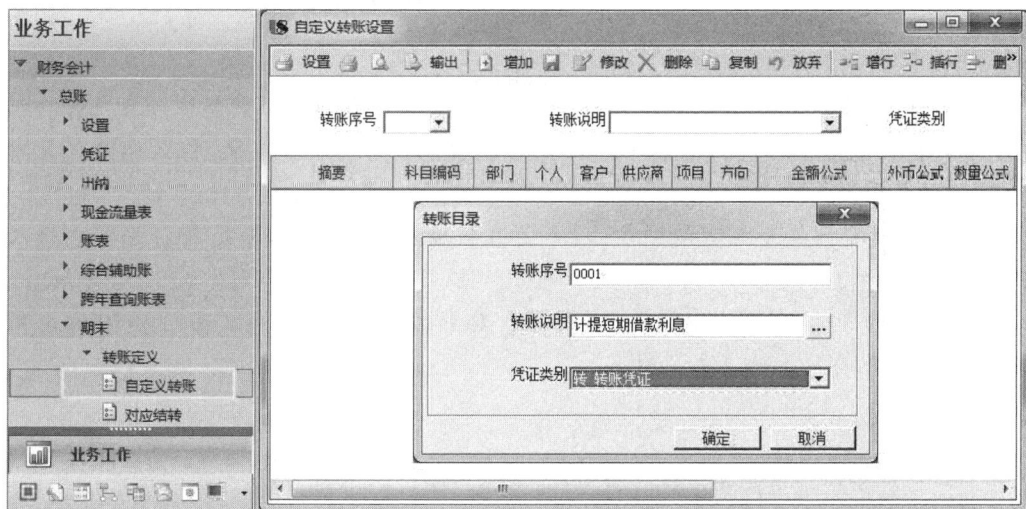

图3-89　设置自定义转账目录

⑤ 单击工具栏中“增行”按钮,确定分录的借方信息。选择科目编码“660301”、方向“借”;双击金额公式栏,选择参照按钮 ··· ,打开“公式向导”对话框。

⑥ 选择“期末余额”函数,单击“下一步”按钮,继续进行公式定义。

⑦ 选择科目“2001”,其他为默认,单击“完成”按钮,金额公式带出“自定义转账设置”窗口。将光标移至末尾,输入“ ＊0.15/12”,按 Enter 键确认。

⑧ 单击“增行”按钮,确定分录的贷方信息。选择科目编码“2231”、方向“贷”,选择或输入金额公式“JG()”,如图3-90所示。

⑨ 单击 ▦ (保存)按钮。

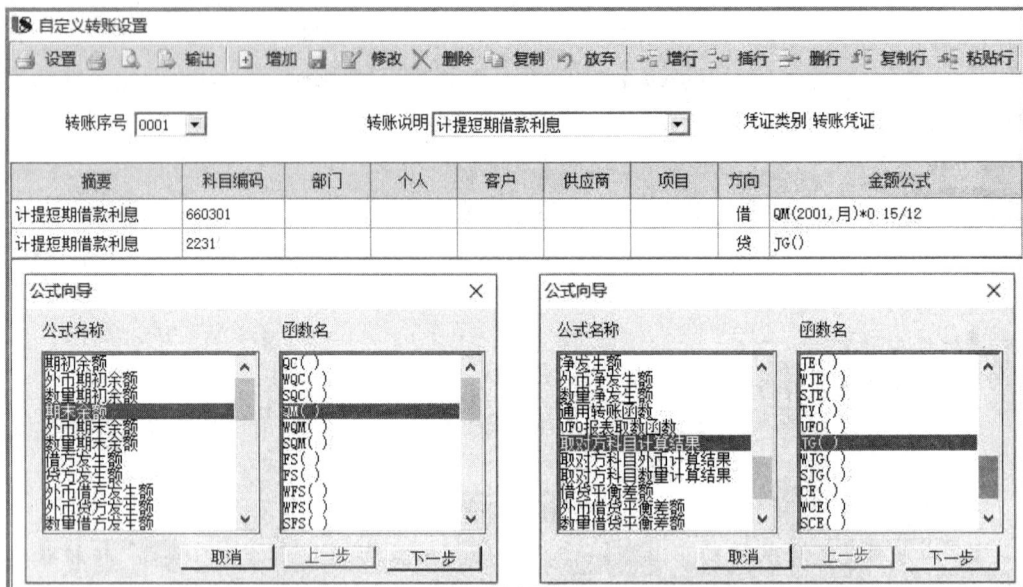

图 3 - 90　定义转账分录借、贷方科目信息

注意:

① 转账序号不是凭证号,只是该张转账凭证的代号。转账凭证的凭证号在每月转账时自动产生。一张转账凭证对应一个转账编号,转账编号可任意定义,但只能输入数字 1~9,不能重号。

② 输入转账计算公式有两种方法:一是直接输入计算公式;二是以引导方式输入公式。

③ JG()的含义为"取对方科目计算结果",其中的"()"必须为英文半角符号,否则系统提示"金额公式不合法:未知函数名"。

(2) 对应结转设置

对应结转不仅可进行两个科目的一对一结转,还可提供科目的一对多结转功能。对应结转的科目可为上级科目,但其下级科目的科目结构必须一致(相同明细科目),如有辅助核算,则两个科目的辅助账类也必须一一对应。

本功能只结转期末余额,若结转发生额,需在自定义结转中设置。

(3) 销售成本结转设置

"销售成本结转"功能主要用来辅助没有启用供应链管理系统的企业完成销售成本的计算和结转。它可分为两种方法,即全月平均法和售价(计划价)法。

(4) 汇兑损益结转设置

本功能用于期末自动计算外币账户的汇兑损益,并在转账生成中自动生成汇兑损益转账凭证。汇兑损益只处理外汇存款账户、外币现金账户、外币结算的各项债权和债务,不包括所有者权益类账户、成本类账户和损益类账户。

为了保证汇兑损益计算正确,填制某月的汇兑损益凭证时,账户必须先将本月的所有未记账凭证先记账。

汇兑损益入账科目不能是辅助账科目或有数量外币核算的科目。

若启用了应收款、应付款管理系统,则计算汇兑损益的外币科目不能是带客户或供应商往来核算的科目。

(5)期间损益结转设置

本功能用于在一个会计期间终止时,将损益类科目的余额结转到"本年利润"科目中,从而及时反映企业利润的盈亏情况。期间损益结转主要是对"管理费用""销售费用""财务费用""主营业务收入""营业外收入"等科目的结转。

损益科目结转中将列出所有的损益科目。如果希望某损益科目参与期间损益的结转,则应在该科目所在行的"本年利润"科目栏填写"本年利润"科目代码;若为空,则将不结转此损益科目的余额。

损益科目的期末余额将结转到该行的"本年利润"科目中去。若损益科目与"本年利润"科目都有辅助核算,则辅助账类必须相同。损益科目结转表中的"本年利润"科目必须为末级科目,且为本年利润入账科目的下级科目。

案例 3-40 定义期间损益结转凭证。

【操作步骤】

① 以 003 马方身份登录企业应用平台。

② 在企业应用平台的"业务工作"选项卡中,执行"总账—期末—转账定义—期间损益"命令,弹出"期间损益结转设置"对话框。

③ 选择凭证类别"转转账凭证",选择"本年利润"科目"4103",单击"确定"按钮,如图 3-91 所示。

图 3-91 设置期间损益结转

2. 生成转账凭证

定义完转账凭证后,每月月末只需执行本功能即可由计算机快速生成转账凭证,在此生成的转账凭证将自动追加到未记账凭证中去,通过审核、记账后才能真正完成结转工作。

由于转账凭证中定义的公式基本上取自账簿,因此,在进行月末转账之前,必须将所有未记账凭证全部记账,否则,生成的转账凭证中的数据可能不准确。特别是对于一组相关转账分录,必须按顺序依次进行转账生成、审核、记账。

如果启用了应收款、应付款管理系统,则在总账管理系统中,不能按客户、供应商辅助项进行结转。

根据需要选择生成结转方式、结转月份及需要结转的转账凭证,系统在进行结转计算后显示将要生成的凭证,确认无误后,将生成的凭证追加到未记账凭证中。

结转月份为当前会计月,且每月只结转一次。在生成结转凭证时,要注意操作日期,一般在月末进行。

若转账科目有辅助核算,但未定义具体的转账辅助项,则可以选择"按所有辅助项结转"或是"按有发生的辅助项结转"。

① 按所有辅助项结转:转账科目的每一个辅助项生成一笔分录。

② 按有发生的辅助项结转:按转账科目下每一个有发生的辅助项生成一笔分录。

案例 3-41 生成计提短期借款利息的自定义转账凭证。

【操作步骤】

① 以 003 马方身份登录企业应用平台。

② 在企业应用平台的"业务工作"选项卡中,执行"总账—期末—转账生成"命令,弹出"转账生成"对话框。

③ 选择"自定义转账""按本科目有发生的辅助项结转"单选按钮,单击"全选"按钮,如图 3-92 所示。

④ 单击"确定"按钮,系统生成转账凭证。

⑤ 单击 ![保存] (保存)按钮,系统自动将当前凭证追加到未记账凭证中,凭证左上角出现"已生成"字样,如图 3-93 所示(换 001 陈明登录系统进行凭证审核和记账)。

注意:

① 结转月份必须为当前会计月;

② 生成的凭证为未记账凭证,需要经过审核、记账才能进行期间损益结转。

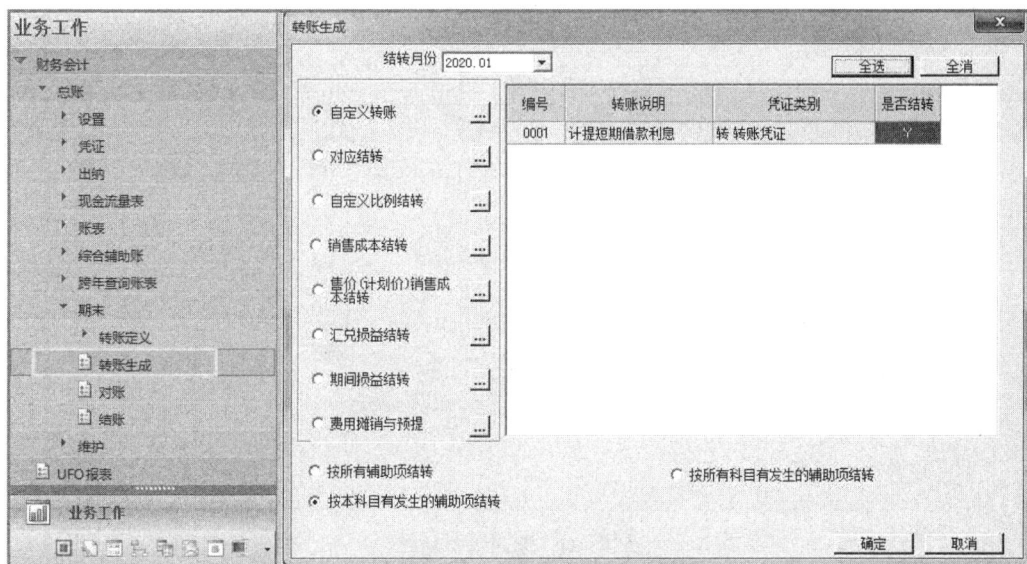

图 3 - 92　自定义转账生成

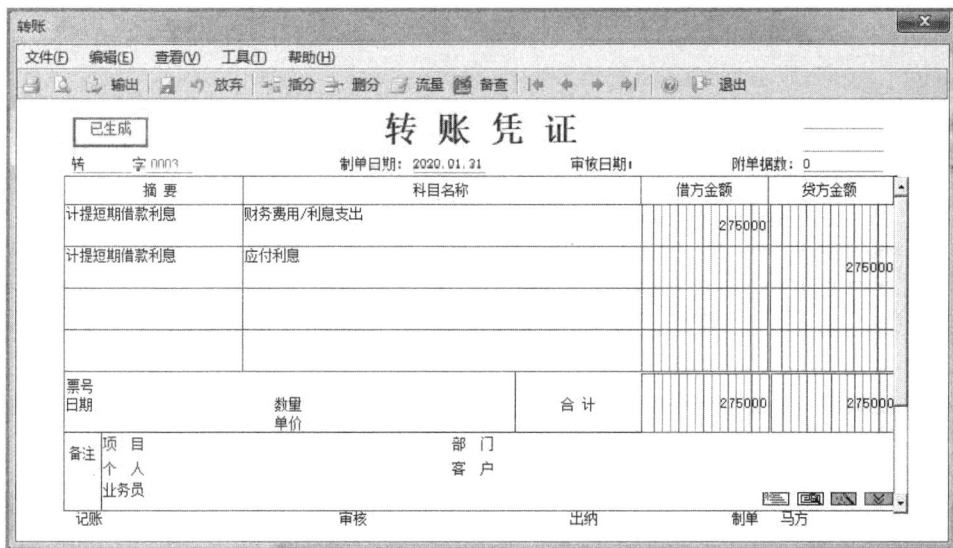

图 3 - 93　自定义转账生成新凭证

案例 3 - 42　生成期间损益结转凭证。

【操作步骤】

① 以 003 马方身份登录企业应用平台,在企业应用平台的"业务工作"选项卡中,执行"总账—期末—转账生成"命令,弹出"转账生成"对话框。

② 选择"期间损益转账"单选按钮,单击"全选"按钮,再单击"确定"按钮,如图 3 - 94 所示。

图 3-94 期间损益结转

③ 系统生成转账凭证,单击 ▣(保存)按钮,系统自动将当前凭证追加到未记账凭证中,凭证左上角出现"已生成"字样,如图 3-95 所示(换 001 陈明登录系统对新生成的凭证进行审核和记账)。

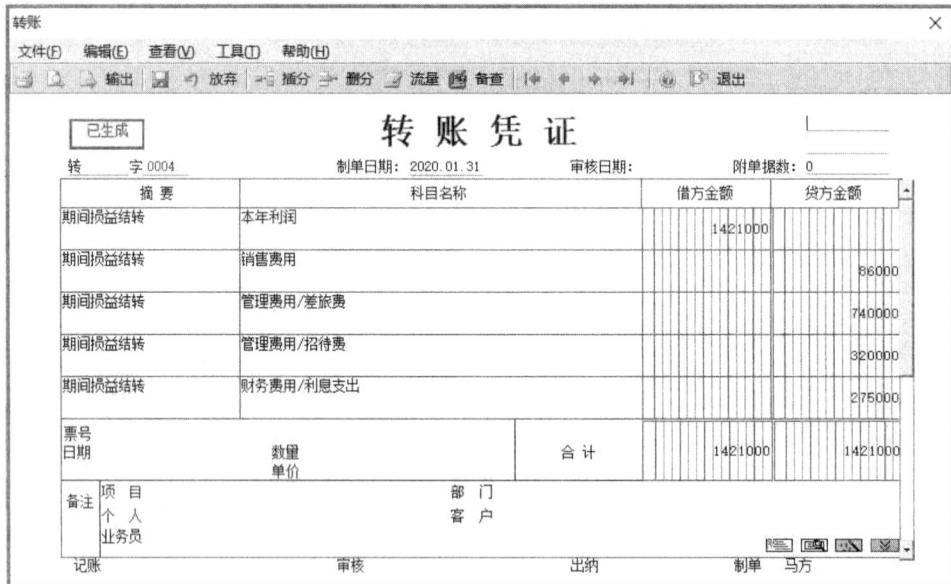

图 3-95 期间损益结转生成新凭证

3.4.3 对账

在会计期末,除了对收入、费用类账户余额进行结转外,还要进行对账、结账,并在结账前进行试算平衡。

对账是对账簿数据进行核对，以检查记账是否正确，以及账簿是否平衡。它主要是通过核对总账与明细账、总账与辅助账数据来完成账账核对。

一般来说，实行计算机记账后，只要记账凭证录入正确，计算机自动记账后各种账簿都应是正确、平衡的，但由于非法操作、计算机病毒或其他原因有时可能会造成某些数据被破坏，因而引起账账不符，为了保证账证相符、账账相符，应经常进行对账，至少一个月一次，一般可在月末结账前进行。

案例 3-43 对 2020 年 1 月份的业务进行对账。

【操作步骤】

① 以 001 陈明身份登录企业应用平台。

② 在企业应用平台的"业务工作"选项卡中，执行"总账—期末—对账"命令，弹出"对账"对话框。

③ 将光标定位在要进行对账的月份"2020.01"，单击工具栏中"选择"按钮。

④ 单击工具栏中"对账"按钮，开始自动对账，并显示对账结果是否正确，如图 3-96 所示。

注意：单击工具栏中的"试算"按钮，可对各科目类别余额进行试算平衡。

图 3-96 对账

3.4.4 结账

会计业务的处理要求日清月结，因此通用总账管理系统都设有"结账"功能。根据有关会计制度的规定，结账主要是计算和结转各个会计科目的本期发生额和期末余额，同时结束本期的账务处理工作。计算机的结账工作也应按此办理。稍有不同的是，计算机每次记账时均已结出各科目的发生额和余额，因此结账工作主要是计算机控制系统改变某些状态,确定本月的数据已处理完毕,不再增加新的凭证。结账工作应由具有结账权限的人员进行。由于结账工作比较重要,应该确定专人进行结账工作。

在结账之前要进行下列检查:

① 检查本月业务是否全部记账,有未记账凭证不能结账。

② 月末结转必须全部生成并记账,否则本月不能结账。

③ 检查上月是否已结账,上月未结账,则本月不能结账。

④ 核对总账和明细账、主体账与辅助账、总账管理系统与其他子系统数据是否一致,不一致不能结账。

⑤ 损益类账户应全部结转完毕,否则本月不能结账。

⑥ 若与其他子系统联合使用,其他子系统是否已结账;若没有,则本月不能结账。

结账前要进行数据备份,结账后不得再录入本月凭证,并终止各账户的记账工作;计算本月各账户发生额合计数和本月账户期末余额,并将余额结转到下月月初。

如果结账以后发现结账错误,可以进行反结账操作取消结账标志,然后进行修正,再进行结账工作。

案例 3-44 对 2020 年 1 月份的业务进行结账处理。

【操作步骤】

① 以 001 陈明身份登录企业应用平台。

② 在企业应用平台的"业务工作"选项卡中,执行"总账—期末—结账"命令,弹出"结账"对话框,单击选择要结账月份"2020.01",再单击"下一步"按钮。

③ 进入第二页"结账"对话框,单击"对账"按钮,系统对要结账的月份进行账账核对,如图 3-97 所示。

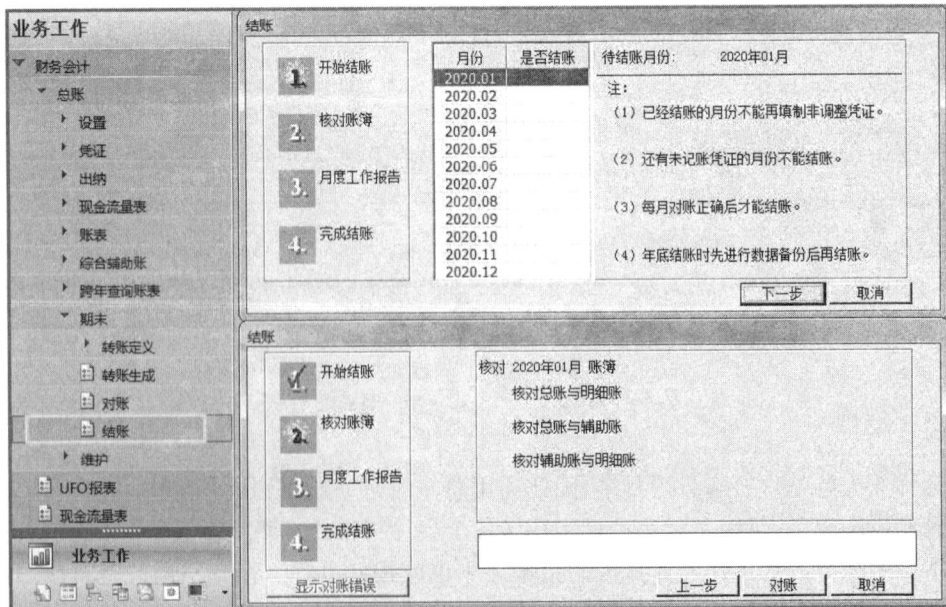

图 3-97 开始结账与核对账簿

④ 对账完毕后,单击"下一步"按钮,进入第三页"结账"对话框,系统显示"2020 年 1 月工作报告"。

⑤ 查看工作报告后,单击"下一步"按钮,进入第四页"结账"对话框。单击"结账"按钮,若符合结账要求,系统将进行结账,否则不予结账,如图 3-98 所示。

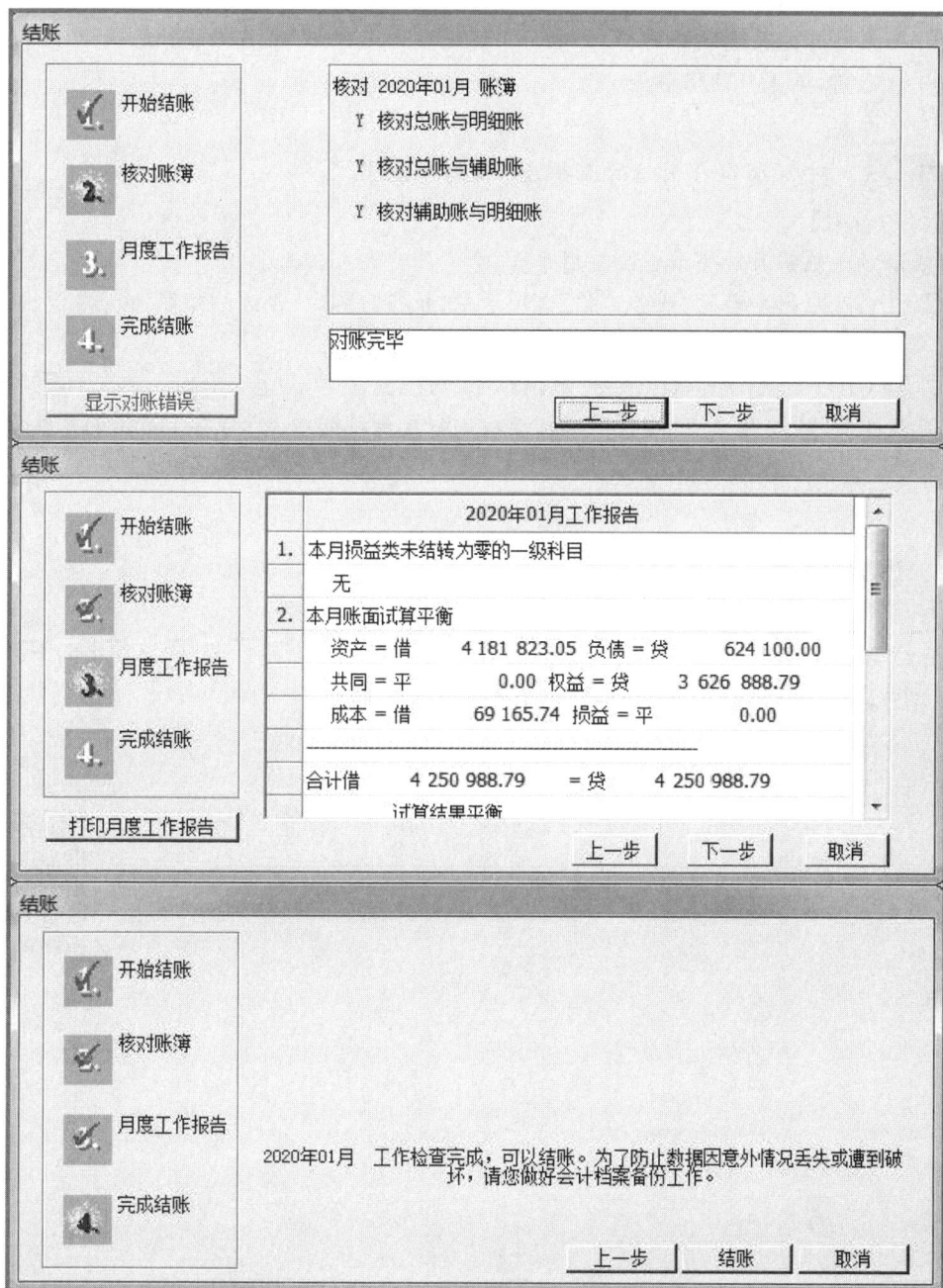

图 3-98　核对账簿、月度工作报告及完成结转

注意：

① 结账只能由有结账权限的人员进行。

② 本月还有未记账凭证时，则本月不能结账。

③ 结账必须按月连续进行，上月未结账，则本月不能结账。

④ 若总账与明细账对账不符，则不能结账。

⑤ 如果与其他系统联合使用，其他子系统未全部结账，则本月不能结账。

⑥ 结账前，要进行数据备份。

案例 3－45 对 2020 年 1 月份的业务进行反结账处理。

【操作步骤】

① 以 001 陈明身份登录企业应用平台。

② 在企业应用平台的"业务工作"选项卡中，执行"总账—期末—结账"命令，弹出"结账"对话框，选择要取消结账的月份"2020.01"。

③ 按 Ctrl＋Shift＋F6 键，激活"取消结账"功能。

④ 没有口令，直接单击"确认"按钮，系统进行反结账处理，2020 年 1 月份的结账标志被取消。

3.5 课程思政

介绍会计行业模范人物的先进事迹，发挥榜样的引领与激励作用，传播积极向上的正能量，增强学生的职业认同感和归属感，培养大国工匠精神。

拓展阅读 1

第4章　UFO报表管理

4.1　系统概述

用友 ERP-U8 管理软件中的 UFO 报表是报表事务处理的工具。它与用友账务管理软件等各系统有完善的接口,具有方便的自定义报表功能、数据处理功能,内置多个行业的常用会计报表;该系统也可以独立运行,用于处理日常办公事务。

4.1.1　功能概述

UFO 报表是综合反映企业一定时期财务状况经营成果和现金流量信息的局部文件,是企业经营活动的总结。作为企业财务会计报告核心内容的会计报表,它为企业内部各管理部门及外部相关部门提供了最为重要的会计信息,有利于报表使用者进行管理和决策。

UFO 报表按照报表结构的复杂性,可分为简单表和复合表两类。简单表是规则的二维表,由若干行和列组成。复合表是简单表的某种组合。大多数的会计报表如资产负债表、利润表等都是简单表。

简单表的格式一般由四个基本要素组成,即标题、表头、表体和表尾。不同的报表,上述四个基本要素是不同的。

① 标题。标题用来描述报表的名称。报表的标题可能不止一行,有时会有副标题、修饰线等内容。

② 表头。表头用来描述报表的编制单位名称、日期等辅助信息和报表栏目。特别是报表的表头栏目名称,它是表头的最主要内容,决定了报表的纵向结构、报表的列数以及每一列的宽度。有的报表表头栏目比较简单,只有一层,而有的报表表头栏目却比较复杂,需分若干层次。

③ 表体。表体是报表的核心,决定报表的横向组成。它是报表数据的表现区域,是报表的主体。表体在纵向上由若干行组成,这些行称为表行;在横向上,每个表行又由若干个栏目构成,这些栏目称为表列。

④ 表尾。表尾是指表体以下进行辅助说明的部分以及编制人、审核人等内容。

UFO 报表按照报送对象的不同可分为对外报送报表和对内报送报表。我国对外的会计报表体系已基本与国际接轨,主要有资产负债表、利润表和现金流量表;对内报送报表主要有成本分析表、费用明细表、销售情况表等。

1. 文件管理功能

一般地,报表以文件的形式存在,所以一般报表处理系统提供创建新文件、打开已有文件、保存文件、备份文件的文件管理功能,实际上是进行了对报表的维护功能。此外还有扩展报表处理系统的功能,除此之外,系统还提供与其他不同文件格式的转换功能,如与 Excel 文件格式的转换等。UFO 提供了各类文件管理功能,除能完成一般的文件管理外,UFO 的数据文件还能够转换为不同的文件格式,例如,文本文件、MDB 文件、XLS 文件等。此外,通过 UFO 提供的"导入"和"导出"功能,可以实现和其他流行财务软件之间的数据交换。

2. 格式设计功能

报表格式就是报表的样式,UFO 提供的格式设计功能可以设置报表尺寸、组合单元、画表格线、调整行高和列宽、设置字体和颜色、设置显示比例等。同时,UFO 还内置了 11 种套用格式和 33 个行业的标准财务报表模块,包括最新的现金流量表等,方便了用户制作标准的报表。对于用户单位内部常用的管理报表,UFO 还提供了自定义模版功能。

3. 公示设计功能

UFO 提供了绝对单元公式和相对单元公式,可以方便、迅速地定义计算公式、审核公式及舍位平衡公式;UFO 还提供了种类丰富的函数,在系统向导的引导下可轻松地从用友账务及其他子系统中提取数据,生成财务报表。

4. 数据处理功能

UFO 的数据处理功能可以用固定的格式管理大量数据和不同的表页,并在每张表页之间建立有机的联系。此外,它还提供了表页的排序、查询、审核、舍位平衡及汇总功能。

5. 图表功能

UFO 可以很方便地对数据进行图形组织和分析,制作如直方图、立体图、圆饼图、折线图等多种分析图表,并能编辑图表的位置、大小、标题、字体、颜色和打印输出。

6. 打印功能

UFO 提供了"所见即所得"和"打印预览"的功能,可以随时观看报表或图形的打印效果。报表打印时,可以打印格式或数据,可以设置表头和表尾,可以在 0.3～3 倍之间缩放打印,可以横向或纵向打印等。

7. 二次开发功能

UFO 提供了批命令和自定义菜单,利用该功能可以开发出适合本企业的专用系统。

4.1.2 UFO 报表管理系统与其他系统的主要关系

UFO 报表管理系统主要是从其他系统中提取编制会计报表所需的数据。总账、薪资、固定资产、应收款、应付款、财务分析、采购、库存、存货核算和销售子系统均可向报表子系统传递数据,以生成财务部门所需的各种会计报表。

会计报表子系统与其他系统相比有以下特点:

① 输入数据量少。一般情况下,个别会计报表的编制不需要输入数据,使用的是账务处理系统的账簿文件数据,如余额和发生额,等等。汇总报表的编制需事先采集个别会计报表的数据,然后输入会计报表子系统,但如果采用的是软盘报送方式或网络传输方式,则"输入"不再是一般意义上的"输入",而是靠数据传输来完成数据的"输入"任务。合

并报表的编制需要输入母、子公司之间发生关联业务的抵消会计分录,这与账务处理子系统的凭证输入量相比就太少了。

② 不设置报表数据直接修改功能。即在报表处理系统中,报表有两种存在方式:报表结构状态和报表数据状态,报表数据状态的报表不能直接修改数据。如果发现报表数据不正确,只能修改报表结构,随后利用报表结构的定义重新编制报表。这样可以保证报表数据的正确性。

③ 输出信息规定性强。会计报表子系统必须提供会计报表的打印输出功能,打印输出的会计报表的格式和内容应当符合国家统一会计制度的规定。会计报表分析使用的财务指标也有一定的规定性。会计报表子系统信息的输出是为了满足经营管理和经济预测、决策的需要,输出的信息具有一定的规定性,便于对信息理解和使用。

④ 通用性更强,适用面更广。会计报表子系统完全采用自定义的方法编制会计报表和进行报表分析,包括报表格式的自定义、报表数据来源的自定义、分析指标自定义等。由于是采用用户自定义规定数据的生成过程,所以可用会计报表子系统构造各种需要的报表。

⑤ 图表并用进行报表分析。当前在会计报表子系统报表功能的基础上,增加了图形分析功能、语音输出功能,从而提高了报表分析的效率。

4.1.3　UFO 报表管理系统的业务处理流程

UFO 报表管理系统的业务处理流程如图 4-1 所示。

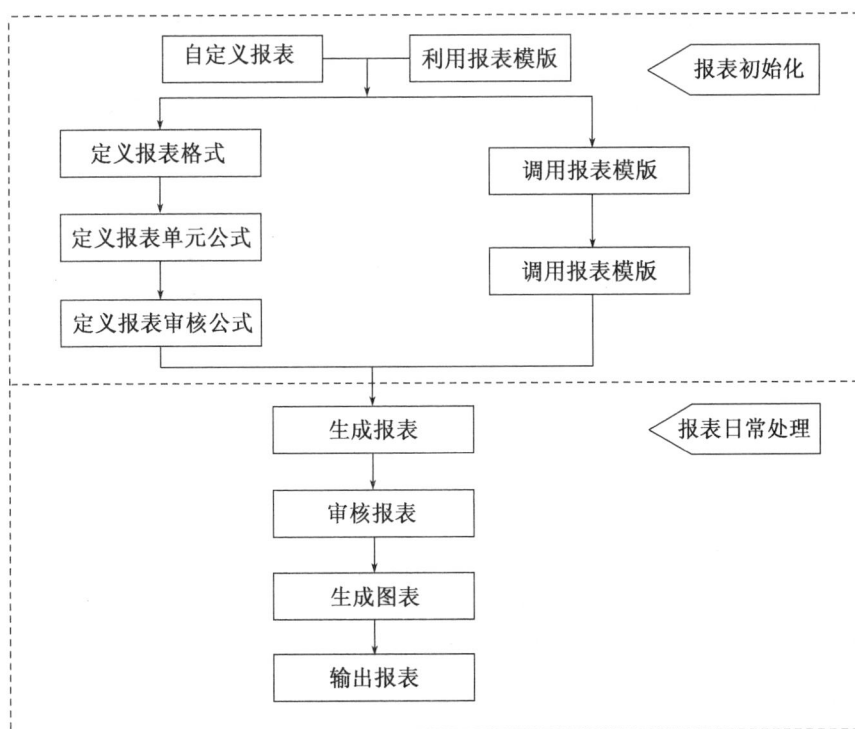

图 4-1　UFO 报表管理系统的业务处理流程

4.1.4 UFO 报表管理系统的基本概念

1. 格式状态和数据状态

UFO 将报表制作分为两大部分来处理,即报表格式和公式设计工作与报表数据处理工作。这两部分的工作是在不同状态下进行的。

(1)格式状态

在报表格式设计状态下进行有关格式设计的操作,例如,表尺寸、行高和列宽、单元属性、单元风格、组合单元、关键字,以及定义报表的单元公式(计算公式)、审核公式及舍位平衡公式等。

在格式状态下所看到的是报表的格式,报表的数据全部都被隐藏了。在格式状态下所做的操作对本报表所有的表页都发生作用。在格式状态下不能进行数据的录入、计算等操作。

(2)数据状态

在数据状态下可管理报表的数据,例如,输入数据、增加或删除表页、审核、舍位平衡、制作图形、汇总、合并报表等。在数据状态下不能修改报表的格式,看到的是报表的全部内容,包括格式和数据。

报表工作区的左下角有一个"格式/数据"按钮。单击这个按钮可以在"格式状态"和"数据状态"之间切换。

2. 单元

表中由表行和表列确定的方格称为单元,专门用于填制各种数据。单元是组成报表的最小单位,每个单元都可通过一个名字来标识,称为单元名。单元名用所在行和列的坐标表示,行号用数字 1~9 999 表示,列标用字母 A~IU 表示。单元类型有数值型、字符型、表样型三种。

(1)数值单元

数值单元用于存放报表的数据,在数据状态下输入。数值单元必须是数字,可直接输入,也可由单元中存放的公式运算生成。建立一个新表时,所有单元的单元类型均默认为数值型。

(2)字符单元

字符单元是报表的数据,在数据状态下输入。字符单元的内容可以是汉字、字母、数字及各种键盘可输入的符号组成的一串字符。字符单元的内容可以直接输入,也可以由单元公式生成。

(3)表样单元

表样单元是报表的格式,是在格式状态下输入的所有文字、符号或数字。表样单元一旦被定义为表样,那么在其中输入的内容对所有表页都有效。表样单元在格式状态下输入和修改;在数据状态下只能显示而无法修改。

3. 组合单元

组合单元由相邻的两个或更多的单元组成,这些单元必须是同一种单元类型(表样、数值、字符)。UFO 在处理报表时将组合单元视为一个单元。组合单元的名称可以用区域的名称或区域中的任何一个单元的名称来表示。例如,把 A1 和 A6 定义为一个组合单元,这个组合单元可以用 A1:A6 表示。

4. 区域

区域由一张表页上的一组单元组成,自起点单元至终点单元是一个完整的矩形块。在 UFO 中,区域是二维的,最大的区域是一个二维表的所有单元。最小的区域是一个单元。在描述一个区域时,开始单元(左上角单元)与结束单元(右下角单元)用冒号":"连接,例如,A3:C4 等。

5. 表页

一个 UFO 报表最多可容纳 99 999 张表页,一个报表中所有表页具有相同的格式,但其中的数据不同。表页在报表中的序号在表页的下方以标签的形式出现,称为页标。页标用"第 1 页"～"第 99 999 页"表示,当前表的第 2 页,可以表示为@2。

6. 二维表和三维表

确定某一数据位置的要素称为维。在一张有方格的纸上填写一个数,这个数的位置可通过行(横轴)和列(纵轴)来描述。

如果将一张有方格的纸称为表,那么这个表就是二维表,通过行和列可以找到这个二维表中的任何位置的数据。

如果将多个相同的二维表叠在一起,并要从多个二维表中找到某一个数据,则需要增加一个要素,即表页号(Z 轴)。这一叠表称为一个三维表。

如果将多个不同的三维表放在一起,要从这多个三维表中找到一个数据,又需要增加一个要素,即表名。三维表中的表间操作即称为四维运算。因为在 UFO 中要确定一个数据的所有要素为:〈表名〉、〈列〉、〈行〉、〈表页〉,如利润表第 2 页的 C5 单元,表示为"利润表"→C5@2。

7. 固定区及可变区

固定区是指该区域的行数或列数是固定的数字。一旦设定好以后,在固定区域内其单元总数是不变的。

可变区是指该区域的行数和列数是不固定的数字,可变区的最大行数或最大列数是在格式设计中设定的。

在一个报表中只能设置一个可变区,或是行可变区或是列可变区。行可变区是指可变区中的行数是可变的;列可变区是指可变区中的列数是可变的。设置可变区后,屏幕只显示可变区的第一行或第一列,其他可变行和列隐藏在表体内。在以后的数据操作中,可变行列数可随实际情况的需要而增减。

8. 关键字

关键字是一种特殊的单元,可以唯一标识一个表页,用于在大量表页中快速选择表页。

关键字的显示位置在格式状态下设置,关键值则在数据状态下录入,每张报表可以定义多个关键字。UFO 共提供了以下六种关键字:

① 单位名称:字符(最大 30 个字符),为该报表表页编制单位的名称。

② 单位编号:字符型(最大 10 个字符),为该报表表页编制单位的编号。

③ 年:数字型(1904—2100),该报表表页反映的年度。

④ 季:数字型(1~4),该报表表页反映的季度。

⑤ 月:数字型(1—12),该报表表页反映的月份。

⑥ 日:数字型(1—31),该报表表页反映的日期。

4.2 报表管理

4.2.1 报表的定义与报表模版

1. 报表格式定义

报表的格式设计在格式状态下进行,格式对整个报表都有效。它包括以下操作。

① 设置表尺寸。定义报表的大小即设定报表的行数和列数。

② 定义组合单元。即把几个单元作为一个单元使用。

③ 画表格线。

④ 输入报表中的项目。它包括表头、表体和表尾(关键字值除外)。在格式状态下定义了单元内容的自动默认为表样型。定义为表样型的单元在数据状态下允许修改和删除。

⑤ 定义行高和列宽。

⑥ 设置单元风格。设置单元的字型、字体、字号、颜色、图案、换行显示等。

⑦ 设置单元属性。把需要输入数字的单元定为数值单元;把需要输入字符的单元定为字符单元。

⑧ 确定关键字在表页上的位置,例如,单位名称、年、月等。

2. 报表公式定义

公式的定义在格式状态下进行。

① 计算公式:定义了报表数据之间的运算关系,可以实现报表系统从其他子系统取数。

② 审核公式:用于审核报表内或报表之间的勾稽关系是否正确。

③ 舍位平衡公式:用于报表数据进行进位或小数取整时调整数据,例如,将以"元"为单位的报表数据变成以"万元"为单位的报表数据,且表中的平衡关系仍然成立。

报表的计算公式在一般情况下必须设置,而审核公式和舍位平衡公式是根据需要设置的。

用友软件的计算公式一般通过函数来实现。企业常用的财务报表数据一般是来源于总账管理系统或报表系统本身,取自报表的数据又可以分为从本报表取数和从其他报表的表页取数。

(1) 自总账取数的函数

自总账取数的公式又可以称为账务函数。

账务函数的基本格式如下：

函数名("科目编码",会计期间,["方向"],[账套号],[会计年度],[编码1],[编码2])

① 科目编码：也可以是科目名称,且必须用双引号括起来。

② 会计期间：可以是"年""季""月"等变量,也可以是具体表示年、季、月的数字。

③ 方向：即"借"或"贷",可以省略。

④ 账套号：为数字,缺省时默认为999账套。

⑤ 会计年度：即数据取数的年度,可以省略。

⑥ [编码1]、[编码2]：与科目编码的核算账类有关,可以取科目的辅助账,如职员编码、项目编码等。若无辅助核算则省略。

账务取数函数主要有以下几种：

总账函数	金额式	数量式	外币式
期初额函数	QC()	sQC()	wQC()
期末额函数	QM()	sQM()	wQM()
发生额函数	FS()	sFS()	wFS()
累计发生额函数	LFS()	sLFS()	wLFS()
条件发生额函数	TFS()	sTFS()	wTFS()
对方科目发生额函数	DFS()	sDFS()	wDFS()
净额函数	JE()	sJE()	wJE()
汇率函数	HL()		

（2）自本表页取数的函数

自本表页取数的函数主要有以下几项：

数据合计	PTOTAL()
平均值	PAVG()
最大值	PMAX()
最小值	PMIN()

（3）自本表其他表页取数的函数

对于取自本表其他表页的数据可以利用某个关键字作为表页定位的依据,或者直接以页标号作为定位依据,指定取某张表页的数据。

可以使用SELECT()函数从本表页其他表页取数。例如：

C1单元取自于上个月的C2单元的数据：C1=SELECT(C2,月@=月+1)。

C2单元取自于第2张表页的C2单元的数据：C1=C2@2。

（4）自其他报表取数的函数

对于取自于其他报表的数据可以用""报表[.REP]"→单元"格式指定要取数的某张报表的单元。

3. 报表模版

通过报表格式定义和公式定义可以设置个性化的自定义报表。用友UFO还为用户提供了33个行业的各种标准财务报表格式。

利用报表模版可以迅速建立一张符合需要的财务报表。另外,对于一些本企业常用报表模板中没有提供的报表，在自定义完这些报表的格式和公式后，可以将其定义为报表模版，以后可以直接调用。

4.2.2 报表数据处理

报表数据处理主要包括生成报表数据、审核报表数据和舍位平衡操作等工作。数据处理工作必须在数据状态下进行。处理时计算机会根据已定义的单元公式、审核公式和舍位平衡公式自动进行取数、审核及舍位等操作。

报表数据处理一般是针对某一特定表页进行的，因此在数据处理时还涉及表页的操作，如增加、删除、插入、追加表页等。

报表的数据包括报表单元的数值和字符，以及游离于单元之外的关键字。数值单元只能生成数字，而字符单元既能生成数字又能生成字符。数值单元和字符单元可以由公式生成，也可以由键盘输入。关键字则必须由键盘输入。

4.2.3 表页管理与报表输出

报表的输出包括报表的屏幕输出和打印输出，输出时可以针对报表格式输出，也可以针对某一特定表页输出。输出报表格式须在格式状态下操作，而输出表页须在数据状态下操作。输出表页时，格式和报表数据一起输出。

输出表页数据时会涉及表页的相关操作，例如，表页排序、查找、透视等。屏幕输出时可以对报表的显示风格、显示比例加以设置。打印报表之前可以在预览窗口预览，打印时还可以进行页面设置和打印设置等操作。

4.2.4 图表功能

报表数据生成之后，为了对报表数据进行直观的分析和了解，方便对数据的对比、趋势和结构进行分析，可以利用图形对数据进行直观显示。UFO 图标格式提供了直方图、圆饼图、折线图、面积图四大类共 10 种格式的图表。

图表是利用报表文件中的数据生成的，图标与报表数据存在着密切的联系，报表数据发生变化时，图表也随之变化，报表数据删除后，图表也随之消失。

案例 4-1 自定义一张报表——货币资金表（见表 4-1）。

1. 报表格式

表 4-1 货币资金表

编制单位：　　　　　　　　年　月　日　　　　　　　　　　元

项　目	行　次	期初数	期末数
库存现金	1		
银行存款	2		
合计	3		

制表人：

【说明】

（1）表头

标题：“货币资金表”，行高：7，字体：黑体、14 号、居中。

单位名称：盛世科技，字体默认，年、月、日应设置为关键字，编移分别为“－120”“－90”“－60”。

（2）表体

表体中文字设置为宋体、12 号、居中。

（3）表尾

“制单人：”设置为宋体、10 号、右对齐第 4 栏。

2. 报表公式

现金期初数：C4＝QC（“1001”，月，，，，，，，，，）

现金期末数：D4＝QM（“1001”，月，，，，，，，，，）

银行存款期初数：C5＝QC（“1002”，月，，，，，，，，，）

银行存款期末数：D5＝QM（“1002”，月，，，，，，，，，）

期初数合计：C6＝C4＋C5

期末数合计：D6＝D4＋D5

3. 报表定义

【操作步骤】

（1）启用 UFO 报表管理系统

① 以 001 陈明的身份进入企业应用平台，执行“财务会计—UFO 报表”命令，进入报表管理系统。

② 弹出“日积月累”对话框，单击“关闭”按钮，如图 4－2 所示。

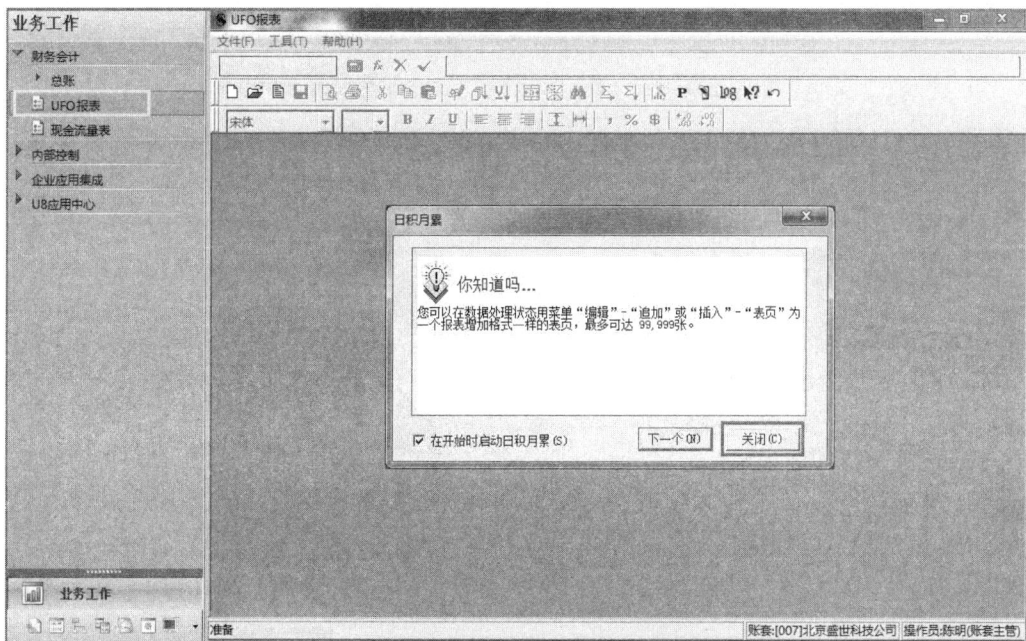

图 4－2　启用 UFO 报表系统

③ 执行"文件—新建"命令(或单击工具栏中 □ (新建)按钮),建立一张空白报表。

(2) 设置报表尺寸(当前状态为格式状态)

① 执行"格式—表尺寸"命令,打开"表尺寸"对话框。

② 输入行数"7"、列数"4",单击"确认"按钮,如图4-3所示。

图4-3 设置表尺寸

(3) 定义组合单元

① 选择需合并的单元区域 A1:D1。

② 执行"格式—组合单元"命令,打开"组合单元"对话框。

③ 选择组合方式"整体组合"或"按行组合",该单元即合并成一个单元。

④ 同理,定义 A2:D2 单元为组合单元,如图4-4所示。

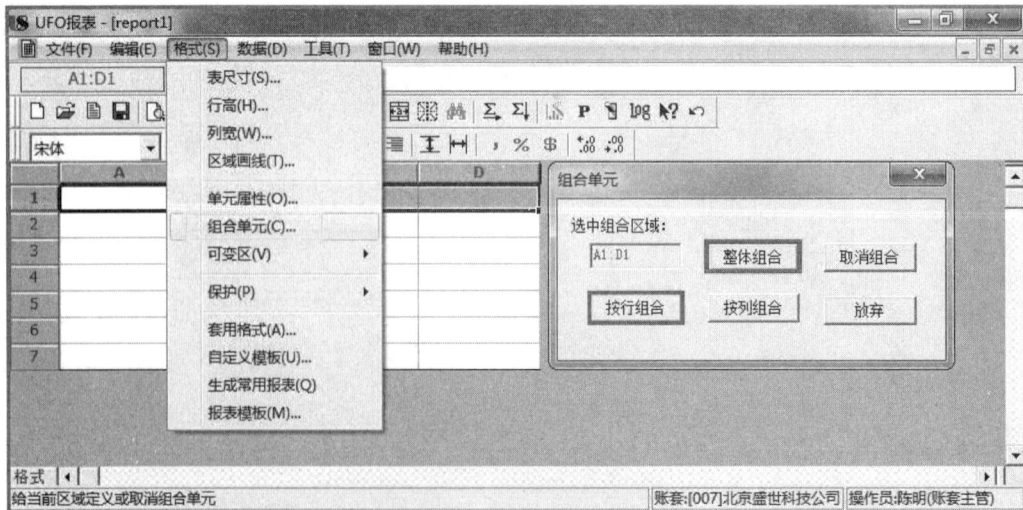

图4-4 定义组合单元

（4）画表格线

① 选中报表需要画线的单元区域 A3:D6。

② 执行"格式—区域画线"命令,打开"区域画线"对话框。

③ 选择"网线"单选按钮,单击"确认"按钮,将所选区域画上表格线,如图 4-5 所示。

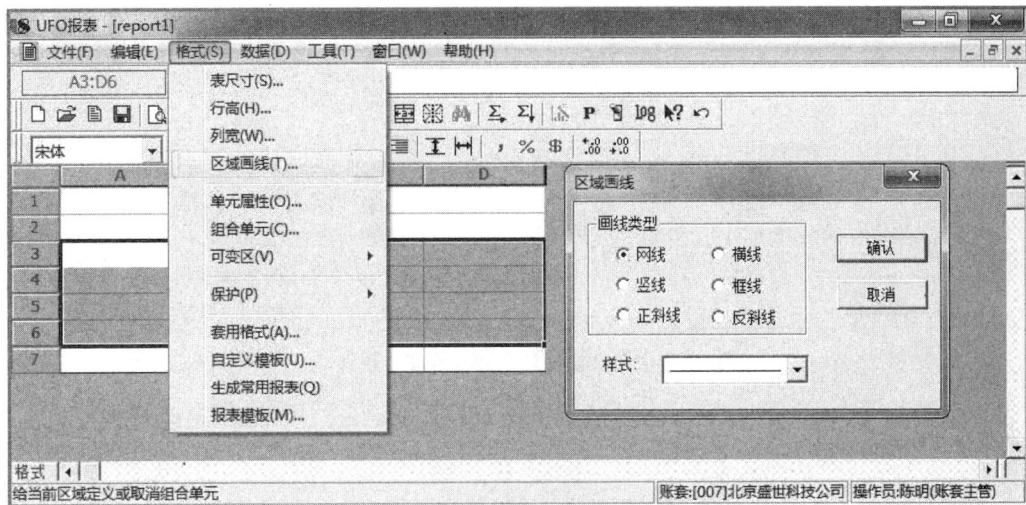

图 4-5 画表格线

（5）输入报表项目

① 选中需要输入内容的单元或组合单元。

② 在该单元或组合单元中输入相关文字内容,例如,在 A1 组合单元输入"货币资金表"字样;在 A2 组合单元输入"编制单位:盛世公司",如图 4-6 所示。

注意:

① 报表项目指报表的文字内容,主要包括表头内容、表体项目、表尾项目等,不包括关键字。

② 日期一般不作为文字内容输入,而需要设置为关键字。

（6）定义报表行高和列宽

① 选中需要调整的单元所在行 A1。

② 执行"格式—行高"命令,打开"行高"对话框。

③ 输入行高"7",单击"确定"按钮。

④ 选中需要调整的单元所在列,执行"格式—列宽"命令,可设置该列的宽度,如图 4-6 所示。

注意:行高、列宽的单位为毫米。

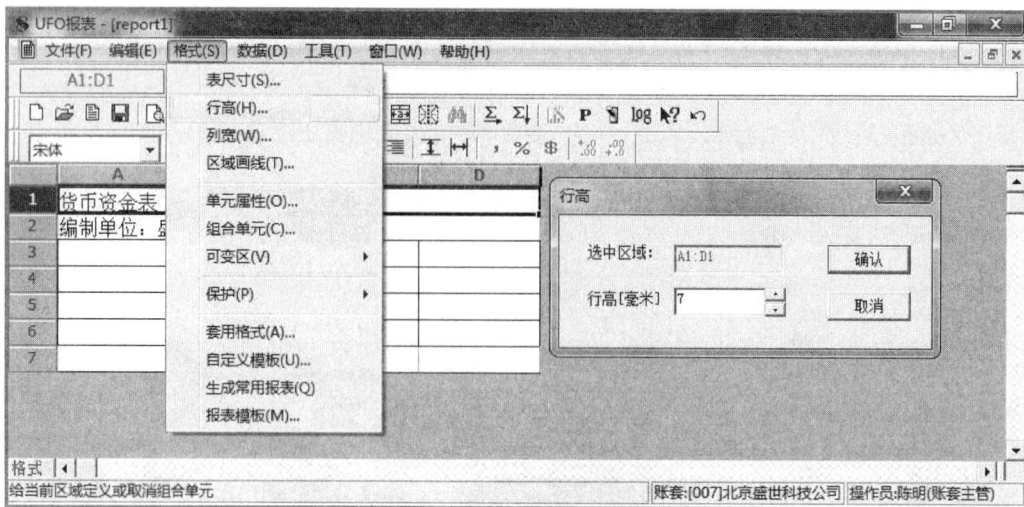

图 4-6　输入报表项目及定义行高和列宽

（7）设置单元风格

① 选中标题所在组合单元 A1。

② 执行"格式—单元属性"命令，打开"单元格属性"对话框。

③ 打开"字体图案"选项卡，设置字体为"黑体"，字号为"14"。

④ 打开"对齐"选项卡，设置对齐方式为"居中"，单击"确定"按钮，如图 4-7 所示。

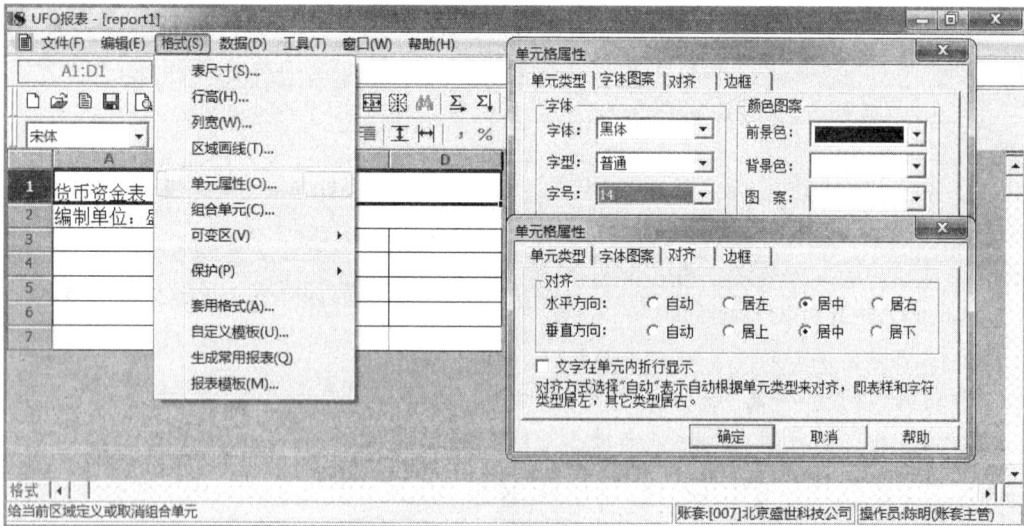

图 4-7　设置单元风格

（8）定义单元属性

① 选定单元 D7，在单元输入"编制单位：盛世公司"。

② 执行"格式—单元属性"命令，打开"单元格属性"对话框。

③ 打开"字体图案"选项卡，设置字体为"宋体"，字号为"10"。

④ 打开"对齐"选项卡,设置"水平方向"为"居右",单击"确定"按钮。

注意:

① 格式状态下输入内容的单元均默认为表样单元,未输入数据的单元均默认为数值单元,在数据状态下可输入数值。若希望在数据状态下输入字符,应将其定义为字符单元。

② 字符单元和数值单元输入后只对本表页有效,表样单元输入后对所有表页有效。

(9) 设置关键字

① 选中需要输入关字的组合单元 A2。

② 执行"数据—关键字—设置"命令,打开"设置关键字"对话框。

③ 选择"年"单选按钮,单击"确定"按钮。

④ 同理,设置"月""日"关键字,如图 4-8 所示。

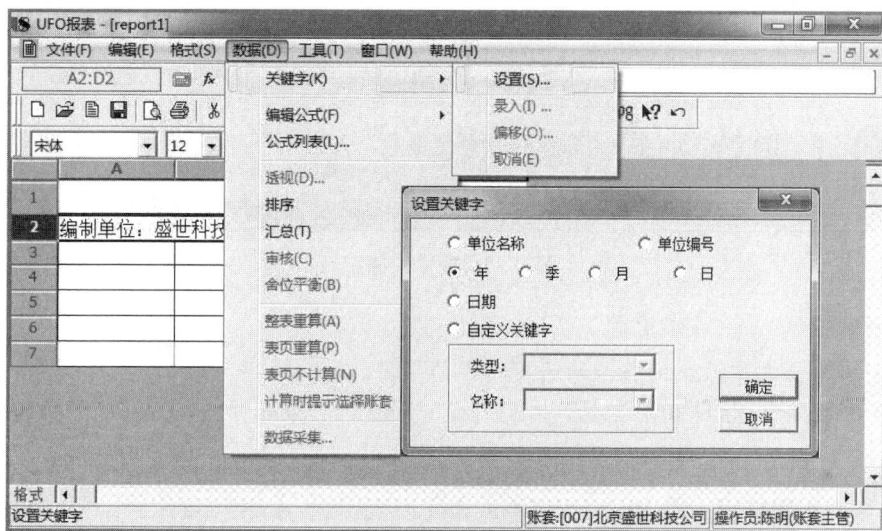

图 4-8　设置关键字

(10) 调整关键字

① 执行"数据—关键字—偏移"命令,打开"定义关键字偏移"对话框。

② 在需要调整位置的关键字后面输入偏移量。年"-120"、月"-90"、日"-60"。

③ 单击"确定"按钮,如图 4-9 所示。

注意:

① 关键字偏移量单位为像素。

② 关键字的位置可以用偏移量来表示,负数值表示向左移,正数值表示向右移。在调整时,可以通过输入正或负的数值来调整。

(11) 报表公式定义

① 选定需要定义公式的单元 C4,即"库存现金"的期初数。

② 执行"数据—编辑公式—单元公式"命令,打开"定义公式"对话框。

③ 在"定义公式"对话框中,直接输入总账期初函数公式:QC("1001",月,,,,,,,,,),单击"确认"按钮,如图 4-10 所示。

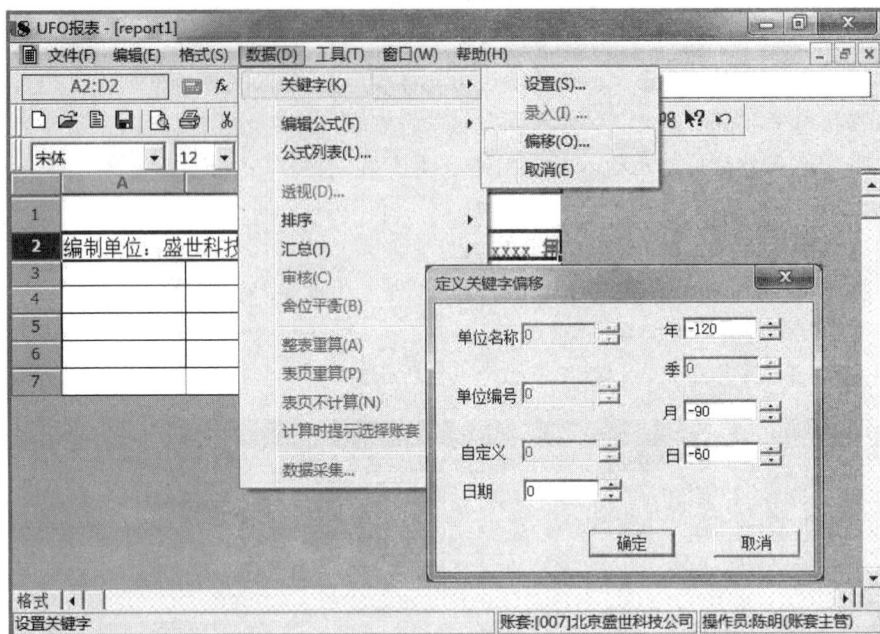

图 4-9　调整关键字

注意：

(1) 单元公式中涉及的符号均为英文半角字符。

(2) 单击 fx 按钮或双击某公式单元或按"="键都可以打开"定义公式"对话框。

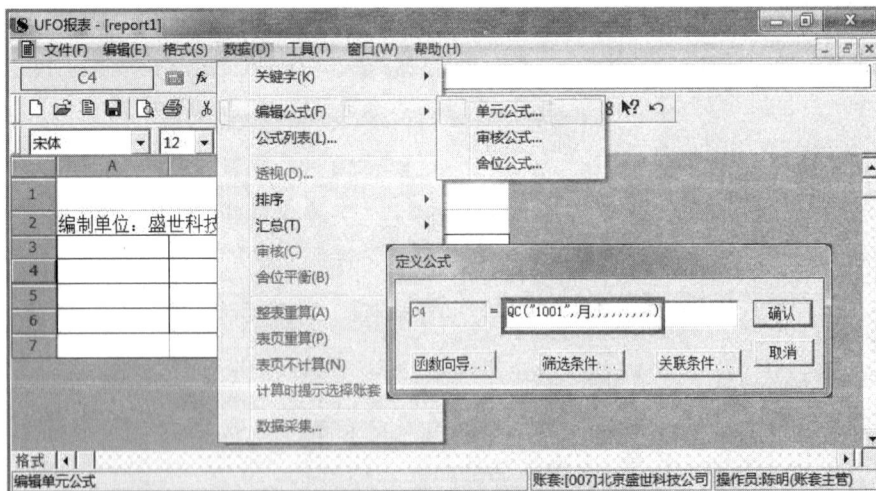

图 4-10　定义报表公式

(12) 定义单元公式——引导输入公式

① 选定被定义单元 D5，即"银行存款"期末数。

② 单击 fx 按钮，打开"定义公式"对话框。

③ 单击"函数向导"按钮,打开"函数向导"对话框。

④ 在"函数分类"列表框中选择"用友账务函数",在右侧的"函数名"列表框中选择"期末(QM)",单击"下一步"按钮,打开"用友财务函数"对话框,如图 4-11 所示。

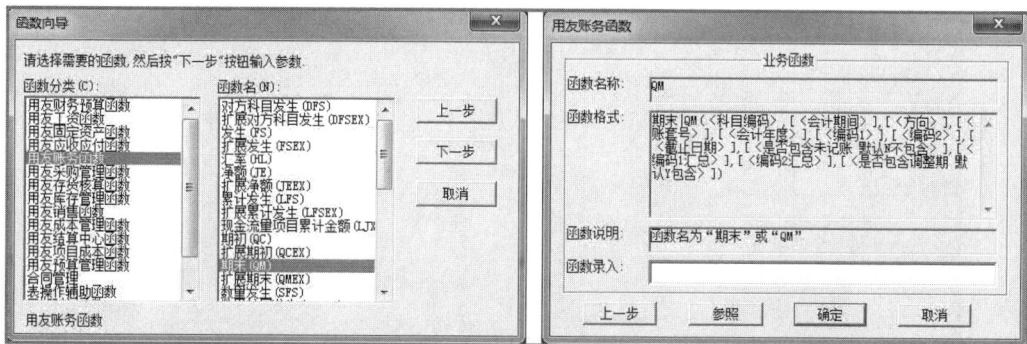

图 4-11 用友财务函数 01

⑤ 单击"参照"按钮,打开"财务函数"对话框。

⑥ 选择科目"1002",其余各项均采用系统默认值,单击"确定"按钮,返回"用友财务函数"对话框。

⑦ 单击"确定"按钮,返回"定义公式"对话框,单击"确认"按钮,如图 4-12 所示。

⑧ 输入其他单元公式。

注意:如果未进行账套初始化,那么账套号和会计年度需要直接输入。

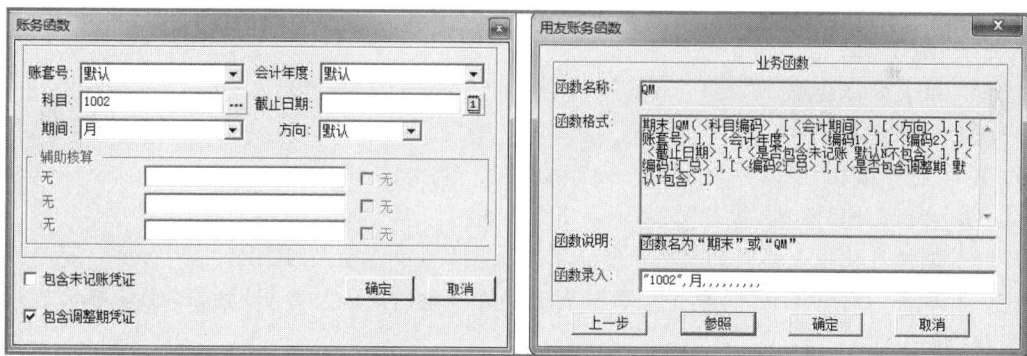

图 4-12 用友财务函数 02

(13) 定义舍位平衡公式

① 执行"数据—编辑公式—舍位公式"命令,打开"舍位平衡公式"对话框。

② 确定信息:舍位表名 SW1,舍位范围 C4:D6,舍位位数 3,平衡公式"C6=C4+C5,D6=D4+D5"。

③ 单击"完成"按钮,如图 4-13 所示。

注意:

① 舍位平衡公式是指用来重新调整报表数据进位后的小数位平衡关系的公式。

② 每个公式一行,各公式之间用逗号","(半角)隔开,最后一条公式不用写逗号,否

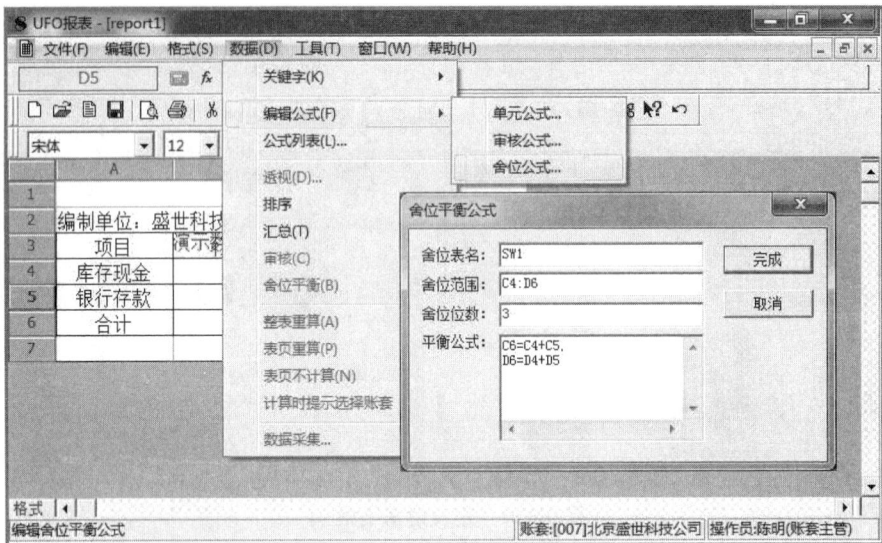

图 4-13　定义舍位平衡公式

则公式无法执行。

③ 等号左边只能为一个单元(不带页号和表名)。

④ 舍位公式中只能使用"+""-"符合,不能使用其他运算符及函数。

(14) 保存报表格式

① 执行"文件—保存"命令,如果是第一次保存,则打开"另存为"对话框。

② 选择保存文件夹的目录,输入报表文件名"货币资金表",选择保存类型＊.REP,单击"保存"按钮。

4. 报表数据处理

【操作步骤】

(1) 打开报表

① 启用 UFO 系统,执行"文件—打开"命令。

② 选择存放报表格式的文件夹中的报表文件"货币资金表.REP"。

③ 单击"打开"按钮,再单击空白报表底部左下角的"格式/数据"按钮,使当前状态为"数据"状态。

注意:报表数据处理必须在数据状态下进行。

(2) 增加表页

① 执行"编辑—追加—表页"命令,打开"追加表页"对话框。

② 输入需要增加的表页数"2",单击"确认"按钮。

注意:

① 追加表页是在最后一张表页后追加 N 张空白表页,插入表页是在当前表页后面插入一张空表页。

② 一张报表最多只能管理 99 999 张表页,演示版软件系统最多只能管理 4 张表页。

（3）录入关键字值

① 执行"数据—关键字—录入"命令，打开"录入关键字"对话框。

② 输入年"2020"、月"01"、日"31"。

③ 单击"确认"按钮，系统弹出"是否重算第1页？"信息提示对话框。

④ 单击"是"按钮，系统会自动根据单元公式计算1月份数据；单击"否"按钮，系统不计算1月份数据，以后可利用"表页重算"功能生成1月份数据，如图4-14、图4-15所示。

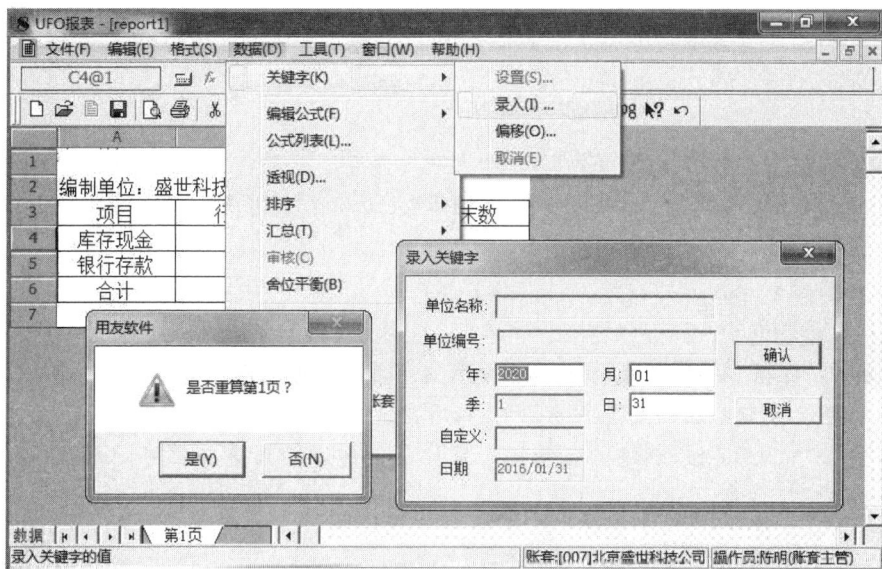

图 4-14　输入关键字值

图 4-15　录入关键字值报表

注意：

① 每一张表页均对应不同的关键字值，输出时随同单元一起显示。

② 日期关键字可以确认报表数据取数的时间范围，即确定数据生成的具体日期。

（4）生成报表

① 执行"数据—表页重算"命令，系统弹出"是否重算第 1 页？"信息提示对话框。

② 单击"是"按钮，系统会自动在初始的账套和会计年度范围内根据单元公式计算生成数据。

注意：可将生成的数据报表保存到指定位置。

（5）报表舍位操作

① 执行"数据—舍位平衡"命令。

② 系统会自动根据前面定义的舍位公式进行舍位操作，并将舍位后的报表保存在 SW1. REP 文件中。

注意：

① 舍位操作以后，可以将 SW1. REP 文件打开查阅一下。

② 如果舍位公式有误，系统状态栏会提示"无效命令或错误参数！"信息。

5. 表页管理

【操作步骤】

（1）表页排序

① 执行"数据—排序—表页"命令，打开"表页排序"对话框。

② 确定信息：选择第一关键字"年"，排序方向"递增"；第二关键字"月"，排序方向"递增"。

③ 单击"确认"按钮，系统将自动把表页按年份递增顺序重新排序，如果年份相同则按月份递增顺序排序。

（2）表页查找

① 执行"编辑—查找"命令，打开"查找"对话框。

② 确定查找内容为"表页"，确定查找条件"月＝1"。

③ 单击"查找"按钮，查找到符合条件的表页作为当前表页。

6. 图表功能

【操作步骤】

（1）追加图表显示区域

① 在格式状态下，执行"编辑—追加—行"命令，打开"追加行"对话框。

② 输入追加行数"10"，单击"确定"按钮。

注意：追加行或列在格式状态下进行。

（2）插入图标对象

① 在状数状态下，选取数据区域"A3：D5"。

② 执行"工具—插入图标对象"命令，打开"区域作图"对话框。

③ 选择确定信息：数据组"行"、数据范围"当前表页"。

④ 输入图表名称"资金分析图"、图表标题"资金对比"、X 轴标题"期间"、Y 轴标题"金额"。

⑤ 选择图表格式"成组直方图"，单击"确认"按钮。

⑥ 将图表中的对象调整到合适位置。

注意：

① 插入的图标对象实际上也属于报表的数据，因此有关图表对象的操作必须在数据

状态下进行。

②　选择图表对象显示区域时,区域不能少于 2 行×2 列,否则会提示出现错误。

(3) 编辑主表主标题

①　双击图标对象的任意位置,选中图表。

②　执行"编辑—主标题"命令,打开"编辑标题"对话框。

③　输入主标题"资金对比分析",单击"确认"按钮。

(4) 编辑图标主标题字样

①　单击选择主标题"资金对比分析"。

②　执行"编辑—标题字体"命令,打开"标题字体"对话框。

③　选择字体"隶书"、字型"粗体"、字号 12、效果"加下划线",单击"确认"按钮。

注意:

①　将生成图表的报表保存到原位置。

②　在调用报表模版生成货币资金表之前,应将货币资金表关闭。

案例 4-2　调用报表模版生成资产负债表。

【操作步骤】

1. 调用资产负债表模版

①　在格式状态下,执行"格式—报表模版"命令,打开"报表模版"对话框。

②　选择所在的行业为"2007 年新会计制度科目",财务报表为"资产负债表"。

③　单击"确认"按钮,系统弹出"模版格式将覆盖本表格式! 是否继续?"信息提示对话框。

④　单击"确定"按钮,即可打开"资产负债表"模版,如图 4-16、图 4-17 所示。

2. 调整报表模版

①　单击"数据/格式"按钮,将"资产负债表"处于格式状态。

②　根据本单位的实际情况,调整报表格式,修改报表公式。

③　保存调整后的报表模版。

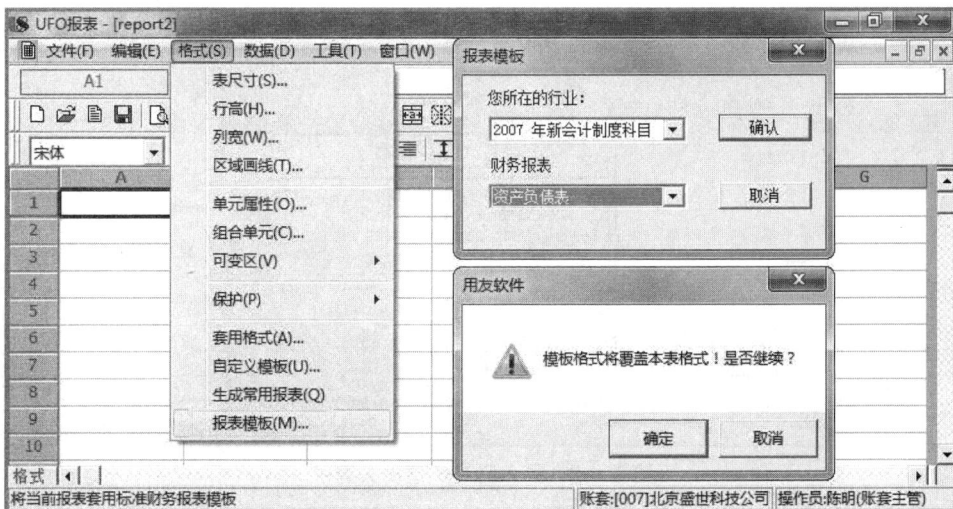

图 4-16　调用资产负债表模版

图 4-17 资产负债表模版

3. 生成资产负债表数据

① 在数据状态下,执行"数据—关键字—录入"命令,打开"录入关键字"对话框。输入关键字:年"2020"、月"01"、日"31"。

② 单击"确认"按钮,系统弹出"是否重算第1页?"信息提示对话框。

③ 单击"是"按钮,系统自动根据单元公式计算1月份数据;单击"否"按钮,系统不计算1月份数据,以后可利用"表页重算"功能生成1月份数据,如图4-18所示。

④ 单击工具栏的 ■ (保存)按钮,将生成的报表数据进行保存,如图4-19所示。

注意:以同样方法,生成2020年1月份利润表。

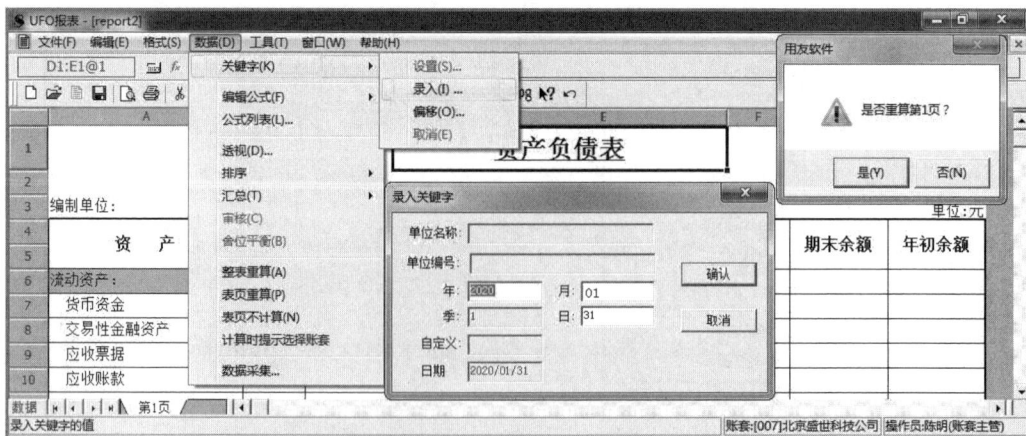

图 4-18 录入资产负债表关键字

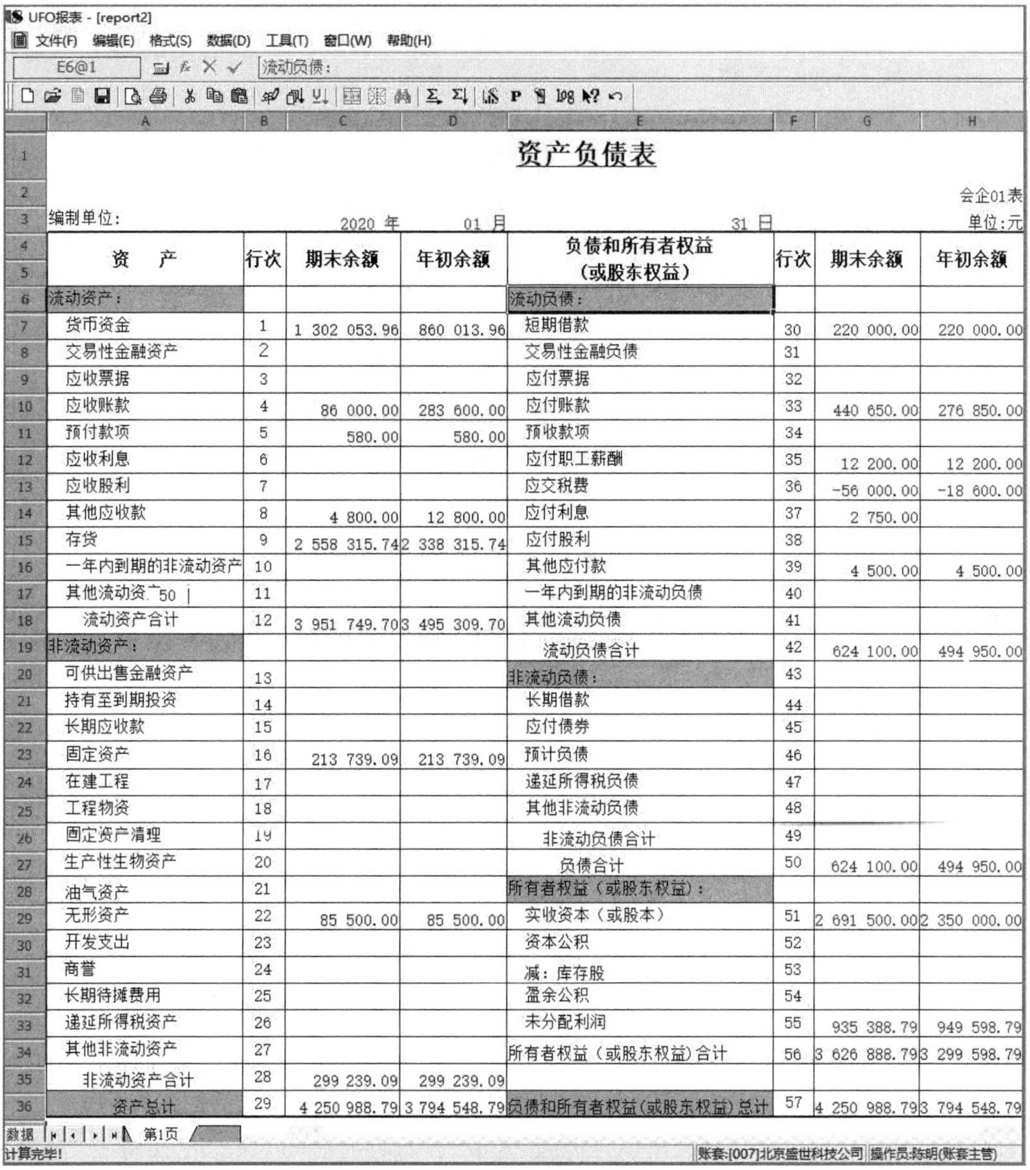

资产负债表

会企01表

编制单位: 2020 年 01 月 31 日 单位:元

资 产	行次	期末余额	年初余额	负债和所有者权益（或股东权益）	行次	期末余额	年初余额
流动资产:				流动负债:			
货币资金	1	1 302 053.96	860 013.96	短期借款	30	220 000.00	220 000.00
交易性金融资产	2			交易性金融负债	31		
应收票据	3			应付票据	32		
应收账款	4	86 000.00	283 600.00	应付账款	33	440 650.00	276 850.00
预付款项	5	580.00	580.00	预收款项	34		
应收利息	6			应付职工薪酬	35	12 200.00	12 200.00
应收股利	7			应交税费	36	-56 000.00	-18 600.00
其他应收款	8	4 800.00	12 800.00	应付利息	37	2 750.00	
存货	9	2 558 315.74	2 338 315.74	应付股利	38		
一年内到期的非流动资产	10			其他应付款	39	4 500.00	4 500.00
其他流动资产50	11			一年内到期的非流动负债	40		
流动资产合计	12	3 951 749.70	3 495 309.70	其他流动负债	41		
非流动资产:				流动负债合计	42	624 100.00	494 950.00
可供出售金融资产	13			非流动负债:	43		
持有至到期投资	14			长期借款	44		
长期应收款	15			应付债券	45		
固定资产	16	213 739.09	213 739.09	预计负债	46		
在建工程	17			递延所得税负债	47		
工程物资	18			其他非流动负债	48		
固定资产清理	19			非流动负债合计	49		
生产性生物资产	20			负债合计	50	624 100.00	494 950.00
油气资产	21			所有者权益（或股东权益）:			
无形资产	22	85 500.00	85 500.00	实收资本（或股本）	51	2 691 500.00	2 350 000.00
开发支出	23			资本公积	52		
商誉	24			减：库存股	53		
长期待摊费用	25			盈余公积	54		
递延所得税资产	26			未分配利润	55	935 388.79	949 598.79
其他非流动资产	27			所有者权益（或股东权益）合计	56	3 626 888.79	3 299 598.79
非流动资产合计	28	299 239.09	299 239.09				
资产总计	29	4 250 988.79	3 794 548.79	负债和所有者权益(或股东权益)总计	57	4 250 988.79	3 794 548.79

图 4-19 生成资产负债表

案例 4-3 利用总账的项目核算生成现金流量表。

系统提供了两种生成现金流量表的方法，一是利用现金流量表模块；二是利用总账的项目管理功能和 UFO 报表。本案例主要介绍第二种方法。

生成现金流量表之前在总账系统中需要做的工作如下：

① 在设置会计科目界面指定现金流量科目，如图 4-20 所示。

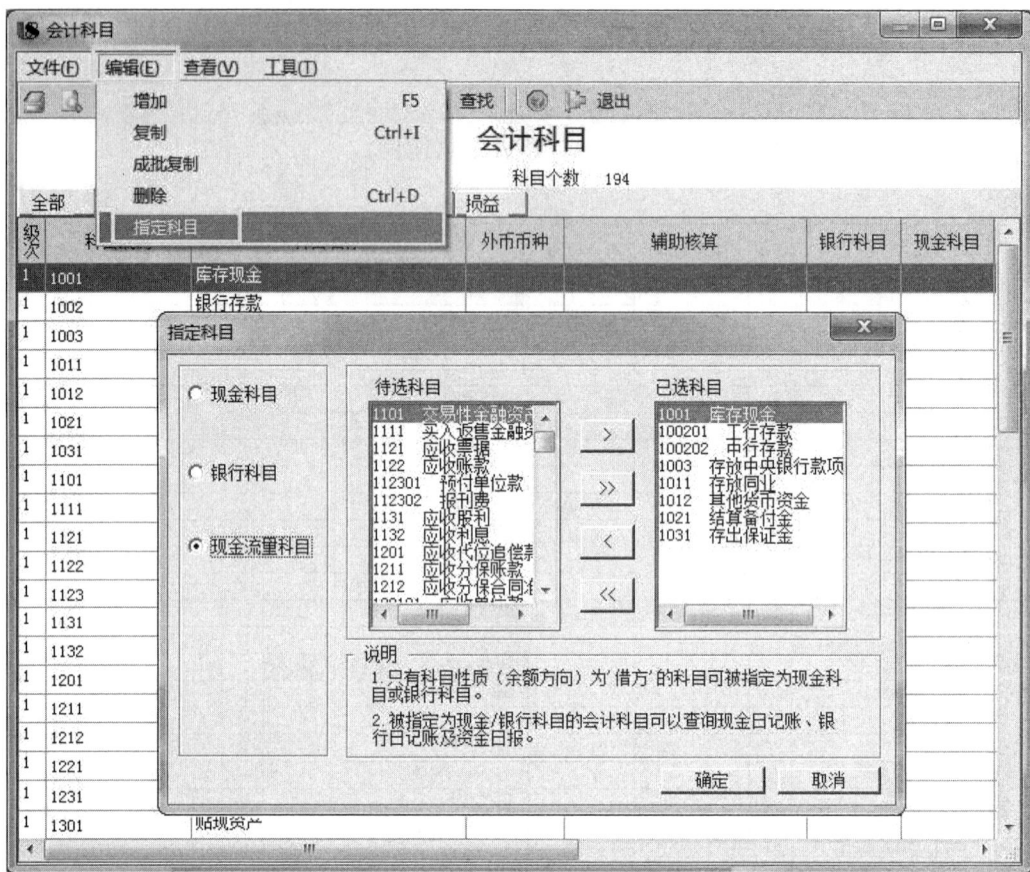

图 4 - 20   指定现金流量科目

② 系统在项目目录里已经建立了"现金流量项目"大类,如图 4 - 21 所示。

③ 指定及修改现金流量项目。在填制凭证时,如果涉及现金流量科目可以在填制凭证界面单击"流量"按钮,打开"现金流量表"对话框,指定发生的该笔现金流量的所属项目。如果在填制凭证时未指定现金流量项目,也可以执行"总账—现金流量表—现金流量凭证查询"命令,进入"现金流量查询及修改"窗口,针对每一张现金流量凭证,单击"修改"按钮补充录入现金流量项目,如图 4 - 22、4 - 23 所示。

④ 调用现金流量表模版,在 UFO 报表系统中生成现金流量表。

【操作步骤】

在"格式"状态下,执行"格式—报表模版"命令,打开"报表模版"对话框。

图 4‑21　现金流量项目大类及项目目录

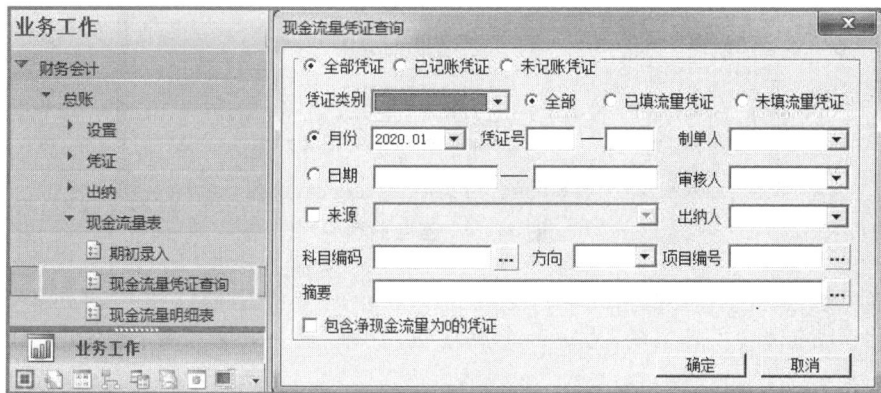

图 4‑22　现金流量凭证查询

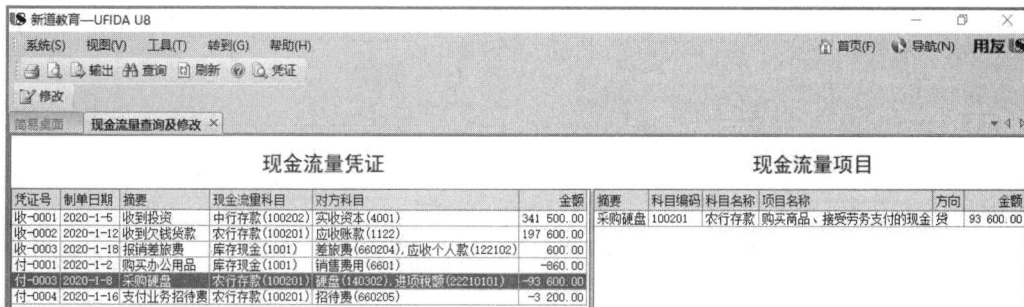

图 4‑23　现金流量查询及修改

选择所在的行业为"2007年新会计制度科目"，财务报表为"现金流量表"。

单击"确认"按钮，系统弹出"模版格式将覆盖本表格式！是否继续？"信息提示对话框。

单击"确定"按钮，即可打开"现金流量表"模版。

⑤ 调整报表模版。

【操作步骤】

单击"数据/状态"按钮，将"现金流量表"处于格式状态。

单击选择"C6"单元格，再单击 fx 按钮，打开"定义公式"对话框。单击"函数向导"按钮，打开"函数向导"对话框。

在函数分类列表框中选择"用友财务函数"，在右边的函数名列表中选中"现金流量项目金额(XJLL)"，单击"下一步"按钮，打开"用友财务函数"对话框，如图 4-24 所示。

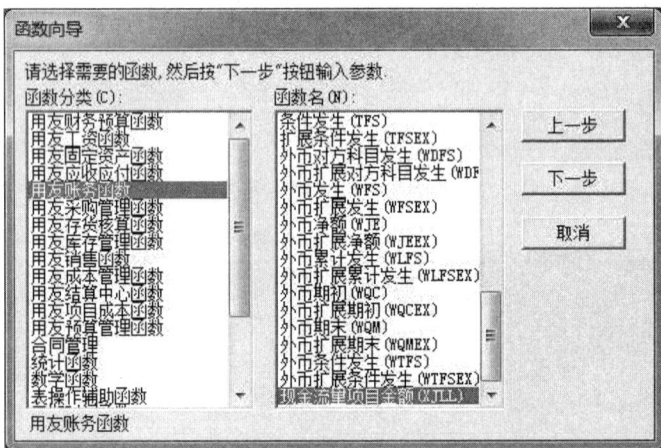

图 4-24 函数向导

单击"参照"按钮，打开"财务函数"对话框。

单击"现金流量项目编码"右边的参照按钮，打开"现金流量项目"选项，如图 4-25 所示。

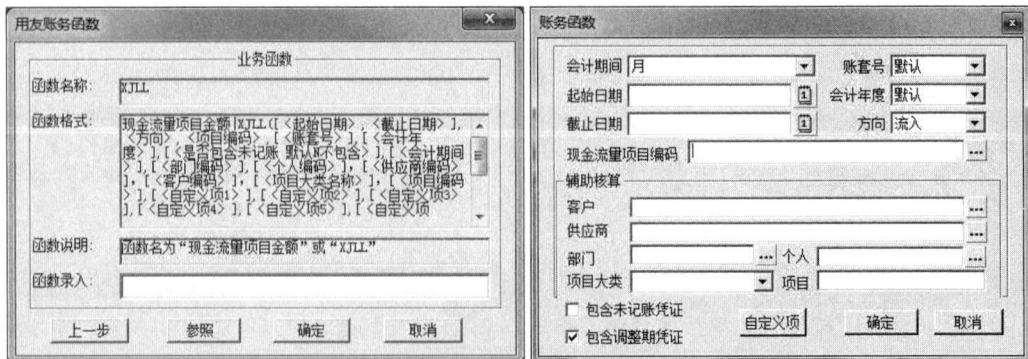

图 4-25 "用友账务函数"和"账务函数"对话框

双击选择与 C6 单元格左边相对应的项目,单击"确定"按钮,返回"用友财务函数"对话框,如图 4-26 所示。

图 4-26 选择对应项目编码

单击"确定"按钮,返回"定义公式"对话框。单击"确认"按钮,如图 4-27 所示。
重复 3~10 步骤,输入其他单元公式(要注意账务函数中"方向"的选择)。
单击工具栏中"保存"按钮,保存调整后的报表模版。

图 4-27 定义公式结果

⑥ 生成现金流量表主表数据。

【操作步骤】

在数据状态下,执行"数据—表页重算"命令。

弹出"是否重算第 1 页?"信息提示对话框。

单击"是"按钮,系统会自动根据单位公式计算 1 月份数据。

执行"文件—另存为"命令,输入文件名"现金流量表",单击"另存为"按钮,将生成的报表数据保存,如图 4-28 所示。

	A	B	C	D
1	现金流量表			
2				会企03表
3	编制单位:	2020 年	01 月	单位: 元
4	项　目	行次	本期金额	上期金额
5	一、经营活动产生的现金流量:			
6	销售商品、提供劳务收到的现金	1	197 600.00	
7	收到的税费返还	2		
8	收到其他与经营活动有关的现金	3		
9	经营活动现金流入小计	4	197 600.00	
10	购买商品、接受劳务支付的现金	5		
11	支付给职工以及为职工支付的现金	6		
12	支付的各项税费	7		
13	支付其他与经营活动有关的现金	8	600.00	
14	经营活动现金流出小计	9	600.00	
15	经营活动产生的现金流量净额	10	197 000.00	
16	二、投资活动产生的现金流量:			
17	收回投资收到的现金	11		
29	三、筹资活动产生的现金流量:			
30	吸收投资收到的现金	23	341 500.00	
31	取得借款收到的现金	24		
32	收到其他与筹资活动有关的现金	25		
33	筹资活动现金流入小计	26	341 500.00	
34	偿还债务支付的现金	27		
35	分配股利、利润或偿付利息支付的现金	28		
36	支付其他与筹资活动有关的现金	29		
37	筹资活动现金流出小计	30		
38	筹资活动产生的现金流量净额	31	341 500.00	
39	四、汇率变动对现金及现金等价物的影响	32		
40	五、现金及现金等价物净增加额	33	538 500.00	
41	加：期初现金及现金等价物余额	34		
42	六、期末现金及现金等价物余额	35	538 500.00	

图 4-28　现金流量表

4.3　课程思政

企业财务报表的真实性,直接关系到财务分析结果的可靠性。我们可以从一些重点的财务指标和关联科目进行推理分析,从而挖掘潜在的问题。

企业财务造假大多是两方面原因,一是做大利润和规模,用于上市、发行债券等;另一方面就是做小利润,进行逃税。

一般第一种情况会相对多一些。做大利润可以虚增收入或者少计费用,但是如果要想报表平衡,则需要对资产负债等相关科目进行调整。虚增收入,如将虚增的收入虚挂在应收账款上、虚构销售回笼(拆借资金)等。在资产负债表中,其中货币资金、固定资产、应收账款等的科目会显得特别大。

识别财务造假的路径可以从以下三个方面进行分析:

一是报表中各科目之间的勾稽关系。

如果会计平衡等式都不满足，那么肯定是有问题的，这是属于最低级的错误。一些报表科目虽然表面是平的，但仍然可能存在问题，针对此类报表则可以通过一些隐形的等式去核验。

这里列举以下两个勾稽等式：

（1）冲减财务费用的利息收入＝平均货币资金余额×利息率

利用这个公式可以计算出利息率，如果计算出的利息率远远低于银行的收益率，就存在虚增货币资金或者挪动的可能。

（2）筹资活动产生的现金流量净额＝吸收投资收到的现金＋有息债务的增加额－分配股利、利润或偿付利息支付的现金

常规来看，企业未收到新的投资和分配股利，则企业的实际筹资活动产生的现金净流量应该和有息债务的增加额相差不大。

二是科目之间的纵向对比，可以对比近几年财务报表科目的动态变化情况，分析原因和逻辑性。

三是科目之间的横向对比，同行业的水平对比。横向、纵向对比，可以对比企业经营毛利率、主营业务收入增长率、存货周转率 VS 主营业务收入增长、在建工程等。相对而言，非流动资产的作假相比于流动资产会更容易一些，可以通过折旧等方式进行弥补，而流动资产的变化则需要利润表等的配合。

除以上三个方面外，还可以通过以下途径进行分析：

（1）报表以外的预警

尽调的时候除了看企业财务报表外，可以从企业的行业特性（生物物资）、海外业务比重较大（海外公司不易进行调查）、频繁变换审计机构、多次变更业绩预告、高管频繁更换、频繁进行并购和外界媒体发布的质疑等方面来分析。

（2）其他情况

当然企业存在一些异常的财务科目变化，并不能说企业一定就存在造假。还是要具体根据企业的实际情况进行核实，如了解企业的前五大上下游情况、多阅读企业各方面的公开信息、实地走访企业等。

第5章　薪资管理

5.1　系统概述

5.1.1　功能概述

薪资管理系统是用友 ERP-U8 的重要组成部分。它具有功能强大、设计周到、操作方便的特点，适用于各类企业及行政、事业与科研单位，并提供了同一企业存在多种工资核算类型的解决方案。

本系统可以根据企业的薪资制度、薪资结构设置企业的薪资标准体系，在发生人事变动或薪资标准调整时执行调资处理，记入员工薪资档案作为工资核算的依据；根据不同企业的需要设计工资项目、计算公式，更加方便地输入、修改各种工资数据和资料；自动计算、汇总工资数据，对形成的工资、福利费等各项费用进行月末、年末账务处理，并通过转账方式向总账管理系统传输会计凭证，向成本管理系统传输工资费用数据。

齐全的工资报表形式、简便的工资资料查询方式、健全的核算体系，为企业多层次、多角度的工资管理提供了方便。

1. 薪资类别管理

薪资管理系统提供了处理多个工资类别的功能。如果企业按周或一月多次发放工资，或者是企业中有多种不同类别（部门）人员，工资发放项目不同，计算公式也不同，但需进行统一工资核算管理，应选择建立多个工资类别。

如果企业中所有人员的工资统一管理，而人员的工资项目、工资计算公式全部相同，则只需要建立单个工资类别，以提高系统的运行效率。

2. 人员档案管理

可以设置人员的基础信息并对人员变动进行调整，另外系统也提供了设置人员附加信息的功能。

3. 薪资数据管理

可以根据不同企业的需要设计工资项目和计算公式；管理所有人员的工资数据，并对平时发生的工资变动进行调整；自动计算个人所得税，结合工资发放形式进行扣零处理或向代发工资的银行传输工资数据；自动计算、汇总工资数据；自动完成工资的分摊、计提、转账等业务。

4. 薪资报表管理

提供多层次、多角度的工资数据查询。

5.1.2　薪资管理系统与其他系统的主要关系

薪资管理系统与系统管理共享基础数据；薪资管理系统将工资分摊的结果生成转账凭证传递到总账管理系统；另外，薪资管理系统向成本核算系统传送相关费用的合计数据。

5.1.3　薪资管理系统的业务处理流程

1. 新用户的操作流程

采用多工资类别核算的企业，第一次启用薪资管理系统时应按图 5-1 所示的步骤进行操作。

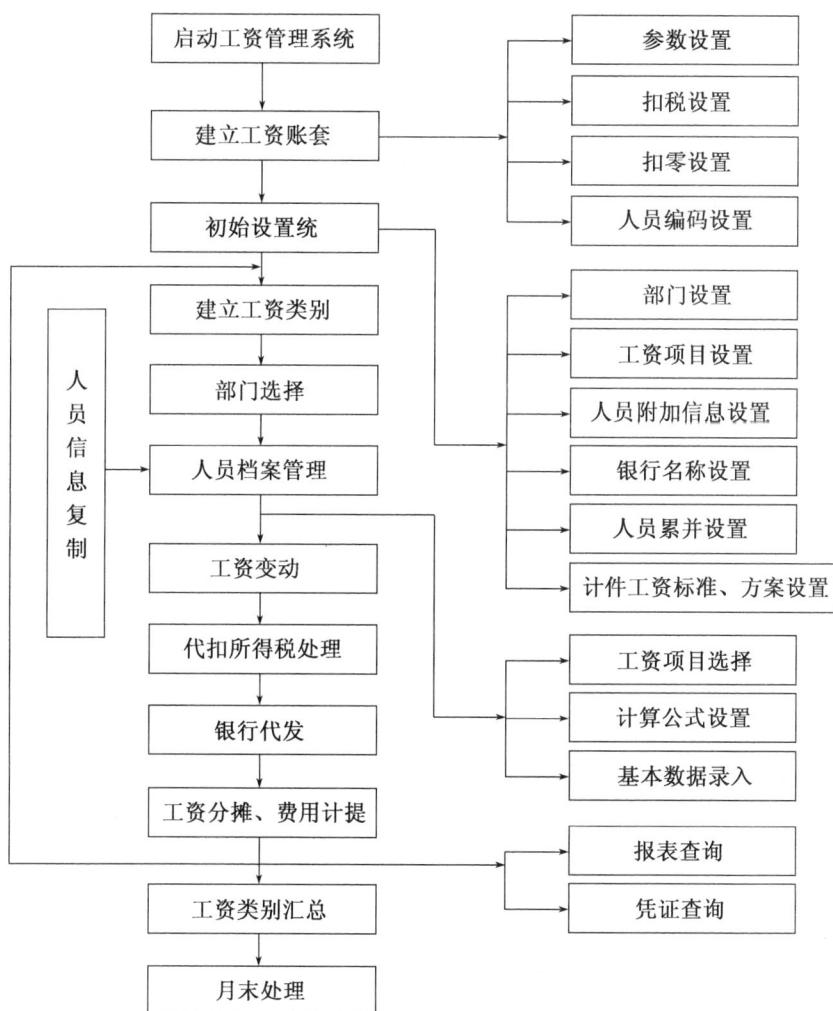

图 5-1　多工资类别核算管理企业的操作流程

2. 老用户的操作流程

如果已经使用薪资管理系统，到了年末，应进行数据的结转，以便开始下一年度的工作。

在新的会计年度开始时,可在"设置"菜单中选择所需修改的内容,如人员附加信息、人员类别、工资项目、部门等,这些设置只有在新的会计年度第一个会计月中,删除所涉及的工资数据和人员档案后,才可进行修改。

5.2 薪资管理系统的业务处理

5.2.1 初始设置

计算机处理工资程序基本类似于手工,只不过用户要做一次性初始设置,如部门、人员类别、工资项目、公式、个人工资、个人所得税设置、银行代发设置、各种表样的定义等,每月只需对有变动的地方进行修改,而系统进行自动计算,汇总生成各种报表。薪资管理系统初始设置包括建立工资账套和基础信息设置两部分。

1. 建立工资账套

工资账套与系统管理中的账套是不同的概念,系统管理中的账套是针对整个核算系统,而工资账套是针对薪资子系统。要建立工资账套,前提是在系统管理中首先建立本企业的核算账套。建立工资账套可以根据建账向导分4步进行,即参数设置、扣税设置、扣零设置、人员编码。

注意:本章节案例操作必须在期初余额录入并试算平衡后,填制凭证之前来进行操作。

案例 5-1 建立工资账套。

工资类别个数:多个;核算计件工资;核算币种:人民币 RMB;要求代扣个人所得税;不进行扣零处理;人员编码长度:3位;启用日期:2020年01月。

【操作步骤】

1. 在企业应用平台中启用薪资管理系统

① 以001陈明的身份进入企业应用平台(登录日期为 2020-01-01),执行"基础设置—基础信息—系统启用"命令,打开"系统启用"对话框,选中"WA 薪资管理"复选框,弹出"日历"对话框,选择薪资管理系统启用日期"2020年1月1日",单击"确定"按钮,系统弹出"确实要启用当前系统吗?"信息提示对话框,单击"是"按钮返回,如图5-2所示。

② 同理,启用"PR 计件工资管理"模块。

③ 进入企业应用平台,打开"业务工作"选项卡,选择"人力资源"中的"薪资管理"选项,打开"建立工资套"对话框。

2. 建立工资账套

① 在建账第一步"参数设置"中,选择本账套所需处理的工资类别个数为"多个",默认货币名称为"人民币",选中"是否核算计件工资"复选框,单击"下一步"按钮。如图5-3所示。

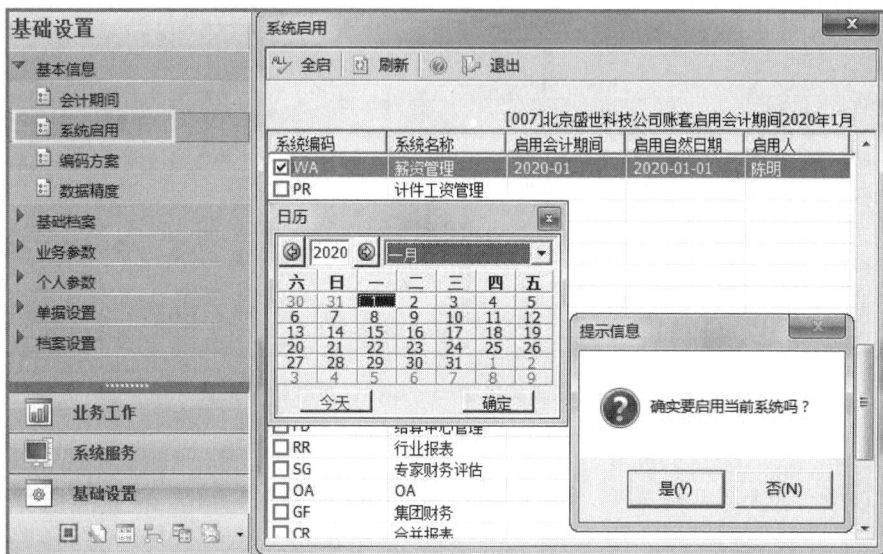

图 5-2　启用薪资管理系统

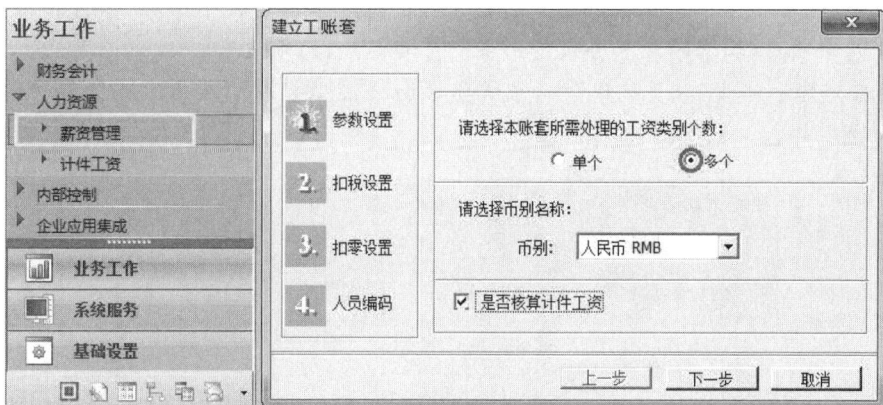

图 5-3　建立工资账套——参数设置

注意：

① 本例中对正式人员和临时人员分别进行核算，所以工资类别应选择"多个"。

② 计件工资是按计件单价支付劳动报酬的一种形式。由于对计时工资和计件工资的核算方法不同，因此，在薪资管理系统中，对于企业是否存在计件工资特别设置了确认选项。选中该项，系统自动在工资项目设置中显示"计件工资"项目；在人员档案中"核算计件工资"项目可选。

② 在建账第二步"扣税设置"中，选中"是否从工资中代扣个人所得税"复选框，单击"下一步"按钮，如图 5-4 所示。

③ 在建账第三步"扣零设置"中，不进行选择，直接单击"下一步"按钮，如图 5-4 所示。

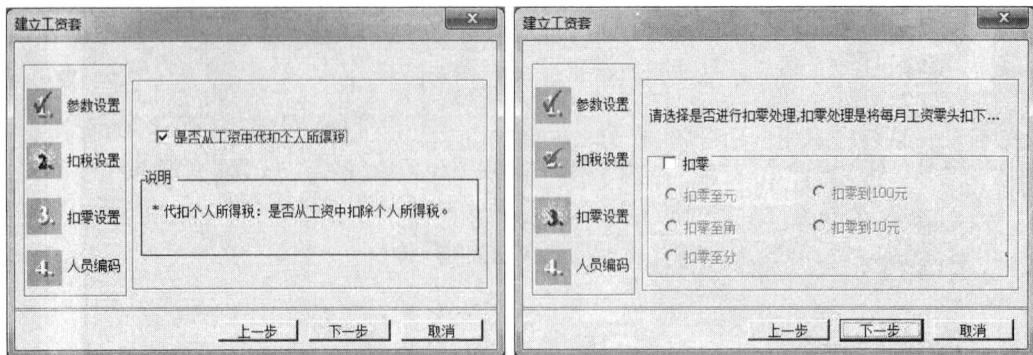

图5-4 建立工资账套——扣税设置和扣零设置

注意:

① 选择代扣个人所得税后,系统将自动生成工资项目"代扣税",并自动进行代扣税金的计算。

② 扣零处理是指每次发放工资时零头扣下,积累取整,于下次工资发放时补上,系统在计算工资时将依据扣零类型进行扣零计算。

③ 用户一旦选择了"扣零处理",系统自动在固定工资项目中增加"本月扣零"和"上月扣零"两个项目,扣零的计算公式将由系统自动定义,无须设置。

④ 在建账第四步"人员编码"中,系统要求和公共平台中的人员编码保持一致,如图5-5所示。

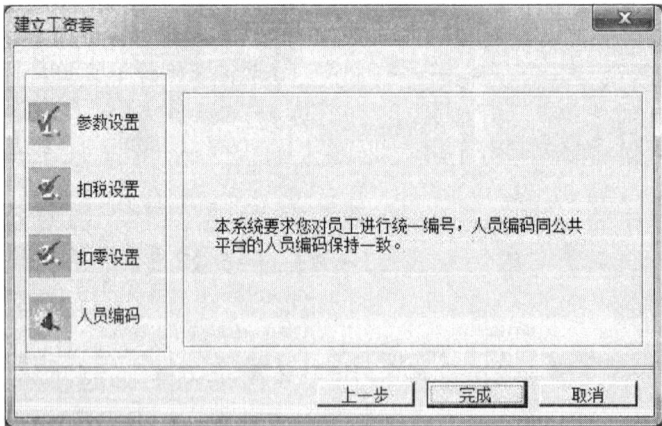

图5-5 建立工资账套——人员编码

⑤ 单击"完成"按钮。

注意:建账完毕后,部分建账参数可以在"设置—选项"菜单中进行修改。

2. 基础信息设置

建立工资账套后,要对整个系统运行所需的一些基础信息进行设置,包括以下几项:

（1）部门设置

员工薪资一般是按部门进行管理的。

（2）人员类别设置

人员类别与工资费用的分配、分摊有关，以便于按人员类别进行工资汇总计算。

（3）人员附加信息设置

此项设置可增加人员信息，丰富人员档案的内容，以便于对人员进行更有效的管理。例如，增加设置人员的性别、民族、婚否等。

（4）工资项目设置

工资项目设置即定义工资项目的名称、类型、宽度、小数、增减项。系统中有一些固定项目是工资账中必不可少的，包括"应发合计""扣款合计""实发合计"，这些项目不能删除和重命名。其他项目可根据实际情况定义或参照增加。例如，基本工资、奖励工作、请假天数等。在此设置的工资项目是针对所有工资类别的全部工资项目。

案例 5-2　北京盛世科技公司正式职工工资项目如表 5-1 所示。

表 5-1　正式职工的工资项目

项目名称	类　型	长　度	小数位数	增减项
基本工资	数字	8	2	增项
岗位津贴	数字	8	2	增项
奖金	数字	8	2	增项
应发合计	数字	10	2	增项
医疗保险	数字	8	2	减项
养老保险	数字	8	2	减项
失业保险	数字	8	2	减项
住房公积金	数字	8	2	减项
其他扣款	数字	8	2	减项
请假天数	数字	8	2	其他

【操作步骤】

① 在薪资管理系统中，执行"设置—工资项目设置"命令，打开"工资项目设置"对话框。

② 单击"增加"按钮，工资项目列表中增加一空行。

③ 单击"名称参照"下拉列表框，从下拉列表中选择"基本工资"选项。

④ 单击"增加"按钮，增加其他工资项目。

⑤ 单击"确认"按钮，系统弹出"工资项目已经改变，请确认各工资类别的公式是否正确？"信息提示对话框，单击"确定"按钮，如图 5-6 所示。

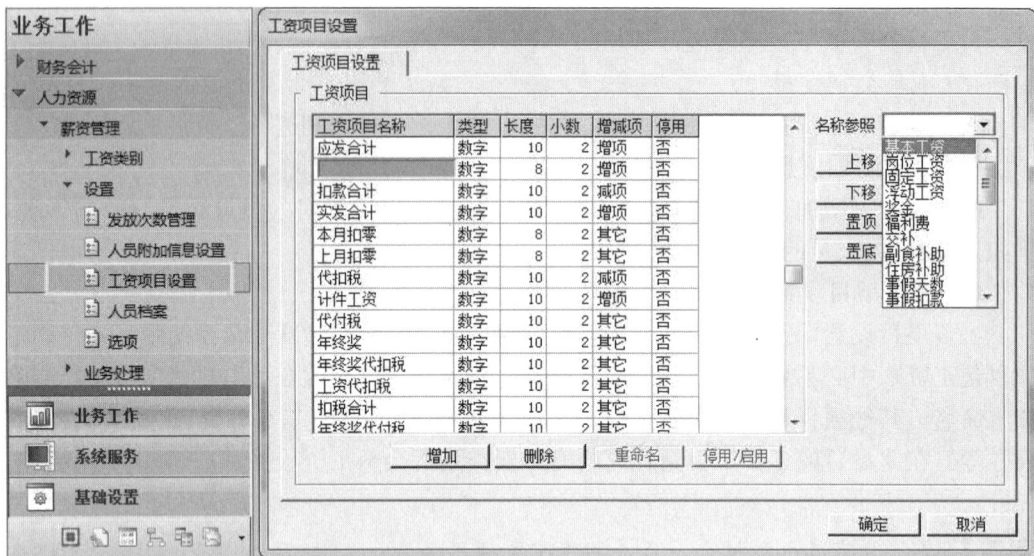

图5-6 设置工资项目

注意：系统提供若干常用工资项目供参考，可选择输入。对于参照中未提供的工资项目，可以双击"工资项目名称"一栏直接输入，或先从"名称参照"中选择一个项目，然后单击"重命名"按钮修改为需要的项目。

（5）银行名称设置

发放工资的银行可按需要设置多个，这里银行名称设置是针对所有工资类别的。例如，同一工资类别中的人员由于在不同的工作地点，需在不同的银行代发工资；或者不同的工资类别由不同的银行代发工资，均需设置相应的银行名称。

案例5-3 北京盛世科技公司位于北京中关村，代发工资银行为中国农业银行中关村分理处，账号定长为11。

【操作步骤】

① 在企业应用平台的"基础设置"中，执行"基础档案—收付结算—银行档案"命令，打开"银行档案"对话框，如图5-7所示。

② 单击"增加"按钮，弹出"增加银行档案"对话框。

③ 在基本信息中，增加银行编码"04001"、银行名称"农业银行中关村分理处"，选择个人账户规则"定长"、账号长度"11"，自动带出个人账号长度"7"。

④ 单击工具栏中![save]（保存）按钮，如图5-8所示。

图 5-7 设置银行档案

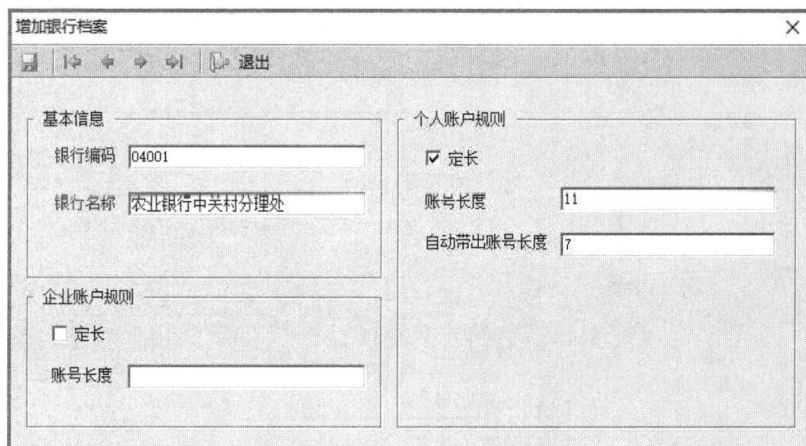

图 5-8 设置增加银行档案

5.2.2 日常处理

1. 工资类别管理

薪资管理系统是按工资类别来进行管理的。每个工资类别下有职工档案、工资变动、工资数据、报税处理、银行代发等。对工资类别的维护包括建立工资类别、打开工资类别、删除工资类别、关闭工资类别和汇总工资类别。

（1）建立工资类别

案例5-4 北京盛世科技公司分别对正式职工和临时职工进行工资核算。企业各部门均有正式职工，只有生产部有临时职工。

工资类别1：正式人员；工资类别2：临时人员。

部门选择：所有部门；部门选择：制造中心。

【操作步骤】

1. 建立正式人员工资类别

① 在薪资管理系统中，执行"工资类别—新建工资类别"命令，打开"新建工资类别"对话框。

② 在文本框中输入第一个工资类别"正式人员"，单击"下一步"按钮。

③ 选中"选定全部部门"复选框，单击"完成"按钮，如图5-9所示。

④ 系统弹出"是否以2020-01-01为当前工资类别的启用日期？"信息对话框，单击"是"按钮，返回薪资管理系统。

⑤ 执行"工资类别—关闭工资类别"命令，关闭"正式人员"工资类别。

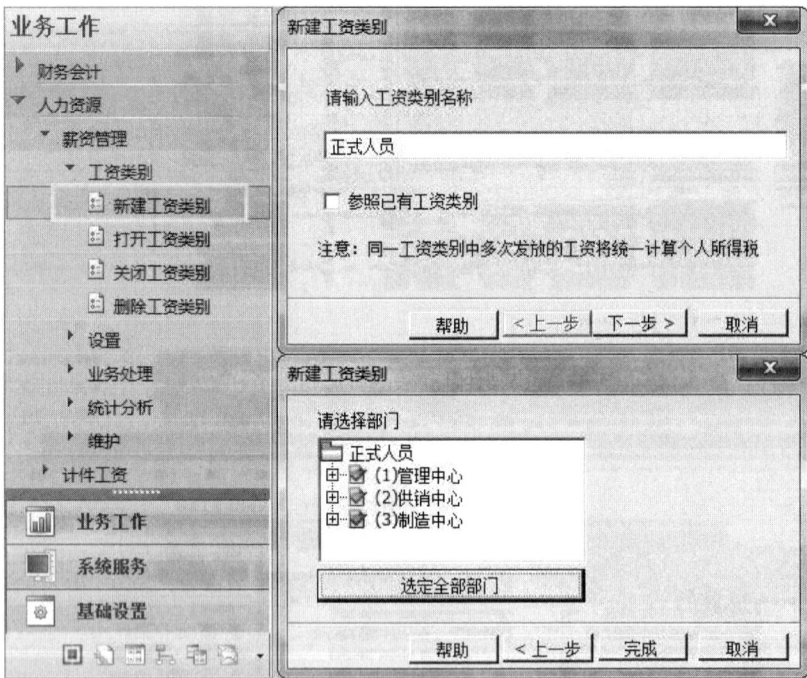

图5-9 新建工资类别——正式人员

2. 建立临时人员工资类别

① 执行"工资类别—新建工资类别"命令，打开"新建工资类别"对话框。

② 在文本框中输入第二个工资类别"临时人员"，单击"下一步"按钮。

③ 单击鼠标，选择制造中心及其下属部门，如图5-10所示。

④ 单击"完成"按钮，系统弹出"是否以2020-01-01为当前工资类别的启用日期？"

信息对话框,单击"是"按钮,返回薪资管理系统。

⑤ 执行"工资类别—关闭工资类别"命令,关闭"临时人员"工资类别。

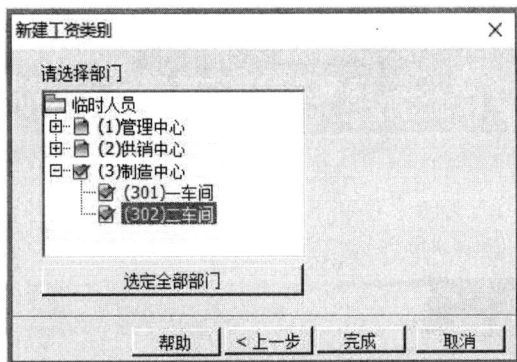

图 5-10 新建工资类别——临时人员

(2) 人员档案

人员档案的设置用于登记工资发放人员的姓名、职工编号、所在部门、人员类别等信息,此外员工的增减变动也必须在本功能中处理。人员档案的操作是针对某个工资类别的,即应先打开相应的工资类别。

人员档案管理包括增加、修改、删除人员档案,人员调离与停发处理,查找人员等。

案例 5-5 北京盛世科技公司正式职工的人员档案如表 5-2 所示。

表 5-2 正式职工的人员档案

人员编号	人员姓名	部门名称	人员类别	账 号	中方人员	是否计税	核算计件工资
101	赵辉	总经理办公室	企业管理人员	20200101101	是	是	否
102	陈明	财务部	企业管理人员	20200101102	是	是	否
103	王晶	财务部	企业管理人员	20200101103	是	是	否
104	马方	财务部	企业管理人员	20200101104	是	是	否
201	王丽	销售部	经营人员	20200101201	是	是	否
202	黄莹莹	销售部	经营人员	20200101202	是	是	否
211	白雪	采购部	经营人员	20200101211	是	是	否
212	李军亮	采购部	经营人员	20200101212	是	是	否
301	林晓峰	一车间	车间管理人员	20200101301	是	是	否
302	张洋	一车间	生产人员	20200101302	是	是	否
311	刘云帆	二车间	车间管理人员	20200101311	是	是	否
312	董刚	二车间	生产人员	20200101312	是	是	否

注:以上所有人员的代发银行均为农业银行中关村分理处。

【操作步骤】

① 执行"工资类别—打开工资类别"命令，打开"打开工资类别"对话框。

② 选择"001 正式人员"工资类别，单击"确定"按钮，如图 5 - 11 所示。

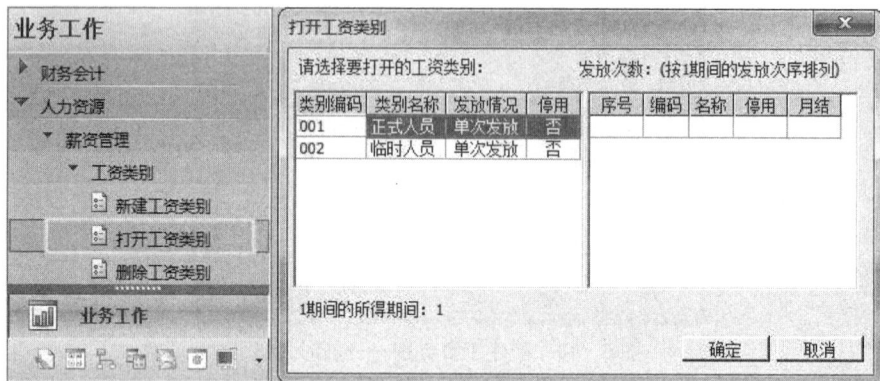

图 5 - 11 打开工资类别——正式人员

③ 在薪资管理系统中，执行"设置—人员档案"命令，进入"人员档案"窗口。

④ 单击工具栏中"批增"按钮，打开"人员批量增加"对话框。

⑤ 单击"查询"按钮，所选人员类别下的人员档案出现在右侧列表框中。单击"确定"按钮，如图 5 - 12 所示。

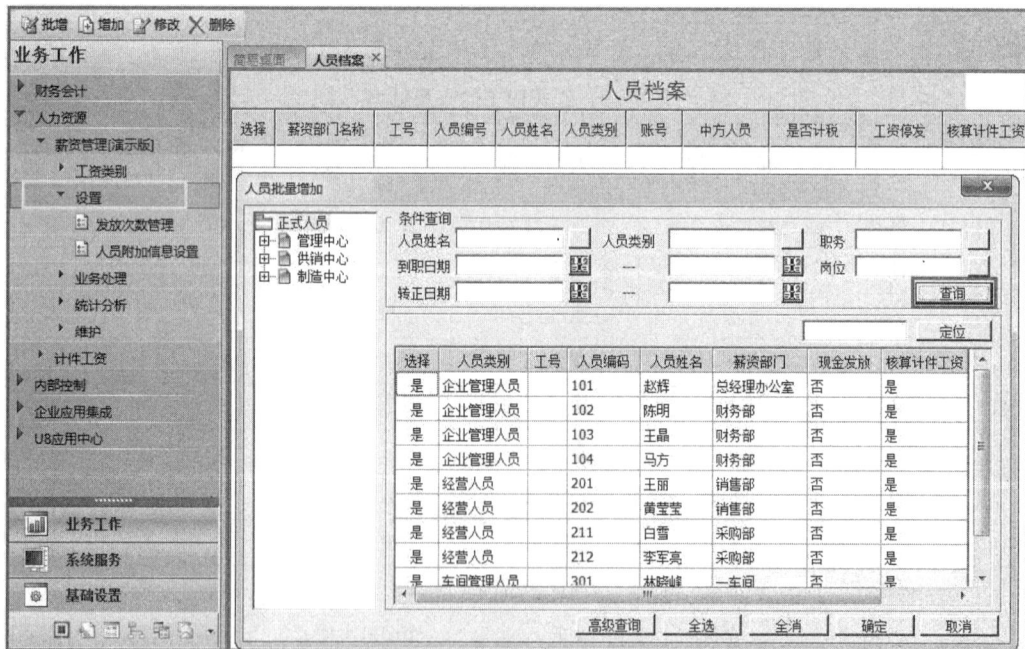

图 5 - 12 人员批量增加

⑥ 修改人员档案信息，补充输入银行账号信息、去掉核算计件工资选项。最后单击

工具栏中"退出"按钮,如图 5-13 所示。

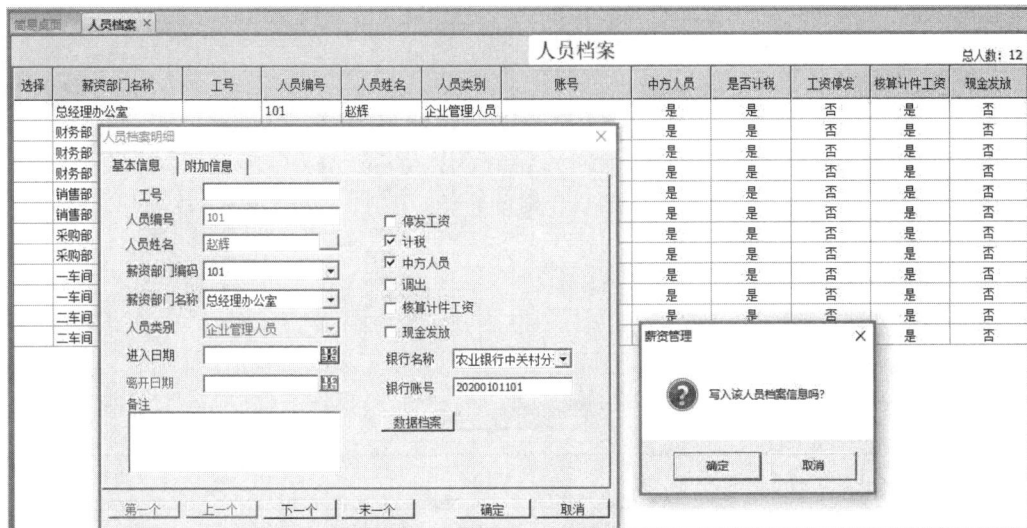

图 5-13　修改人员档案明细

（3）设置工资项目和计算公式

在系统初始设置中的工资项目包括本企业各种工资类别所需要的全部工资项目。由于不同工资类别,工资发放项目不同,计算公式也不同,因此应对某个指定工资类别所需的工资项目进行设置,并定义此工资类别的工资数据计算公式。

1）选择建立本工资类别的工资项目

这里只能选择系统初始设置中的工资项目,不可自行输入。工资项目的类型、长度、小数位数、增减项等不可更改。

案例 5-6　北京盛世科技公司正式职工工资项目包括基本工资、岗位津贴、奖金、应发合计、医疗保险、失业保险、养老保险、住房公积金、代扣税、其他扣款、扣款合计、实发合计和请假天数。

【操作步骤】

① 执行"设置—工资项目设置"命令,打开"工资项目设置"对话框。

② 打开"工资项目设置"选项卡,单击"增加"按钮,工资项目列表中增加一空行。

③ 单击"名称参照"下拉列表框,从下拉列表中选择"基本工资"选项,工资项目名称、类型、长度、小数、增减项都自动带出,不能修改。

④ 单击"增加"按钮,增加其他工资项目。

⑤ 所有项目增加完成后,单击"工资项目设置"窗口中的"上移"和"下移"按钮,按照实验资料所给顺序调整工资项目的排列位置,完成后单击"确定"按钮,系统保存设置的内容,如图 5-14 所示。

注意:工资项目不能重复选择。没有选择的工资项目不允许在计算公式中出现。不能删除已输入数据的工资项目和已设置计算公式的工资项目。

图 5-14 "工资项目设置"对话框

2）设置计算公式

它是指定义某些工资项目的计算公式及工资项目之间的运算关系。

例如,缺勤扣款＝基本工资÷月工作日×缺勤天数。

运用公式可直观表达工资项目的实际运算过程,灵活地进行工资计算处理。定义公式可通过选择工资项目、运算符、关系符、函数等组合来完成。

系统固定的工资项目"应发合计""扣款合计""实发合计"等的计算公式由系统根据工资项目设置的"增减项"自动给出。用户在此只能增加、修改、删除其他工资项目的计算公式。

定义工资项目计算公式要符合逻辑,系统将对公式进行合法性检查,不符合逻辑的计算公式系统将给出错误提示。定义公式时要注意先后顺序,先得到的数据应先设置公式。应发合计、扣款合计和实发合计公式应是公式定义框的最后 3 个公式,并且实发合计的公式要在应发合计和扣款合计公式之后。可通过单击公式框的▲、▼箭头按钮调整计算公式顺序。如出现计算公式超长,可将所用到的工资项目名称缩短(减少字符数),或设置过滤项目。定义公式时可使用函数公式向导参照输入。

案例 5-7 北京盛世科技公司正式职工工资类别和工资项目存在以下数据关系:

企业管理人员和车间管理人员岗位津贴为每月 1 000 元,经营人员和生产人员岗位津贴为每月 500 元。

应发合计＝基本工资＋岗位津贴＋奖金

养老保险＝应发合计×8%

医疗保险＝应发合计×2%

失业保险＝应发合计×1%

住房公积金＝应发合计×10％

其他扣款＝请假天数×80

扣款合计＝代扣款＋其他扣款＋住房公积金＋失业保险＋医疗保险＋养老保险

实发合计＝应发合计－扣款合计

【操作步骤】

1. 设置公式：养老保险＝应发工资×8％

① 在"工资项目设置"对话框中，打开"公式设置"选项卡。

② 单击"增加"按钮，在工资项目列表中增加一空行，单击该行，在下拉列表中选择"养老保险"选项。

③ 单击"公式定义"文本框，再单击运算符"("，单击工资项目列表中的"基本工资"，单击运算符"＋"，单击工资项目列表中的"岗位津贴"，单击运算符"＋"，单击工资项目列表中的"奖金"，单击运算符")"，单击运算符"＊"，在"＊"后单击，输入数字"0.08"，单击"公式确认"按钮，如图 5－15 所示。

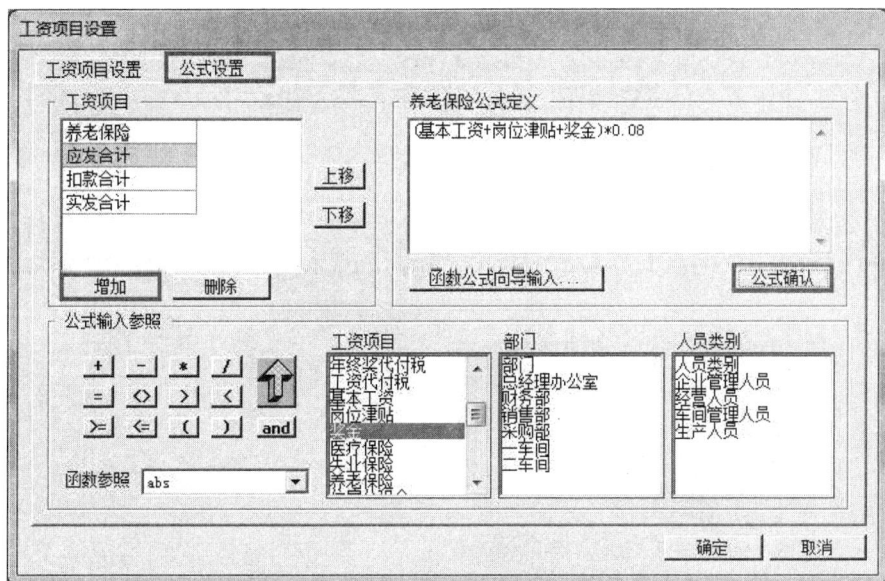

图 5－15　设置养老保险公式

2. 设置公式：岗位津贴＝iff(人员类别＝"企业管理人员"OR 人员类别＝"车间管理人员"，1 000,500)

① 单击"增加"按钮，在工资项目列表中增加一空行，单击该行，在下拉列表中选择"岗位津贴"选项。

② 单击"公式定义"文本框，再单击"函数公式向导输入"按钮，打开"函数向导——步骤之 1"对话框，如图 5－16 所示。

③ 从"函数名"列表中选择"iff"，单击"下一步"按钮，打开"函数向导——步骤之 2"对话框。

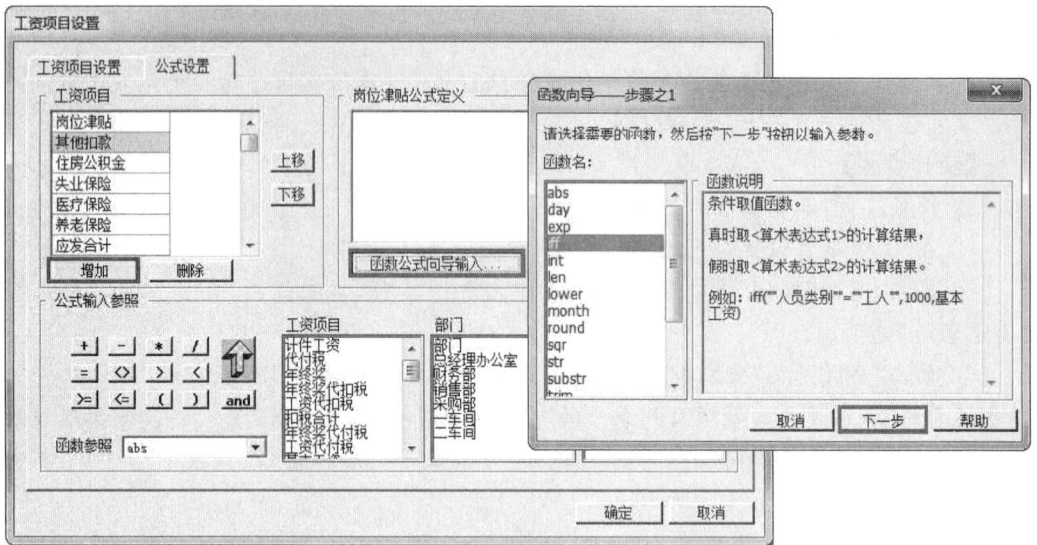

图 5 - 16 设置岗位津贴公式——选择函数

④ 单击"逻辑表达式" 🔍 (参照)按钮,打开"参照"对话框,从"参照"下拉列表中选择"人员类别"选项,从下面的列表中选择"企业管理人员",单击"确定"按钮,如图 5 - 17 所示。

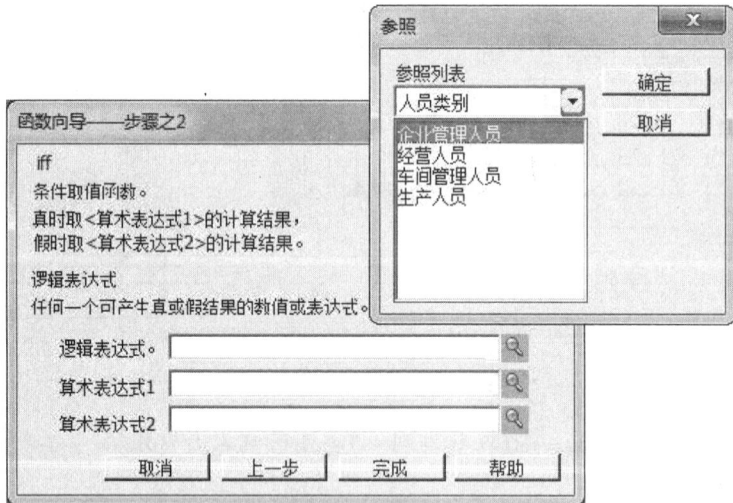

图 5 - 17 设置岗位津贴公式——逻辑表达式

⑤ 在逻辑表达式文本框中的公式后单击鼠标,输入"OR"后,再次单击"逻辑表达式"参照按钮,出现"参照"对话框,从"参照"下拉列表中选择"人员类别"选项,从下面的列表中选择"车间管理人员",单击"确定"按钮,返回"函数向导——步骤之 2"对话框。

注意:在 OR 前后应有空格。

⑥ 在"算术表达式 1"后的文本框中输入"1 000",在"算术表达式 2"后的文本框中输入

"500"，单击"完成"按钮，返回"公式设置"窗口，单击"公式确认"按钮，如图 5-18、图 5-19 所示。

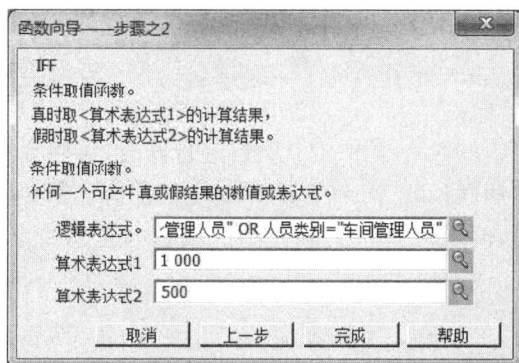

图 5-18　设置岗位津贴公式——设置条件取值函数

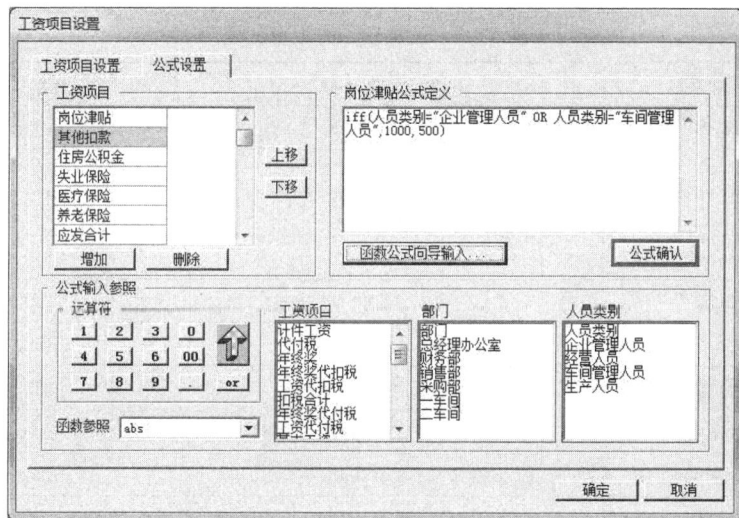

图 5-19　设置完成岗位津贴公式

⑦ 自行设置其他的计算公式。

⑧ 单击"确定"按钮，退出公式设置。

2. 工资数据管理

第一次使用薪资管理系统必须将所有人员的基本工资数据录入计算机，平时如每月发生工资数据的变动也再次进行调整。为了快速、准确地录入工资数据，系统提供了以下功能：

（1）筛选和定位

如果对部分人员的工资数据进行修改，最好采用数据过滤的方法，先将需要修改的人员过滤出来，然后进行工资数据修改。修改完毕后进行"重新计算"和"汇总"。

（2）页编辑

"工资变动"窗口提供了"编辑"按钮，可以对选定的个人进行快速录入。单击"上一人""下一人"按钮可变更人员,录入或修改其他人员的工资数据。

（3）替换

将符合条件的人员的某个工资项目的数据统一替换成某个数据。如管理人员的奖金上调 100 元。

（4）过滤器

如果只对工资项目中的某一个或几个项目进行修改,可将要修改的项目过滤出来。例如,只对"事假天数""病假天数"两个工资项目的数据进行修改。对常用到的过滤项目可以在项目过滤选择后,输入一个名称进行保存,以后可通过过滤项目名称进行调用,不用时也可以删除。

案例 5-8 北京盛世科技公司的工资数据。

① 1 月月初正式职工的工资数据如表 5-3 所示。

表 5-3 正式职工的工资数据   元

姓　名	基本工资	奖　金
赵辉	6 000.00	800.00
陈明	4 000.00	500.00
王晶	3 000.00	300.00
马方	3 500.00	300.00
王丽	5 500.00	450.00
黄莹莹	4 000.00	300.00
白雪	4 000.00	300.00
李军亮	3 000.00	200.00
林晓峰	4 000.00	450.00
张洋	3 500.00	350.00
刘云帆	4 500.00	450.00
董刚	3 500.00	350.00

② 1 月月初工资变动情况。

考勤情况:王丽请假 2 天;白雪请假 1 天。

人员调动情况:因需要,决定招聘杨力帆（编号 213）到采购部担任经营人员,以补充力量,其基本工资 3 000.00 元,无奖励工资,代发工资银行账号:20200101213。

发放奖金情况:因去年销售部推广产品业绩较好,每人增加奖励工资 500.00 元。

【操作步骤】

1. 人员变动

① 在企业应用平台中,执行"基础设置—基础档案—机构人员—人员档案"命令,进入"人员档案"对话框

② 单击"增加"按钮,输入新增人员"杨力帆"的详细档案资料。

③ 单击"确认"按钮,返回"人员档案"对话框,单击工具栏中"退出"按钮。

④ 在薪资管理系统正式人员工资类别中,选择"设置—人员档案"命令,增加杨力帆的档案资料。

2. 输入正式人员基本工资数据

① 执行"业务处理—工资变动"命令,进入"工资变动"对话框。

② 单击"过滤器"下拉列表框,从中选择"过滤设置"选项,打开"项目过滤"对话框。

③ 选择"工资项目"列表框中的"基本工资"和"奖金"选项,单击">"按钮,将这两项选入"已选项目"列表框中,如图 5-20 所示。

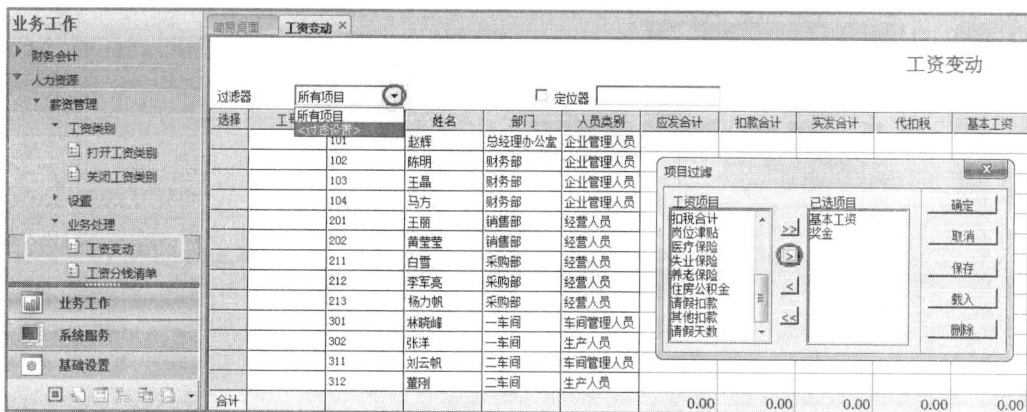

图 5-20　过滤工资变动项目

④ 单击"确认"按钮,返回"工资变动"对话框,此时每个人的工资项目只显示两项。

⑤ 输入"正式人员"工资类别的工资数据,如图 5-21 所示。

注意:这里只需输入没有进行公式设定的项目,如基本工资、奖金和请假天数等,其余各项由系统根据计算公式自动计算生成。

⑥ 单击"过滤器"下拉列表框,从中选择"所有项目"选项,屏幕上显示所有工资项目。

图 5-21　录入工资数据

3. 输入正式人员工资变动数据

① 输入考勤情况:王丽请假 2 天,白雪请假 1 天。

② 单击"全选"按钮,人员前面的"选择"栏中出现选中标记"Y"。

③ 单击工具栏中"替换"按钮,单击"将工资项目"下拉列表框,从中选择"奖金"选项,在"替换成"文本框中,输入"奖金+500"。

④ 在"替换条件"文本框中分别选择"部门""=""销售部",单击"确定"按钮,系统弹出"数据替换后将不可恢复。是否继续?"信息提示对话框,单击"是"按钮,如图 5-22 所示。

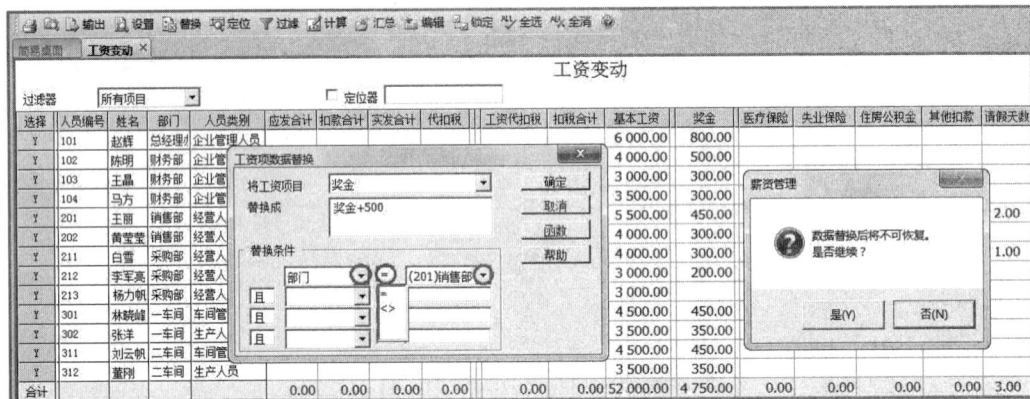

图 5-22　工资变动之替换

⑤ 系统弹出"2 条记录被替换,是否重新计算?"信息提示对话框,单击"是"按钮,系统自动完成工资计算。

4. 数据计算与汇总

① 在"工资变动"对话框,单击工具栏中"计算"按钮,计算工资数据。

② 单击工具栏中"汇总"按钮,汇总工资数据,如图 5-23 所示。

图 5-23　工资变动后的数据

3. 工资分钱清单

工资分钱清单是按企业计算的工资发放分钱票面额清单,会计人员根据此表从银行取款并发给各部门。系统提供了票面额设置的功能,用户可根据企业需要自由设置,系统根据实发工资项目分别自动计算出按部门、按人员、按企业各种面额的张数。

4. 个人所得税的计算与申报

鉴于许多企事业单位计算职工工资薪金所得税工作量较大,本系统特提供了个人所得税自动计算功能,用户只需自定义所得税税率,系统自动计算个人所得税。

5. 银行代发

目前社会上许多单位发放工资时都采用职工凭工资卡去银行取款。银行代发业务处理是指每月月末企业应向银行提供银行给定文件格式的软盘。这样做既减轻了财务部门发放工资的繁重工作,又有效地避免了财务去银行提取大笔款项所承担的风险,同时还提高了员工个人工资的保密程度。

6. 工资分摊

工资是费用中人工费最主要的部分,还需要对工资费用进行工资总额的计提计算、分配及各种经费的计提,并编制转账会计凭证,供登账处理之用。

案例 5-9 北京盛世科技公司应付工资总额等于工资项目"实发合计",职工福利费、工会经费、职工教育经费、养老保险等也以此为计提基数。

工资费用分配的转账分录如表 5-4 所示。

表 5-4 工资费用分配的转账分录

工资分摊　　　　部　　门		应付工资		职工福利费(14%)		工会经费(2%)		职工教育经费(8%)	
		借方科目	贷方科目	借方科目	贷方科目	借方科目	贷方科目	借方科目	贷方科目
总经理办公室财务部	企业管理人员	660201		660202					
销售部	经营人员	6601		6601					
采购部	经营人员	660201	221101	660202	221102	660207	221103	660207	221104
一车间	车间管理人员	510102		510102					
二车间	生产工人	500102		500102					

【操作步骤】

1. 工资分摊类型设置

① 执行"业务处理—工资分摊"命令,打开"工资分摊"对话框。

② 单击"工资分摊设置"按钮,如图 5-24 所示。打开"分摊类型设置"对话框。

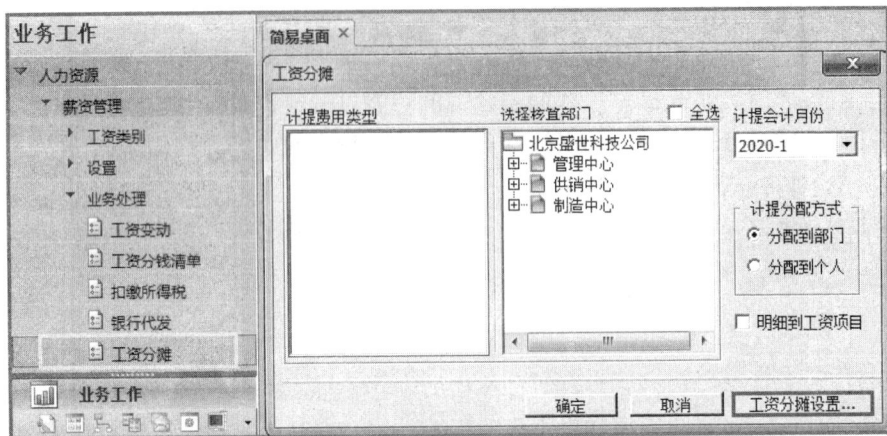

图 5 - 24　"工资分摊"对话框

③ 单击"增加"按钮,打开"分摊计提比例设置"对话框。

④ 输入计提类型名称为"应付工资";单击"下一步"按钮,如图 5 - 25 所示。打开"分摊构成设置"对话框。

⑤ 按资料内容进行设置。返回"分摊类型设置"对话框。继续设置职工福利费、工会经费、职工教育经费等分摊计提项目,如图 5 - 26 所示。

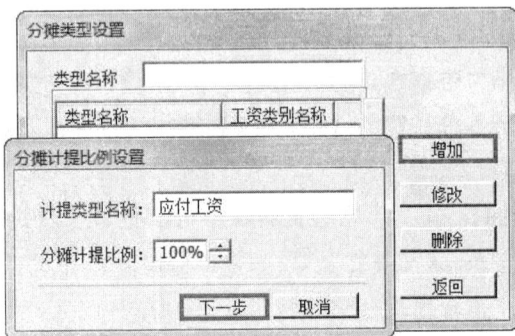

注意:如果科目设置了辅助核算,必须选择相应的项目大类和项目。本例选择项目大类"生产成本"、项目"阳光Ⅰ型"。

图 5 - 25　设置分摊计提比例

图 5 - 26　设置分摊构成

2. 分摊工资费用

① 执行"业务处理—工资分摊"命令,打开"工资分摊"对话框。

② 选择需要分摊的计提费用类型,确定分摊计提的月份"2020 - 01"。

③ 选择核算部门"管理中心""供销中心""制造中心"。

④ 选中"明细到工资项目"复选框。

⑤ 单击"确定"按钮,如图 5 - 27 所示。

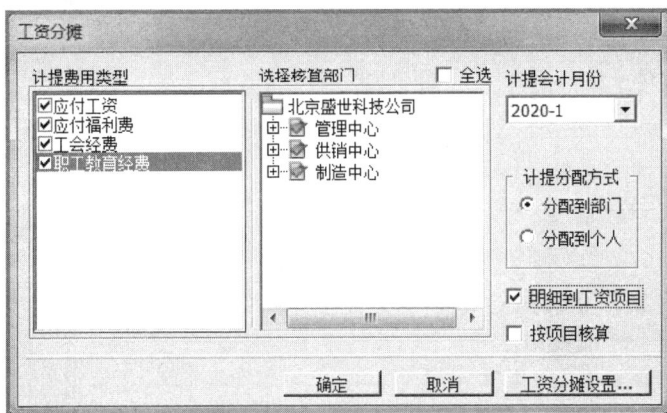

图 5 - 27　分摊工资费用

⑥ 打开"应付工资一览表"窗口,如图 5 - 28 所示。

应付工资一览表

类型 应付工资　　　　　　　　　　　　　　　　　　　　　　计提会计月份　1月

部门名称	人员类别	应发合计		
		分配金额	借方科目	贷方科目
总经理办公室	企业管理人员	7 800.00	660201	221101
财务部		14 600.00	660201	221101
销售部	经营人员	12 250.00	6601	221101
采购部		12 000.00	660201	221101
一车间	车间管理人员	5 950.00	510101	221101
	生产人员	4 350.00	500102	221101
二车间	车间管理人员	5 950.00	510101	221101
	生产人员	4 350.00	500102	221101

记录数: 8

图 5 - 28　"应付工资一览表"窗口

⑦ 选中"合并科目相同、辅助项相同的分录"复选框,单击工具栏中"制单"按钮,即生成记账凭证。

⑧ 单击凭证左上角的"字"位置,选择"转账凭证",输入附单据数,单击"保存"按钮,凭证左上角出现"已生成"字样,代表该凭证已传递到总账管理系统,如图 5 - 29 所示。

注意:核算项目科目选择"阳光Ⅰ型"项目。

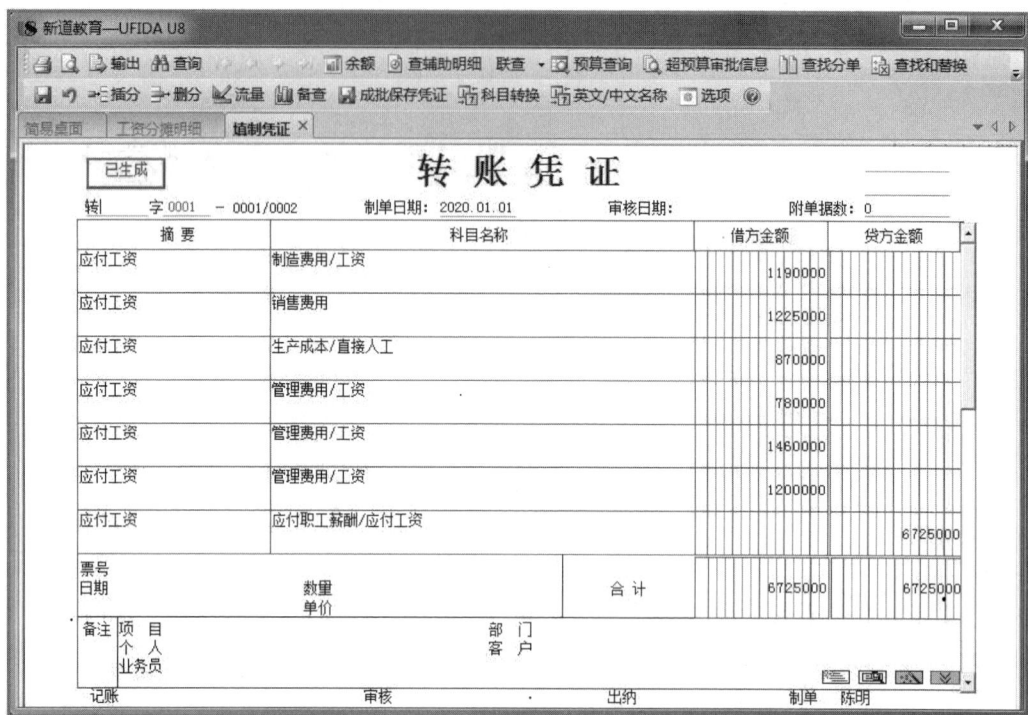

图 5-29　应付工资凭证

7. 工资数据查询统计

工资数据处理结果最终通过工资报表的形式来反映,薪资管理系统提供了主要的工资报表,报表的格式由系统提供。如果对报表提供的固定格式不满意,可以通过"修改表"和"新建表"功能自行设计。

（1）工资表

工资表包括工资发放签名表、工资发放条、工资卡、部门工资汇总表、人员类别工资汇总表、条件汇总表、条件统计表、条件明细表、工资变动明细表、工资变动汇总表等由系统提供的原始表。它主要用于本月工资的发放和统计。工资表可以进行修改和重建。

（2）工资分析表

工资分析表是以工资数据为基础,对部门、人员类别的工资数据进行分析和比较,产生各种分析表,供决策人员使用。

案例 5-10　北京盛世科技公司制造中心聘有临时工。

① 临时职工的人员档案如表 5-5 所示。

表 5-5 临时职工的人员档案

人员编码	人员姓名	部门名称	人员类别	账 号	中方人员	是否计税	计件工资
303	刘超然	一车间	生产人员	20200101303	是	是	是
313	罗敏航	二车间	生产人员	20200101313	是	是	是

② 工资标准。计件工资标准:工时。标准工序:01 组装;02 检验。

③ 计件工价的设置(见表 5-6)。

表 5-6 计件工价的设置

工序说明	计件单价/(元/件)
组装	35.00
检验	20.00

④ 临时工的工资情况如表 5-7 所示。

表 5-7 临时工的工资情况

姓 名	日 期	组装工时	检验工时
刘超然	2020-01-31	180	
罗敏航	2020-01-31		200

【操作步骤】

1. 人员档案设置

在完成正式人员工资数据的处理后,打开临时人员工资类别,参照正式人员工资类别初始设置及数据处理方式完成临时人员工资处理。

在"基础档案"中增加临时人员档案,然后在薪资管理系统临时人员工资类别中,设置发放工资人员的其他必要信息。

注意:应设置"核算计件工资"标志。

① 执行"薪资管理—人员类别—打开工资类别"命令,打开"打开工资类别"对话框,双击"002 临时人员"这一行,单击"确定"按钮。

② 执行"设置—选项"命令,打开"选项"对话框。

③ 选择"参数设置"选项卡,单击"编辑"按钮,单击"是否核算计件工资"复选框,单击"确定"按钮,如图 5-30 所示。

2. 计件要素设置

① 在计件工资中,执行"设置—计件要素设置",打开"计件要素设置"对话框。

② 查看是否包括"工序"计件要素并为"启用"状态。

③ 单击"编辑"按钮,单击"增加"按钮,输入名称"工时"、数据类型"数值型",其余默认即可,如图 5-31 所示。

3. 工序设置

① 在基础档案设置中,执行"生产制造—标准工序资料维护"命令,进入"标准工序资料维护"对话框。

② 单击"增加"按钮,增加"组装"和"检验"两种工序,如图 5-32 所示。

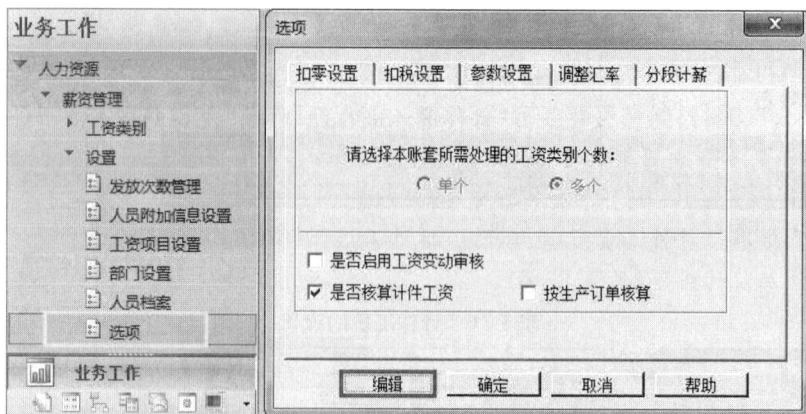

图 5-30 选择核算计件工资

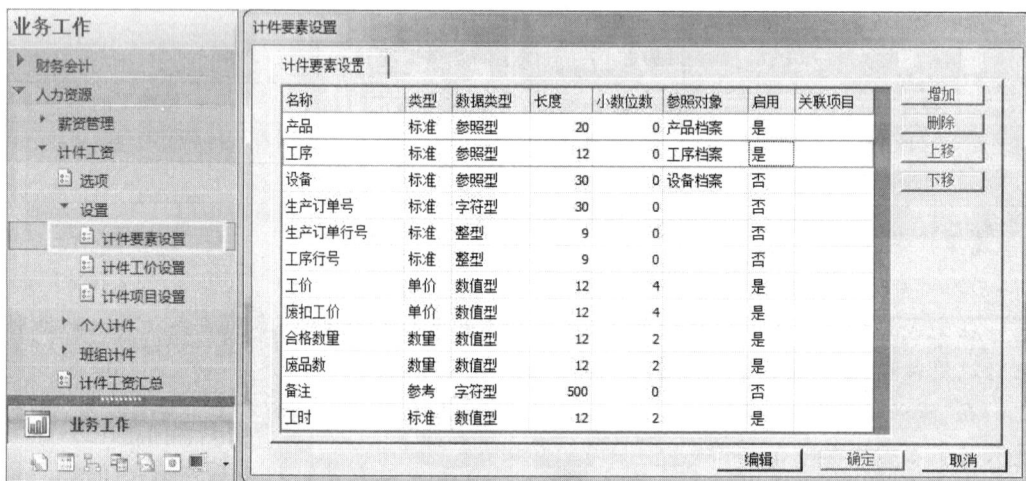

图 5-31 设置计件要素

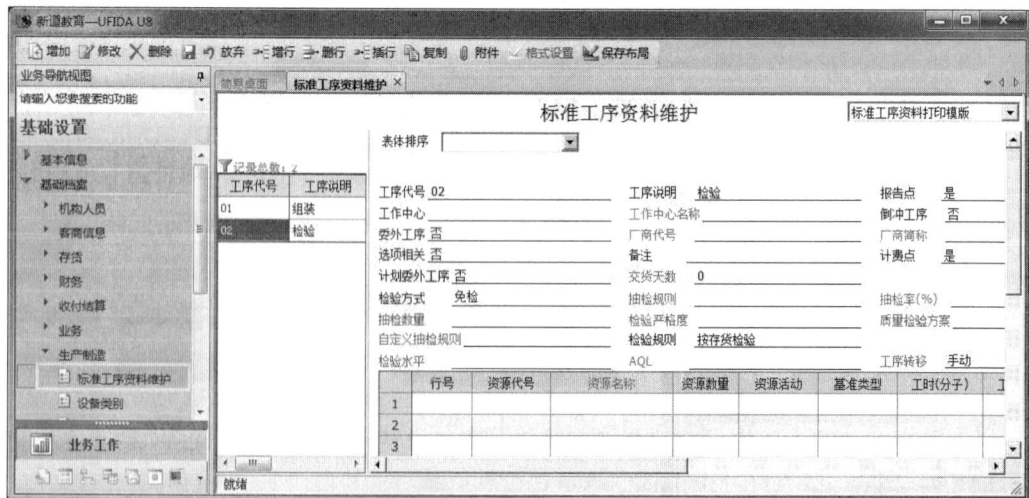

图 5-32 维护标准工序资料

4. 计件工价设置

① 在计件工资中,执行"设置—计件工价设置"命令,进入"计件工价设置"对话框。

② 单击工具栏中"增加"按钮,选择工序"01",对话框自动显示工序编码"01"、工序"组装"、工价"45",单击工具栏中 ![save] (保存)按钮。

③ 同理,输入"02检验"的"工价",如图5-33所示。

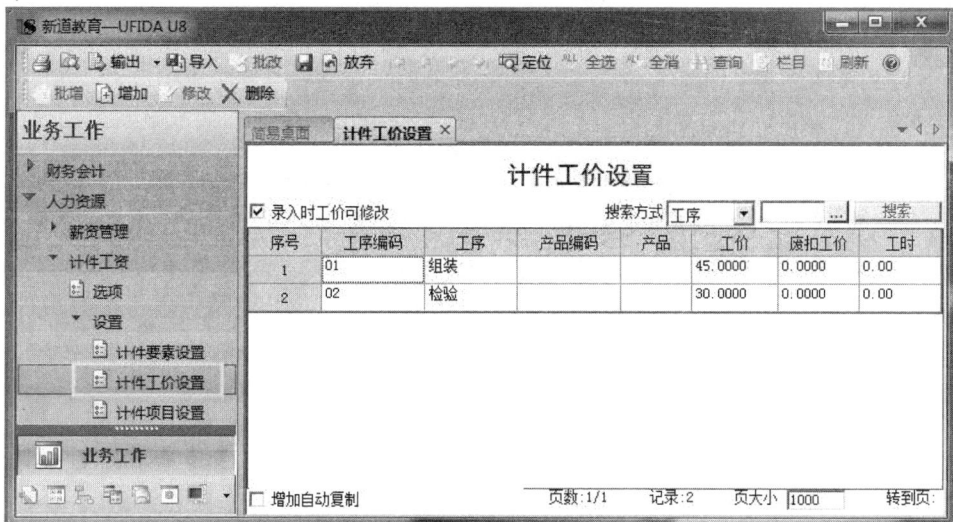

图5-33 设置计件工价

5. 计件工资统计

① 在计件工资中,执行"个人计件—计件工资录入"命令,进入"计件工资录入"对话框。

② 选择工资类别"临时人员"、部门"制造中心",单击工具栏中"批增"按钮,进入"计件数据录入"对话框。

③ 选择姓名"刘超然"、部门"一车间"、计件日期"2020-01-31"。单击"增行"按钮,输入"01组装"、工时"180"、数量"180",单击"计算"按钮,再单击"确定"按钮,如图5-34所示。

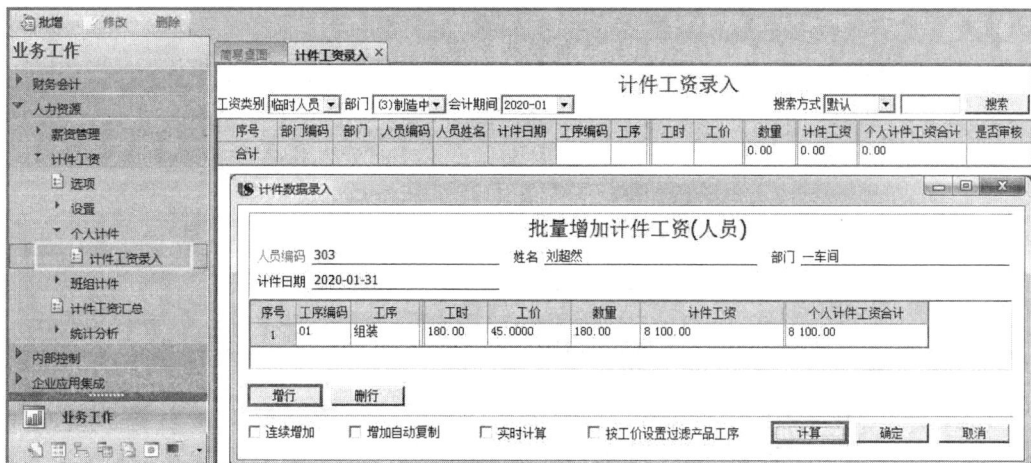

图5-34 录入计件数据

④ 同理,输入其他计件工资统计数据。

注意:数量是计件工时,需要自己手工录入。

⑤ 全部输入完成后,单击"审核"按钮,对录入的计件工资数据进行审核,如图 5-35 所示。

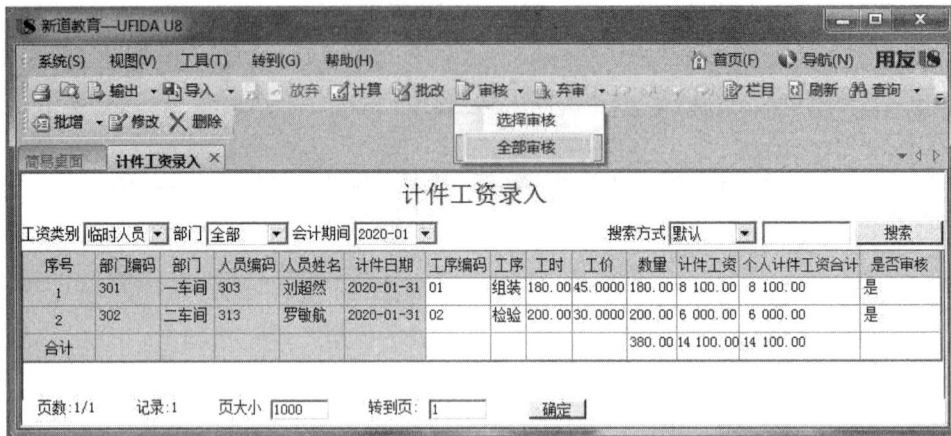

图 5-35 录入审核计件工资

6. 计件工资汇总处理

执行"计件工资汇总"命令,选择工资类别"临时人员"、部门"制造中心",单击"汇总"按钮,进行计件工资汇总处理,如图 5-36 所示。

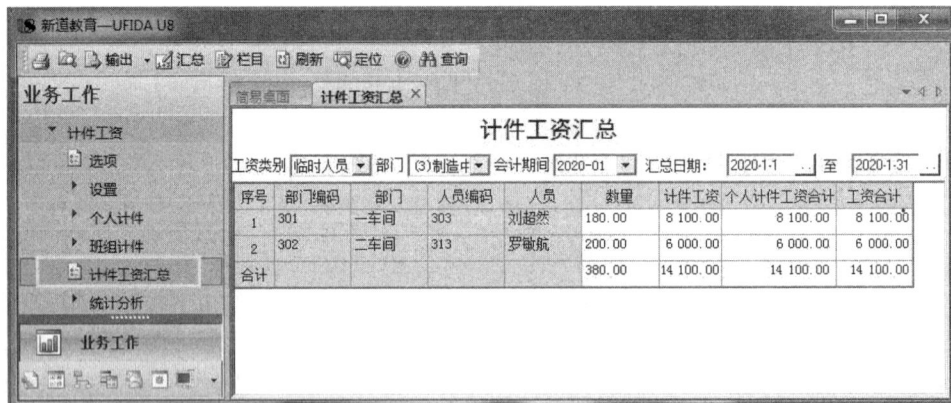

图 5-36 汇总计件工资

5.2.3 期末处理

1. 月末结转

月末处理是将当月数据经过处理后结转至下月。每月工资数据处理完毕后均可进行月末结转。由于在工资项目中,有的项目是变动的,即每月的数据均不相同,在每月工资处理时,均需将其数据清零,而后输入当月的数据,此类项目即清零项目。

因月末处理功能只有主管人员才能执行,所以应以主管的身份登录系统。

月末结转只有在会计年度的 1—11 月进行,且只有在当月工资数据处理完毕后才能进行。若为处理多个工资类别,则应打开工资类别分别进行月末结转。若本月工资数据未汇总,系统将不允许进行月末结转。进行期末处理后,当月数据将不允许变动。

案例 5 - 12　月末对薪资管理系统进行月末处理。

【操作步骤】

① 执行"业务处理—月末处理"命令,打开"月末处理"对话框,如图 5 - 37 所示。

② 单击"确定"按钮,系统弹出"月末处理之后,本月工资将不许变动,继续月末处理吗?"信息提示对话框,单击"是"按钮,系统继续弹出"是否选择清零项?"信息提示对话框,单击"是"按钮,打开"选择清零项目"对话框,如图 5 - 38 所示。

③ 在"请选择清零项目"列表框中,单击鼠标选择"请假天数""请假扣款"和"奖金"项目,单击">"按钮,将所选项目移动到右侧的列表框中。

④ 单击"确定"按钮,系统弹出"月末处理完毕!"信息提示对话框,单击"确定"按钮返回,如图 5 - 39 所示。

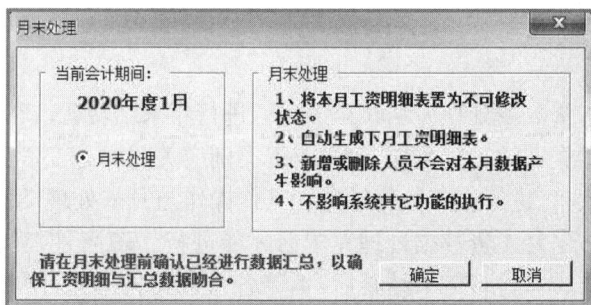

图 5 - 37　月末处理

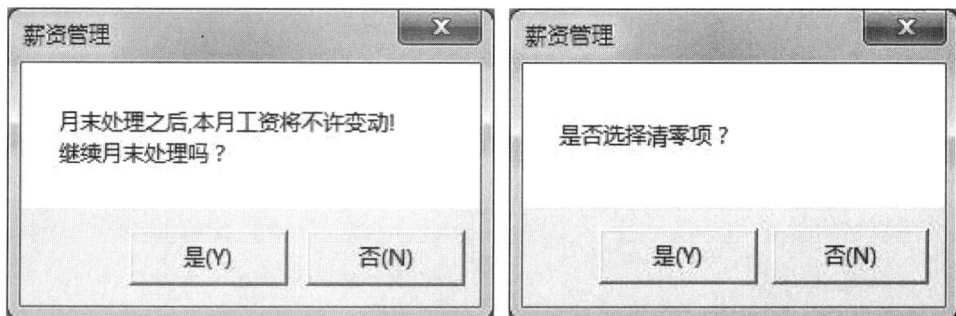

图 5 - 38　薪资管理

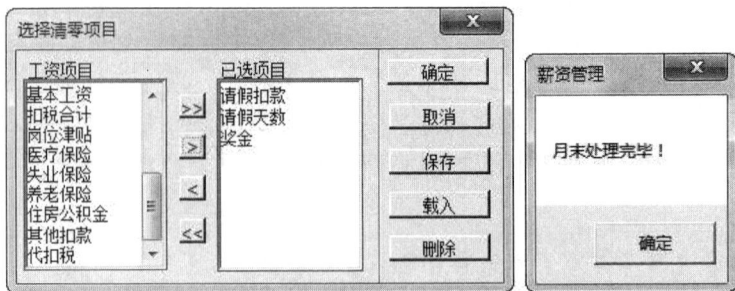

图 5-39　选择清理项目与"月末处理完毕!"提示框

⑤ 以此类推,完成"临时人员"工资类别的月末处理。

注意:

① 月末结转只有在会计年度的 1—11 月进行。

② 如果是处理多个工资类别,则应打开工资类别分别进行月末结算。

③ 如果本月工资数据未汇总,系统将不允许进行月末结转。

④ 进行期末处理后,当月数据将不再允许变动。

⑤ 月末处理功能只有主管人员才能执行。

2. 年末结转

年末结转是将工资数据处理后结转至下年。进行年末结转后,新年度账将自动建立。只有处理完所有工资类别的工资数据,对多工资类别应关闭所有工资类别,才能在系统管理中选择"年度账"菜单,进行上年数据结转。其他操作与月末处理类似。

年末处理只有在当月工资数据处理完毕后才能进行。若当月工资数据未汇总,系统将不允许进行年末结转。进行年末结转后,本年各月数据将不允许变动。若用户跨月进行年末结转,系统将给予提示。年末处理功能只有主管人员才能进行。

5.3　课程思政

1. 课程思政要点

国家减税降费,实施个税专项附加扣除,体现出国家尊重人民的权益,也反映出国家治理水平的提高,进一步激励学生的爱国情怀。同时让学生明白依法扣缴个人所得税是每个公民应尽的义务。

2. 课程思政内容

个人所得税专项附加扣除包括子女教育、继续教育、大病医疗、住房贷款利息或者住房租金、赡养老人六项专项附加扣除。

（1）子女教育

纳税人的子女接受全日制学历教育的相关支出,按照每个子女每月 1 000 元的标准定额扣除。享受符合子女教育专项附加扣除的计算时间为学前教育阶段和学历教育阶段。学前教育阶段,为子女年满 3 周岁当月至小学入学前一月。学历教育,为子女接受全日制学历教育入学的当月至全日制学历教育结束的当月。

（2）继续教育

纳税人在中国境内接受学历（学位）继续教育的支出,在学历（学位）教育期间按照每月 400 元定额扣除。同一学历（学位）继续教育的扣除期限不能超过 48 个月。纳税人接受技能人员职业资格继续教育、专业技术人员职业资格继续教育的支出,在取得相关证书的当年,按照 3 600 元定额扣除。

（3）大病医疗

在一个纳税年度内,纳税人发生的与基本医保相关的医药费用支出,扣除医保报销后个人负担（指医保目录范围内的自付部分）累计超过 15 000 元的部分,由纳税人在办理年度汇算清缴时,在 80 000 元限额内据实扣除。

（4）住房贷款利息

纳税人本人或者配偶单独或者共同使用商业银行或者住房公积金个人住房贷款为本人或者其配偶购买中国境内住房,发生的首套住房贷款利息支出,在实际发生贷款利息的年度,按照每月 1 000 元的标准定额扣除,扣除期限最长不超过 240 个月。纳税人只能享受一次首套住房贷款的利息扣除。首套住房贷款是指购买住房享受首套住房贷款利率的住房贷款。

（5）住房租金

纳税人在主要工作城市没有自有住房而发生的住房租金支出,可以按照以下标准定额扣除：

① 直辖市、省会（首府）城市、计划单列市以及国务院确定的其他城市,扣除标准为每月 1 500 元。

② 除第一项所列城市以外,市辖区户籍人口超过 100 万的城市,扣除标准为每月 1 100 元;市辖区户籍人口不超过 100 万的城市,扣除标准为每月 800 元。纳税人的配偶在纳税人的主要工作城市有自有住房的,视同纳税人在主要工作城市有自有住房。

（6）赡养老人

纳税人赡养一位及以上被赡养人的赡养支出,统一按照以下标准定额扣除：

① 纳税人为独生子女的,按照每月 2 000 元的标准定额扣除。

② 纳税人为非独生子女的,由其与兄弟姐妹分摊每月 2 000 元的扣除额度,每人分摊的额度不能超过每月 1 000 元。可以由赡养人均摊或者约定分摊,也可以由被赡养人指定分摊。约定或者指定分摊的须签订书面分摊协议,指定分摊优先于约定分摊。具体分摊方式和额度在一个纳税年度内不能变更。

第6章　固定资产管理

6.1　系统概述

6.1.1　功能概述

固定资产是企业正常生产经营的必要条件,正确管理和核算企业的固定资产,对于保护企业资产完整,保证再生产资金来源具有重要意义。

1. 固定资产管理系统的任务

用友 ERP-U8 固定资产管理系统主要用于完成企业固定资产日常业务的核算和管理,生成固定资产卡片,按月反映固定资产的增加、减少、原值的变化及其他变动情况;自动计提固定资产折旧,根据固定资产的使用部门和类别分摊折旧费用,计提固定资产减值准备,生成记账凭证。同时输出固定资产变动明细账以及一些与设备管理相关的报表和账簿。

2. 固定资产管理系统的特点

① 数据量大且保存时间长。

② 数据处理方法比较简单。计提折旧的处理只需在初始设置中定义各种折旧方法及其计算公式,月末系统会自动完成每项固定资产的折旧计提,并根据设置的折旧费用科目,系统会自动地完成折旧费用分配,生成自动转账凭证和报表。

③ 数据处理频率较低。固定资产的增减变动并不是企业经常发生的业务,此类数据处理的频率极低,且固定资产折旧的计提及报表分析、输出一般每个月处理一次即可。

6.1.2　固定资产管理系统与其他系统的主要关系

固定资产管理系统中资产的增加、减少,以及原值和累计折旧的调整、折旧计提都要将有关数据通过记账凭证的形式传输到总账管理系统;同时通过对账保持固定资产账目与总账的平衡,并可以修改、删除以及查询凭证。固定资产管理系统为成本核算系统提供计提折旧有关的费用数据。UFO 报表系统也可以通过相应的取数函数从固定资产管理系统中提取、分析数据。

6.1.3　固定资产管理系统的业务处理流程

固定资产核算流程如图 6-1 所示。它主要包括固定资产增加的处理、固定资产减少的处理、变动单的处理、折旧的处理和减值准备的处理,以及将相关的凭证传递到总账管理系统和成本核算系统进行必要的数据处理。

① 固定资产增加时,根据新固定资产资料增加新的卡片,添加固定资产增加记录;

② 固定资产减少时,根据固定资产减少资料进行资产减少处理,添加固定资产减少记录;

③ 固定资产发生各种变动时,根据变动资料增加变动单,添加变动单记录;

④ 根据固定资产卡片的记录和相应的折旧方法计提折旧;

⑤ 根据已计提折旧,按照所属的不同部门或不同的资产类别,进行折旧费用分配;

⑥ 根据成本与可变现净值孰低的原则,进行减值准备的计提处理;

⑦ 根据固定资产增减变动、计提折旧、计提减值准备等的处理,月末进行汇总过账,将相关的数据、凭证传递到总账管理系统或成本核算系统。

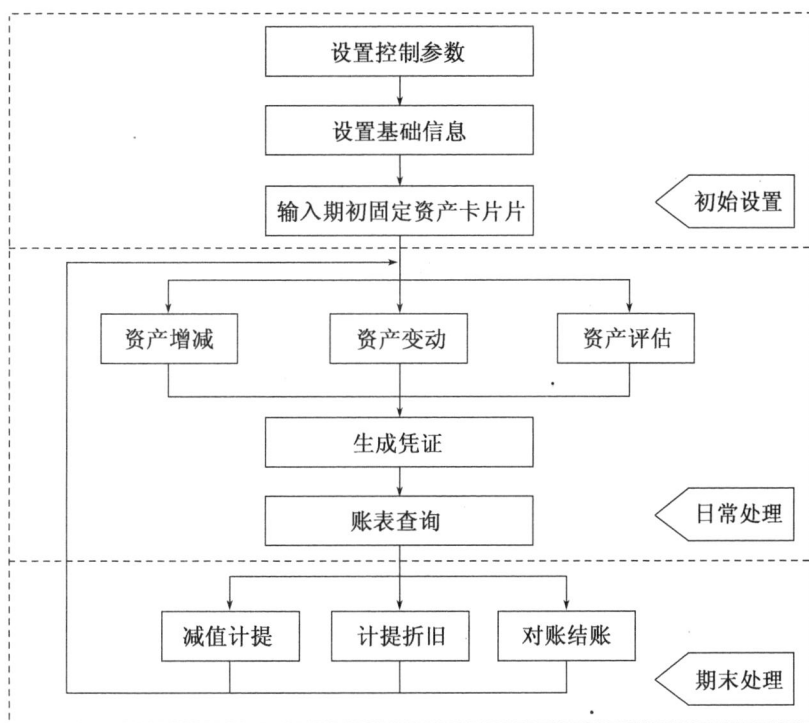

图 6-1　固定资产管理系统的业务处理流程

6.2　固定资产管理系统的业务处理

6.2.1　初始设置

固定资产管理系统初始设置是根据用户单位的具体情况,建立一个适合的固定资产子账套的过程。初始设置包括控制参数设置、基础数据设置、输入期初固定资产卡片。

1. 控制参数设置

控制参数包括约定与说明、启用月份、折旧信息、编码方式,以及财务接口等。这些参数在初次启用固定资产管理系统时设置,其他参数可以在"选项"中补充。

注意:本章节案例操作必须在期初余额录入并试算平衡后,填制凭证之前来进行操作。

案例6-1 对北京盛世科技公司固定资产账套进行初始化。

控制参数的资料如表6-1所示。

表6-1 控制参数的资料

控制参数	参数设置
约定与说明	
启用月份	2020-01
折旧信息	本账套计提折旧 折旧方法:平均年限法(一) 折旧汇总分配周期:1个月 当(月初已计提月份＝可使用月份-1)时,将剩余折旧全部提足
编码方式	资产类别编码方式:2112 固定资产编码方式: 　按"类别编码＋部门编码＋序号"自动编码; 　卡片序号长度为3
财务接口	与账务系统进行对账 对账科目: 　固定资产对账科目:固定资产(1601) 　累计折旧对账科目:累计折旧(1602)
补充参数	业务发生后立即制单 月末结账前一定要完成制单登账业务 固定资产缺省入账科目:1601 累计折旧缺省入账科目:1602 减值准备缺省入账科目:1603 增值税进项税额缺省入账科目:22210101 固定资产清理缺省入账科目:1606

【操作步骤】

1. 在企业应用平台中启用并注册固定资产管理系统

① 以001陈明的身份进入企业应用平台(登录日期为2020-01-01),执行"基础设置—基础信息—系统启用"命令,打开"系统启用"对话框,选中"FA固定资产"复选框,弹出"日历"对话框,选择薪资管理系统启用日期"2020年1月1日",单击"确定"按钮,系统弹出"确实要启用当前系统吗?"信息提示对话框,单击"是"按钮返回,如图6-2所示。

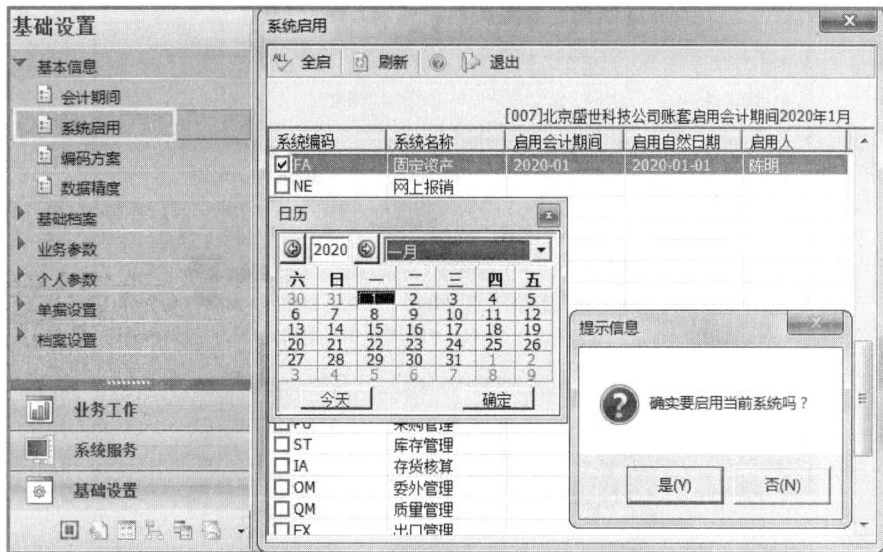

图6-2 启用固定资产管理系统

② 在"业务工作"选项卡中,单击"财务会计—固定资产"选项,系统弹出"这是第一次打开此账套,还未进行过初始化,是否进行初始化?"信息提示对话框,单击"是"按钮,打开固定资产"初始化账套向导"对话框,如图6-3所示。

图6-3 注册固定资产管理系统

2. 控制参数设置

① 在"固定资产初始化向导——约定及说明"对话框中,选择"我同意"。单击"下一步"按钮,如图6-4所示。

② 打开"固定资产初始化向导——启用月份"对话框,选择启用月份为"2020-01"。单击"下一步"按钮,如图6-5所示。

③ 打开"固定资产初始化向导——折旧信息"对话框。选中"本账套计提折旧"复选框;选择折旧方法"平均年限法(一)",折旧分配周期"1个月";选中"当(月初已计提月份=可使用月份-1)时,将剩余折旧全部提足"复选框。单击"下一步"按钮,如图6-6所示。

④ 打开"固定资产初始化向导——编码方式"对话框,确定资产类别编码长度为"2112",选择"自动编号"按钮,选择固定资产编码方式"类别编码+部门编码+序号",选择序号长度为"3"。单击"下一步"按钮,如图6-7所示。

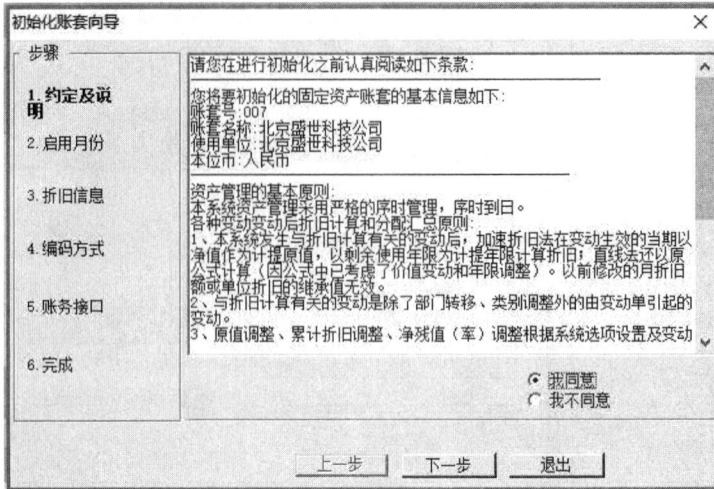

图 6-4 初始化账套向导——约定及说明

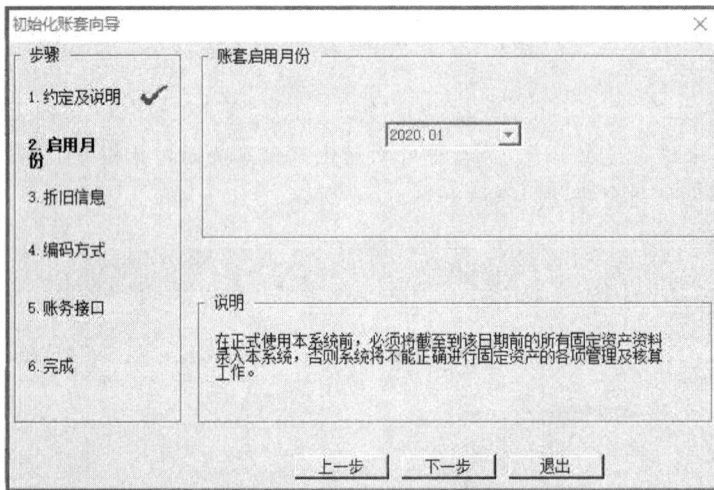

图 6-5 初始化账套向导——启用月份

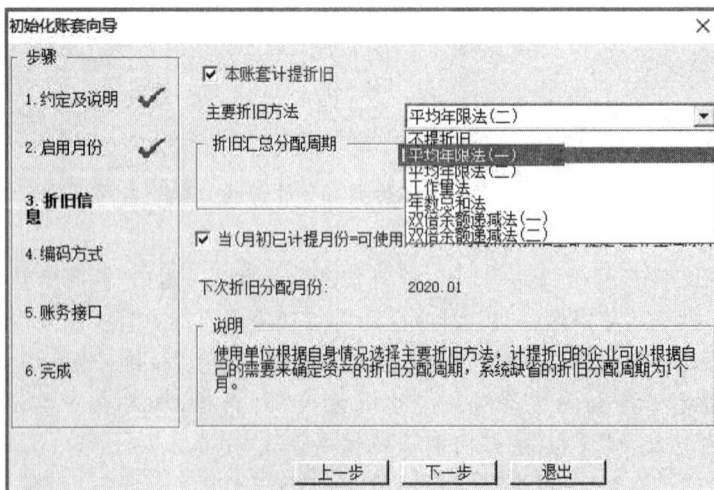

图 6-6 初始化账套向导——折旧信息

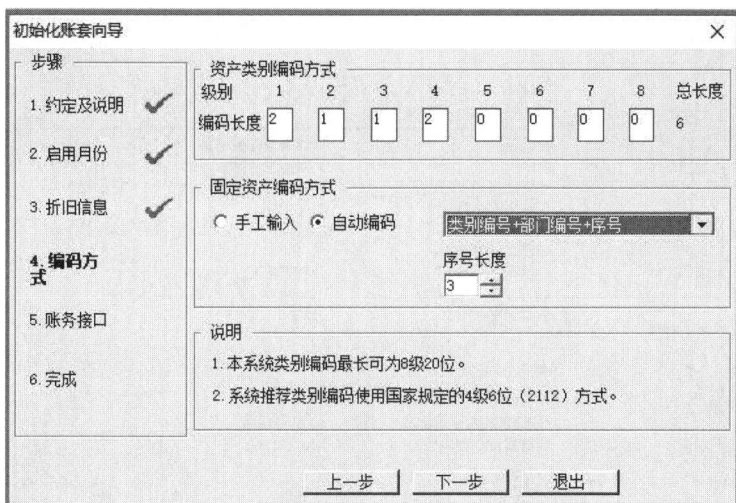

图 6-7　初始化账套向导——编码方式

⑤ 打开"固定资产初始化向导——财务接口"对话框,选中"与财务系统进行对账"复选框;选择固定资产的对账科目"固定资产(1601)",累计折旧的对账科目"累计折旧(1602)"。单击"下一步"按钮,如图 6-8 所示。

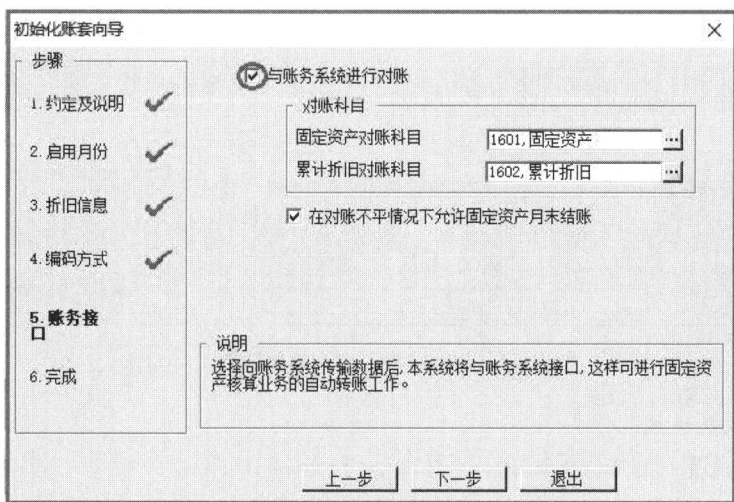

图 6-8　初始化账套向导——财务接口

⑥ 打开"固定资产初始化向导——完成"对话框,单击"完成"按钮,完成本账套的初始化,如图 6-9 所示。

⑦ 系统弹出"已经完成了新账套的所有设置工作,是否确定所设置信息完全正确并保存对新账套的所有设置?"信息提示对话框,单击"是"按钮,系统弹出"已成功初始化本固定资产账套"信息提示对话框,单击"确定"按钮,如图 6-10 所示。

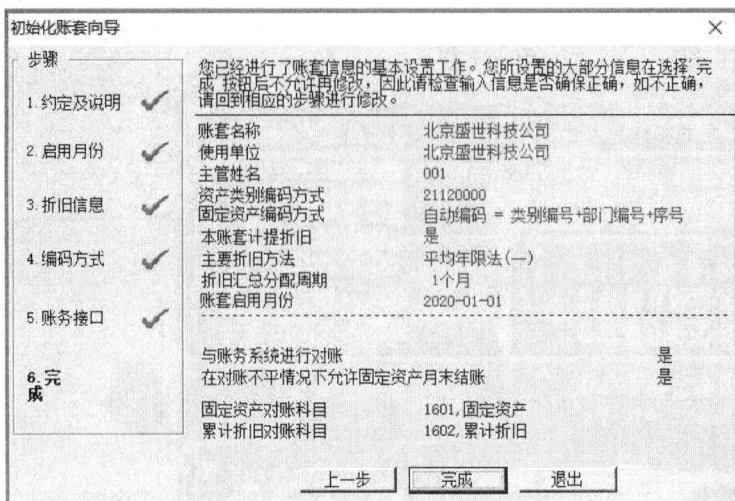

图 6-9 初始化账套向导——完成

注意：

① 初始化设置完成后，有些参数不能修改，所以要慎重。

② 如果发现参数有错，必须改正，只能通过固定资产管理系统中的"工具—重新初始化账套功能"命令来实现，该操作将清空对该子账套所做的一切工作。

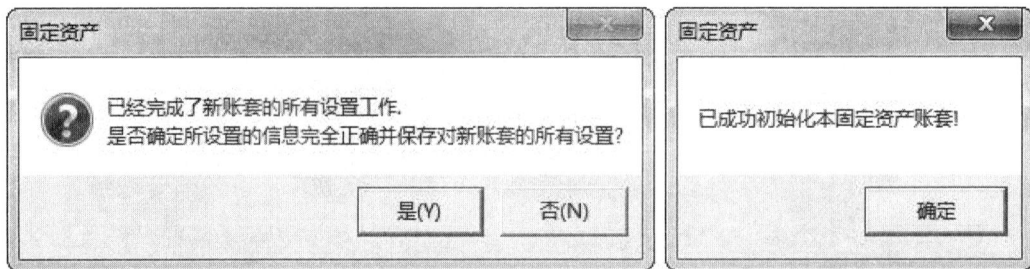

图 6-10 设置完成初始化账套

3. 补充参数设置

① 执行"设置—选项"命令，进入"选项"对话框。

② 单击"编辑"按钮，打开"与财务系统接口"选项卡。

③ 选中"业务发生后立即制单""月末结账前一定要完成制单登账业务"复选框，选择缺省入账科目"固定资产(1601)""累计折旧(1602)""固定资产减值准备(1603)""增值税进项税额(22210101)""固定资产清理(1606)"，如图 6-11 所示，单击"确定"按钮。

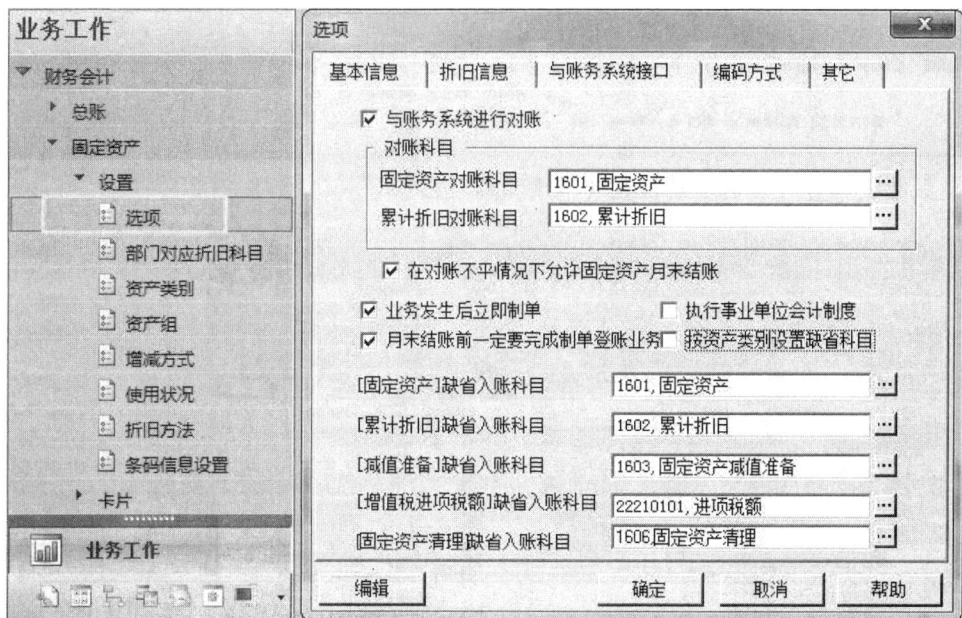

图 6-11　设置补充参数

2. 基础数据设置

(1) 资产类别设置

固定资产的种类繁多,规格不一,要强化固定资产管理,及时准确做好固定资产核算,必须科学地设置固定资产的分类,为核算和统计管理提供依据。

案例 6-2　北京盛世科技公司资产分类的资料如表 6-2 所示。

表 6-2　资产分类的资料

编 码	类别名称	净残值率	单 位	计提属性
01	交通运输设备	4%		正常计提
011	经营用设备	4%		正常计提
012	非经营用设备	4%		正常计提
02	电子设备及其他通信设备	4%		正常计提
021	经营用设备	4%	台	正常计提
022	非经营用设备	4%	台	正常计提

【操作步骤】

① 执行"设置—资产类别"命令,进入"类别编码表"对话框。

② 单击"增加"按钮,输入类别名称"交通运输设备"、净残值率"4%";选择计提属性"正常计提"、折旧方法"平均年限法(一)"、卡片样式"通用样式",如图 6-12 所示,单击 (保存)按钮。

③ 同理,完成其他资产类别的设置。

注意:

① 资产类别编码不能重复,同一级的类别名称不能相同。

② 类别编码、名称、计提属性、卡片样式不能为空。

③ 已使用过的类别不能设置新下级。

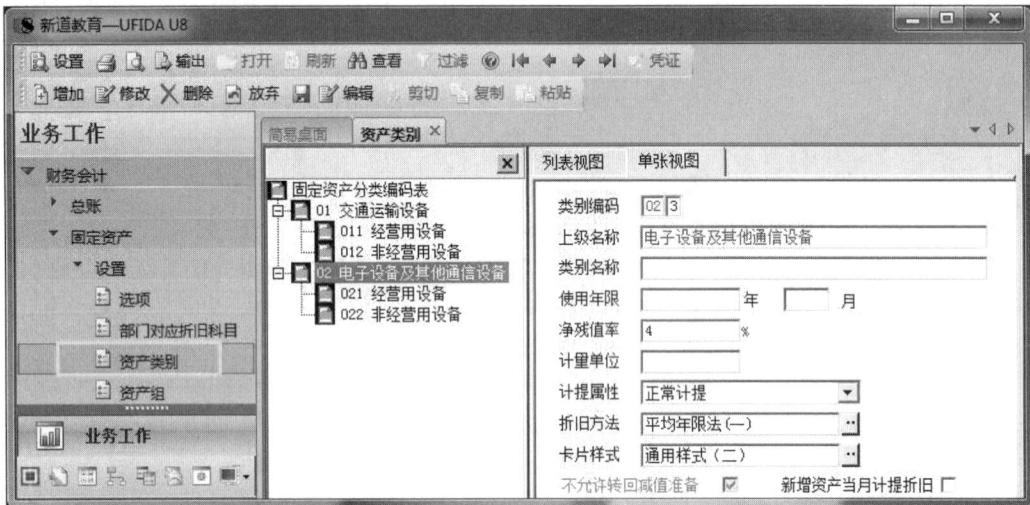

图 6-12　设置资产类别

（2）部门设置

用友 ERP-U8 可以实现资源共享,部门档案在基础档案设置时已进行了操作,这里可以直接调用,无须再一次设置。

（3）部门对应折旧科目设置

按照会计核算的要求,固定资产计提的折旧应归入成本或费用中去,根据使用部门归集折旧费用,某一部门所属的固定资产折旧费用将归集到一个比较固定的科目,所以部门对应折旧科目设置就是给部门选择一个折旧科目,录入卡片时,该科目自动显示在卡片中,不必一个一个输入,可提高工作效率。生成记账凭证时系统会自动将折旧费用记入部门对应折旧科目。如果不对部门对应折旧科目进行设置,则需要在录入固定资产卡片时录入对应折旧科目。

案例 6-3　北京盛世科技公司各部门及对应折旧科目如表 6-3 所示。

表 6-3　各部门及对应折旧科目

部　门	对应折旧科目
管理中心、采购部	660206 管理费用——折旧费
销售部	6601 销售费用
制造中心	510103 制造费用——折旧费

操作步骤

① 执行"设置—部门对应折扣科目"命令,进入"部门编码表"对话框。

② 选择部门"管理中心",单击"修理"按钮。

③ 选择折旧科目"管理费用——折旧费(660206)",单击"保存"按钮,系统弹出"是否将管理中心部门的所有下级部门的折旧科目替换为[折旧费]? 如果选择是,请在成功保存后点[刷新]查看。"信息提示对话框,单击"是"按钮。替换之后,即可看到管理中心下的总经理办公室、财务部对应折旧科目均修改为"管理费用——折旧费",如图 6-13 所示。

④ 同理,完成其他部门折旧科目的设置。

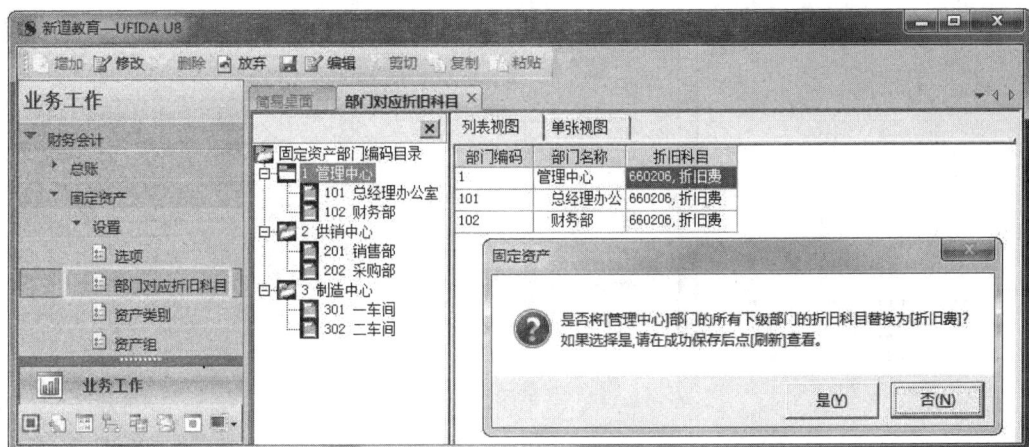

图 6-13 设置部门对应折旧科目

(4) 增减方式设置

增减方式包括增加方式和减少方式两类。系统内置的增加方式有直接购买、投资者投入、捐赠、盘盈、在建工程转入、融资租入六种。系统内置的减少方式有出售、投资转出、捐赠转出、盘亏、报废、毁损、融资租出七种。资产增加或减少方式用以确定资产计价和处理原则,同时明确资产的增加或减少方式,可做到对固定资产增减的汇总管理。用友软件系统固定资产的增减方式可以设置两级,也可以根据需要自行增加。

案例 6-4 北京盛世科技公司固定资产增减方式的对应入账科目如表 6-4 所示。

表 6-4 固定资产增减方式的对应入账科目

增减方式目录	对应入账科目
增加方式	
直接购入	农行存款(100201)
减少方式	
毁损	固定资产清理(1606)

【操作步骤】

① 执行"设置—增减方式"命令,打开"增减方式"对话框。

② 在左侧列表框中，单击"直接购入"增加方式，再单击"修改"按钮。

③ 输入对应入账科目"农行存款（100201）"，单击 ■（保存）按钮，如图 6 - 14 所示。

④ 同理，输入减少方式"毁损"的对应入账科目"固定资产清理（1606）"。

注意：当固定资产发生增减变动，系统生成凭证时，会默认采用这些科目。

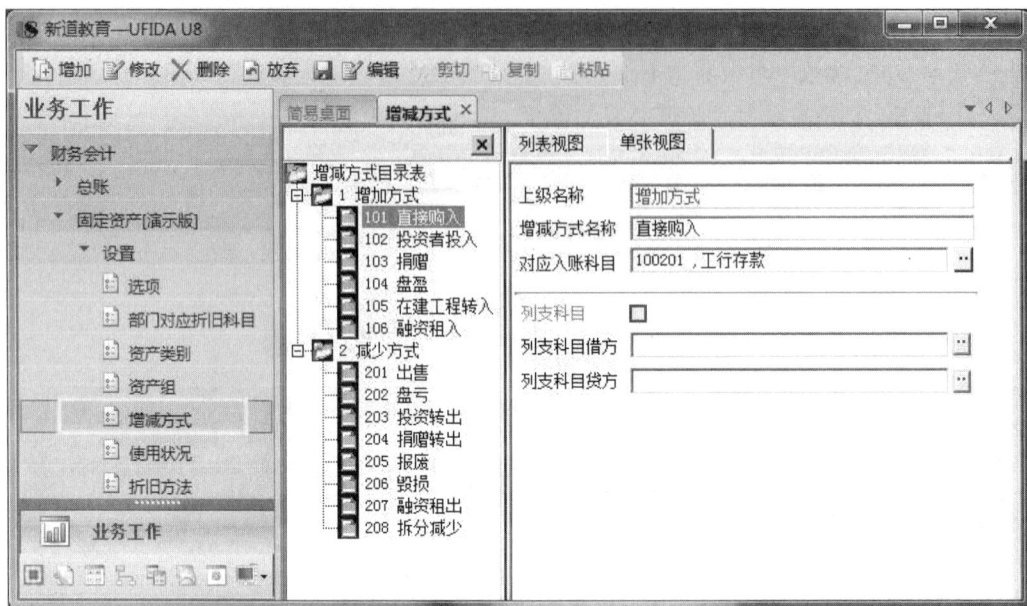

图 6 - 14　设置增减方式

（5）折旧方法设置

折旧方法设置是系统自动计算折旧的基础。系统预设了不提折旧和五种常用的折旧方法，即平均年限法（一）、平均年限法（二）、工作量法、年数总和法和双倍余额递减法，并列出了它们的折旧计算公式。这几种方法只能选用，不能删除和修改。用户也可以根据需要自定义折旧方法。系统提供了自定义折旧方法的功能。

（6）使用状况设置

按照固定资产核算和管理的需要，应明确固定资产的使用状况，一方面，可以正确地计算和计提折旧，企业应根据固定资产的使用状况决定是否要计提折旧；另一方面，便于统计固定资产的使用情况，提高资产的利用效率。

在设置使用状况时，系统已预设了使用中、不需用、未使用三种状况。在使用中的固定资产中预设了在用、季节性停用、经营性出租、大修理停用等四种情况。用户还可以根据实际需要增加或修改固定资产使用情况。

3. 卡片

卡片管理包括卡片项目、卡片样式、卡片管理、录入原始卡片、资产增加、资产减少、变动单、批量变动、资产评估、资产盘点、盘点盈亏确认、资产盘盈、资产盘亏。

（1）卡片项目定义

卡片项目是资产卡片上要显示用来记录资产资料的栏目,如原值、资产名称、使用年限、折旧方法等是卡片最基本的项目。用友固定资产管理系统提供了一些常用卡片必需的项目,称为系统项目。但这些项目不一定能满足用户对资产特殊管理的需要,可以通过卡片项目定义来定义所需要的项目,称为自定义项目。这两部分构成卡片项目目录。

（2）卡片样式定义

卡片样式是指卡片的整个外观,包括格式(如表格线、对齐形式、字体大小、字型等)、所包含的项目和项目的位置。不同企业设置的卡片样式可能不同。同一企业对不同的资产,企业管理的内容和侧重点可能不同,所以本系统提供卡片样式定义功能,增大灵活性。用户可以修改缺省的样式,也可以定义新的卡片样式。

（3）原始卡片录入

原始卡片是指卡片所记录的资产的开始使用日期在录入系统之前,即已使用过并已计提折旧的固定资产卡片。企业在使用固定资产管理系统进行核算前,必须将原始卡片资料录入系统,保持历史资料的连续性。

在录入原始卡片时,系统会提供资产类别参照。因为一个资产类别对应着一种卡片样式,选择完所属的资产类别后,即可进入相应的卡片录入、主卡录入操作窗口。

在原始卡片资料录入操作中,固定资产编号和类别编号根据前面"资产类别"初始化设置的情况,由系统自动生成,固定资产名称需要人工录入,部门名称、增加方式、使用状况是参照输入的,使用年限、净残值率、折旧方法及币种都是系统默认值,但可以修改。此外,还必须输入开始使用的日期、原值,累积折旧和净值其中一个可以输入,另一个自动生成。对应折旧科目是根据部门对应折旧科目设置而定。如果选择单个部门,可以修改默认的对应折旧科目;如果一项固定资产涉及多个部门使用,则选择多个部门,且按照一定比例分配,一般不能修改对应折旧科目。

卡片中的月折旧额、月折旧率是系统自动计算的,不能修改。如果选择工作量法计提折旧,就需要输入工作总量、累计工作量和工作量单位,单位折旧由系统生成,不能修改,资产的主卡录入后,单击其他标签,输入附属设备和录入以前卡片发生的各种变动。

案例 6－5　北京盛世科技公司 2020 年 1 月 1 日固定资产的数据如表 6－5 所示,根据资料录入固定资产原始卡片,完成后,与总账管理系统进行对账。

表 6－5　2020 年 1 月 1 日固定资产的数据　　　　　　　　　　　　　元

固定资产名称	类别编号	所在部门	增加方式	可使用年限	开始使用日期	原　值	累计折旧	对应折旧科目名称
轿车	012	总经理办公室	直接购入	72 月	2018－10－01	215 470	37 254.75	660206
笔记本电脑	022	总经理办公室	直接购入	60 月	2018－11－01	28 900	5 548.80	660206

（续表）

固定资产名称	类别编号	所在部门	增加方式	可使用年限	开始使用日期	原值	累计折旧	对应折旧科目名称
传真机	022	总经理办公室	直接购入	60 月	2018 - 10 - 01	3 510	1 825.20	660206
台式机	021	一车间	直接购入	60 月	2018 - 11 - 01	6 490	1 246.08	510103
台式机	021	一车间	直接购入	60 月	2018 - 11 - 01	6 490	1 246.08	510103
合计						260 860	47 120.91	

注：净残值率均为 4%，使用状况均为"在用"，折旧方法均采用平均年限法（一）。

【操作步骤】

1. 录入原始卡片

① 执行"卡片—录入原始卡片"命令，进入"资产类别参照"对话框。

② 选择固定资产类别"非经营用设备（012）"，单击"确认"按钮，进入"固定资产卡片录入"对话框，如图 6 - 15 所示。

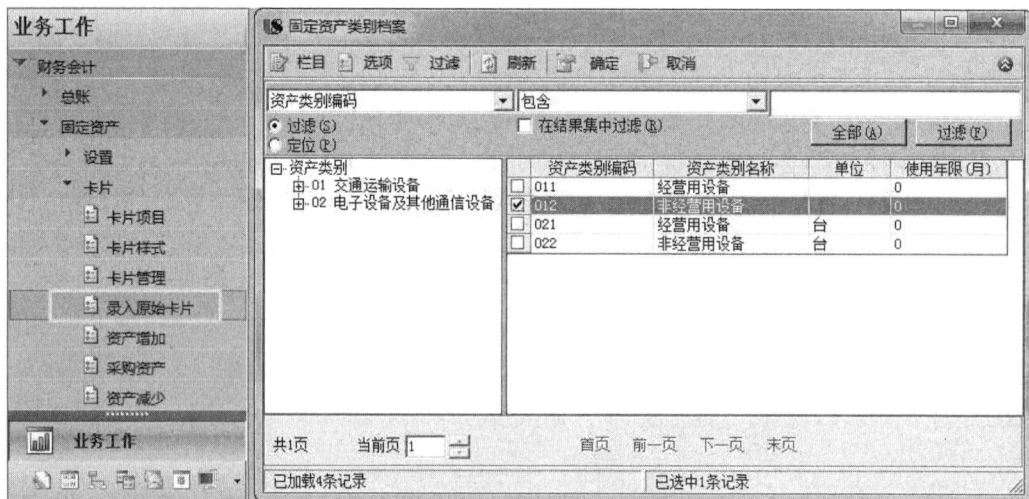

图 6 - 15　录入原始卡片选择资产类别

③ 输入固定资产名称"轿车"；双击"部门名称"选择"总经理办公室"；双击"增加方式"选择"直接购入（101）"；双击"使用状况"选择"在用（1001）"；输入开始使用日期"2018 - 10 - 01"；输入原值"215 470"元、累计折旧"37 254.75"元；输入可使用年限"72 月"；其他信息自动算出。

④ 单击 （保存）按钮，如图 6 - 16 所示。系统弹出"数据成功保存！"信息提示对话框，单击"确定"按钮。

⑤ 同理，完成其他固定资产原始卡片的输入。

注意：

① 卡片编号：系统根据初始化时定义的编码方案自动设定，不能修改，如果删除一张卡片，又不是最后一张时，系统将保留空号。

② 已计提月份：系统将根据开始使用日期自动算出，但可以修改，请将使用期间停用等不计提折旧的月份扣除。

③ 月折旧率、月折旧额：与计算折旧有关的项目输入后，系统会按照输入的内容自动算出并显示在相应项目内，可与手工计算的值比较，核对是否有错误。

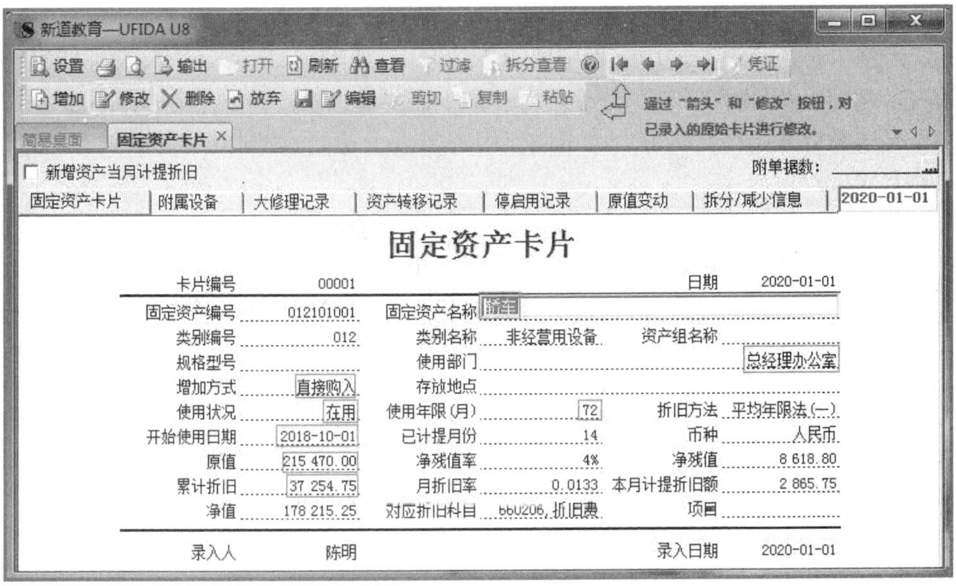

图 6-16 录入原始卡片

2. 与总账管理系统进行对账

执行"处理—对账"命令，系统将固定资产管理系统录入的明细资料数据汇总并与财务核对，显示与财务对账结果，单击"确定"按钮返回，如图 6-17 所示。

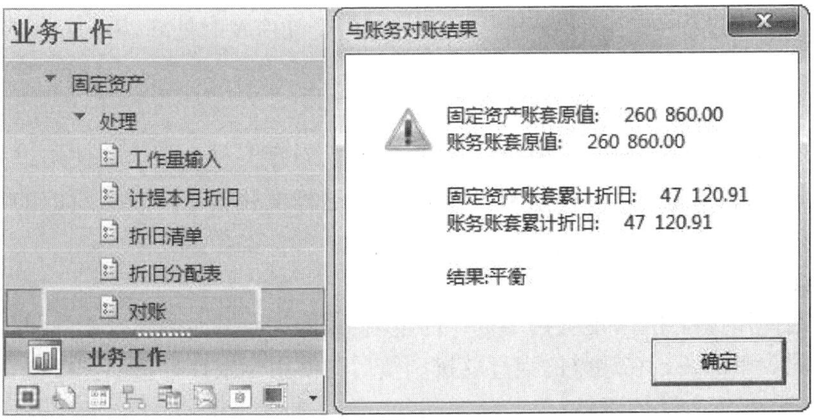

图 6-17 与账务对账

6.2.2 日常处理

固定资产在日常使用过程中,很多原因会导致发生资产增减、各项因素的变动等情况,主要包括:资产增减、资产变动、资产评估、生成凭证和账簿管理。变动发生时,应及时处理,每月应正确计算固定资产折旧,为企业的成本费用核算提供依据。

1. 资产增减

资产增加是指购进或通过其他方式增加企业资产。资产增加需要输入一张新的固定资产卡片,与固定资产期初输入相对应。

资产减少是指资产在使用过程中由于各种原因,如毁损、出售、盘亏、投资转出、捐赠等退出企业,此时要做资产减少处理。资产减少需要输入资产减少卡片说明减少原因。

只有当账套开始计提折旧后才可以使用资产减少功能,否则减少资产只有通过删除卡片来完成。

对于误减少的资产,可以使用系统提供的纠错功能来恢复。只有当月减少的资产才可以恢复。如果资产减少操作已制作凭证,必须删除凭证后才能恢复。

只要卡片未被删除,就可以通过卡片管理中"已减少资产"来查看减少的资产。

2. 资产变动

资产的变动包括原值变动、部门转移、使用状况变动、使用年限调整、折旧方法调整、净残值(率)调整、工作总量调整、累计折旧调整、资产类别调整、变动单管理。其他项目的修改,例如,名称、编号、自定义项目等的变动可直接在卡片上进行。

资产变动要求输入相应的"变动单"来记录资产调整结果。

(1)原值变动

原值变动包括原值增加和原值减少两部分。资产在使用过程中,其原值增减有五种情况,即根据国家规定对固定资产重新估计、增加补充设备或改良设备、将固定资产的一部分拆除、根据实际价值调整原来的暂估价值、发现原记录的固定资产价值有误的。原值变动包括原值增加和原值减少两部分。

(2)部门转移

资产在使用过程中,因内部调配而发生的部门变动应及时处理,否则将影响部门的折旧计算。

(3)资产使用状况的调整

资产使用状况分为在用、未使用、不需用、停用、封存五种。资产在使用过程中,可能会因为某种原因,使得资产的使用状况发生变化,这种变化会影响设备折旧的计算,因此应及时调整。

(4)资产使用年限的调整

资产在使用过程中,可能会由于资产的重估、大修等原因而调整资产的使用年限。进行使用年限调整的资产在调整的当月就按调整后的使用年限计提折旧。

(5)资产折旧方法的调整

一般来说,资产折旧方法一年之内很少改变,但如有特殊情况需要调整改变的可以调整。

（6）变动单管理

变动单管理可以对系统制作的变动单进行查询、修改、制单、删除等处理。

注意：用友 ERP-U8 管理系统提供对固定资产管理系统中，本月录入的卡片和本月增加的资产不允许进行变动处理，只能在下月进行。

3. 资产评估

用友 ERP-U8 管理系统提供对固定资产评估的管理，主要包括如下步骤：

① 将评估机构的评估数据手工录入或将定义公式录入系统。

② 根据国家要求手工录入评估结果或根据定义的评估公式生成评估结果。

③ 对评估单的管理。

本系统"资产评估"功能可评估的资产内容包括原值、累计折旧、净值、使用年限、工作总量、净残值率。

4. 资产盘点

用友 ERP-U8 管理系统提供对固定资产盘点的管理，主要包括如下步骤：

① 在卡片管理中打印输出固定资产盘点单。

② 在资产盘点中选择按部门或按类别等对固定资产进行盘点，录入盘点数据，与账面上记录的盘点单进行核对，查核资产的完整性。

③ 对盘点单的管理。

5. 生成凭证

固定资产管理系统和总账管理系统之间存在着数据的自动传输，这种传输是由固定资产管理系统通过记账凭证向总账管理系统传递有关数据。例如，资产增加、减少、累计折旧调整，以及折旧分配等记账凭证。制作记账凭证可以采取立即制单或批量制单的方法实现。

6. 账簿管理

可以通过系统提供的账表管理功能及时掌握资产的统计、汇总和其他各方面的信息。账表包括账簿、折旧表、统计表、分析表四类。另外，如果所提供的报表种类不能满足需要，系统还提供了自定义报表功能，可以根据实际要求进行设置。

（1）账簿

系统自动生成的账簿有（单个）固定资产明细账、（部门、类别）明细账、固定资产登记簿、固定资产总账。这些账簿以不同方式，序时地反映了资产变化情况，在查询过程中可联查某时期（部门、类别）明细及相应原始凭证，从而获得所需财务信息。

（2）折旧表

系统提供了四种折旧表，即（部门）折旧计提汇总表、固定资产折旧计算明细表、固定资产及累计折旧表（一）和（二）。管理者通过该类表可以了解并掌握本企业所有资产本期、本年乃至某部门计提折旧及其明细情况。

（3）统计表

统计表是出于管理资产的需要，按管理目的统计的数据。系统提供了七种统计表，即固定资产原值一览表、固定资产统计表、评估汇总表、评估变动表、盘盈盘亏报告表、逾龄资产统计表、役龄资产统计表。

（4）分析表

分析表主要通过对固定资产的综合分析，为管理者提供管理和决策依据。系统提供了四种分析表，即价值结构分析表、固定资产使用状况分析表、部门构成分析表、类别构成分析表。管理者可以通过这些表了解本企业资产计提折旧的程度和剩余价值的大小。

（5）自定义报表

当系统提供的报表不能满足企业要求时，用户可以自己定义报表。

6.2.3　期末处理

固定资产管理系统的期末处理工作主要包括计提减值准备、计提折旧、对账、月末结转等内容。

1. 计提减值准备

企业应当在期末或至少在每年年度终了时，对固定资产逐项进行检查，如果由于市价持续下跌或技术陈旧等原因导致其可回收金额低于账面价值的，应当将可回收金额低于账面价值的差额作为固定资产减值准备，固定资产减值准备必须按单项资产计提。

如已计提的固定资产价值又得以恢复，应在原计提的减值准备范围内转回。

2. 计提折旧

自动计提折旧是固定资产管理系统的主要功能之一。可以根据录入系统的资料，利用系统提供的"折旧计提"功能对各项资产每期计提一次折旧，并自动生成折旧分配表，然后制作记账凭证，将本期的折旧费用自动登账。

当开始计提折旧时，系统将自动计提所有资产当期折旧额，并将当期的折旧额自动累加到累计折旧项目中。计提工作完成后，需要进行折旧分配，形成折旧费用，系统除了自动生成折旧清单外，同时还生成折旧分配表，从而完成本期折旧费用登账工作。

系统提供的折旧清单显示了所有应计提折旧资产所计提的折旧数额。

折旧分配表是制作记账凭证，把计提折旧额分配到有关成本和费用的依据，折旧分配表有两种类型，即类别折旧分配表和部门折旧分配表。生成折旧分配表由"折旧汇总分配周期"决定，因此，制作记账凭证要在生成折旧分配表后进行。

计提折旧应遵循以下原则：

① 在一个期间内可以多次计提折旧，每次计提折旧后，只是将计提的折旧累加到月初的累计折旧上，不会重复累计。

② 若上次的计提折旧已制单并传递到总账管理系统，则必须删除该凭证才能重新计提折旧。

③ 计提折旧后，又对账套进行了影响折旧计算或分配的操作，必须重新计提折旧，否则系统不允许结转。

④ 若自定义的折旧方法月折旧率或月折旧额出现负数，系统自动终止计提。

⑤ 资产的使用部门和资产折旧要汇总的部门可能不同，为了加强资产管理，使用部门必须是明细部门，而折旧分配部门不一定要分配到明细部门。不同的单位处理可能不

同,因此要在计提折旧后、分配折旧费用时做出选择。

3. 对账

当初次启用固定资产的参数设置,或选中的参数设置了选择"与账务系统对账"参数,才可使用本系统的"对账"功能。

为保证固定资产管理系统的资产价值与总账管理系统中"固定资产"科目的数值相等,可随时使用"对账"功能对两个系统进行审查。系统在执行月末结账时自动对账一次,并给出对账结果。

4. 月末结账

当固定资产管理系统完成了本月全部制单业务后,可以进行月末结转,月末结转每月进行一次,结账后当期数据不能修改。如有错必须修改,可通过系统提供的"恢复月末结账前状态"功能反结账,再进行相应修改。

由于成本核算系统每月从本系统提取折旧费数据,因此一旦成本核算系统提取了某期的数据,则该期不能反结账。

本期不结账,将不能处理下期的数据;结账前一定要进行数据备份,否则数据一旦丢失,将造成无法挽回的后果。

案例 6-6　北京盛世科技公司 2020 年 01 月发生以下业务:

① 1 月 21 日,财务部购买扫描仪一台,价值 1 500 元,净残值率 4%,预计使用年限为 5 年。

② 1 月 31 日,计提本月折旧费用。

③ 1 月 31 日,一车间损毁台式机一台。

2020 年 02 月发生的业务如下:

① 2 月 16 日,总经理办公室的轿车添置新配件支出 10 000 元。

② 2 月 27 日,总经理办公室的传真机转移到采购部。

③ 2 月 29 日,经核查对 2018 年购入的笔记本电脑计提 1 000 元减值准备。

要求:进行固定资产管理操作。

【操作步骤】

1. 资产增加

① 执行"卡片—资产增加"命令,进入"资产类别参照"对话框。

② 选择资产类别"非经营用设备(022)",单击"确认"按钮,如图 6-18 所示。

③ 进入"固定资产卡片"对话框,输入固定资产名称"扫描仪",双击部门名称弹出"本资产部门使用方式"信息提示对话框;选择"单部门"使用选项,单击"确定"按钮,打开"部门参照"对话框;选择"管理中心—财务部"选项,双击"增加方式"选择"直接购入",双击"使用状况"选择"在用",输入原值"1 500"元、可使用年限"60 月"、开始使用日期"2020-1-21",单击 (保存)按钮,如图 6-19 所示。

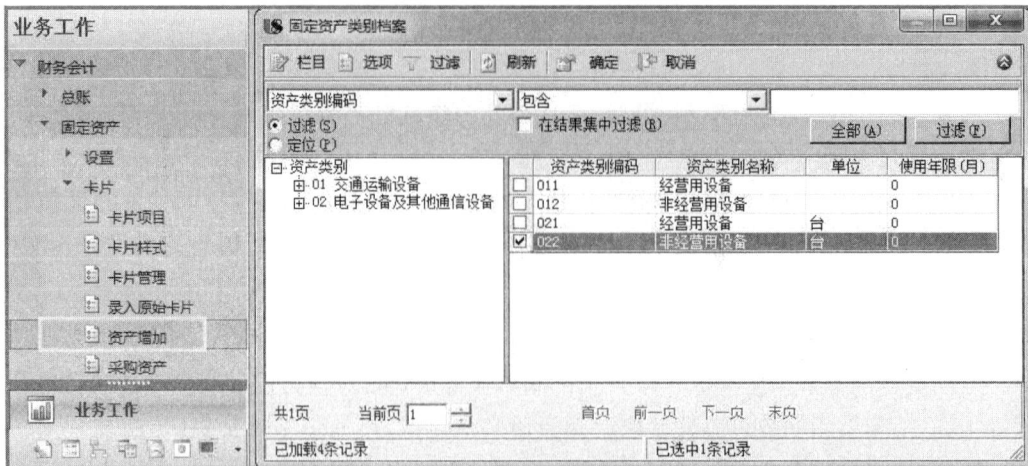

图 6-18 资产增加——选择资产类别

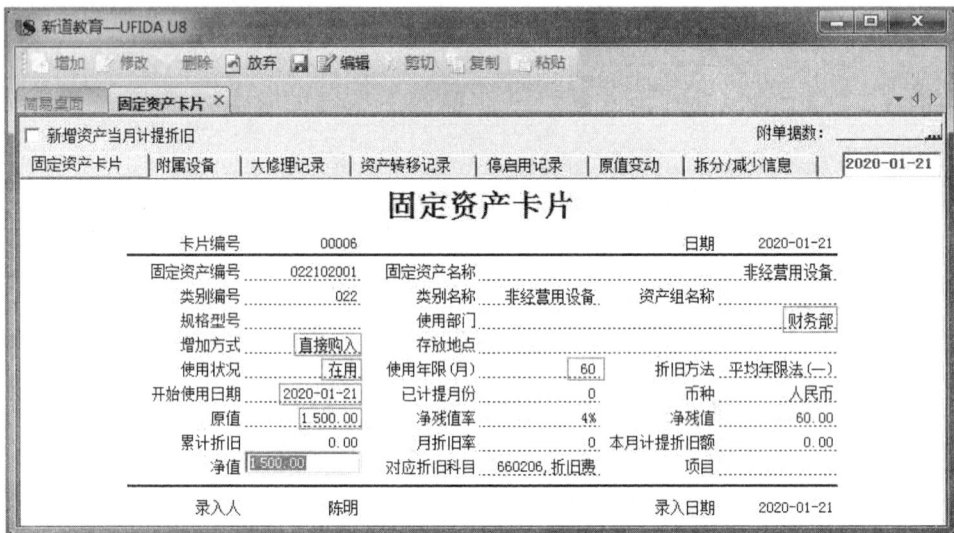

图 6-19 资产增加——录入卡片

④ 进入"填制凭证"对话框,选择凭证类别"付款凭证",修改制单日期、附件数,单击 保存按钮。如图 6-20 所示。

注意:

① 固定资产原值一定要输入卡片录入月月初的价值,否则会出现计算错误。

② 新卡片第一个月不提折旧,累计折旧为空或 0。

③ 卡片输入完后,也可以不立即制单,月末可以批量制单。

2. 折旧处理

① 执行"处理—计提本月折旧"命令,系统弹出"是否要查看这就清单?"信息提示对话框,单击"否"按钮。

② 系统弹出"本操作将计提本月折旧,并花费一定时间,是否要继续?"信息提示对话框,单击"是"按钮。如图 6-21 所示。

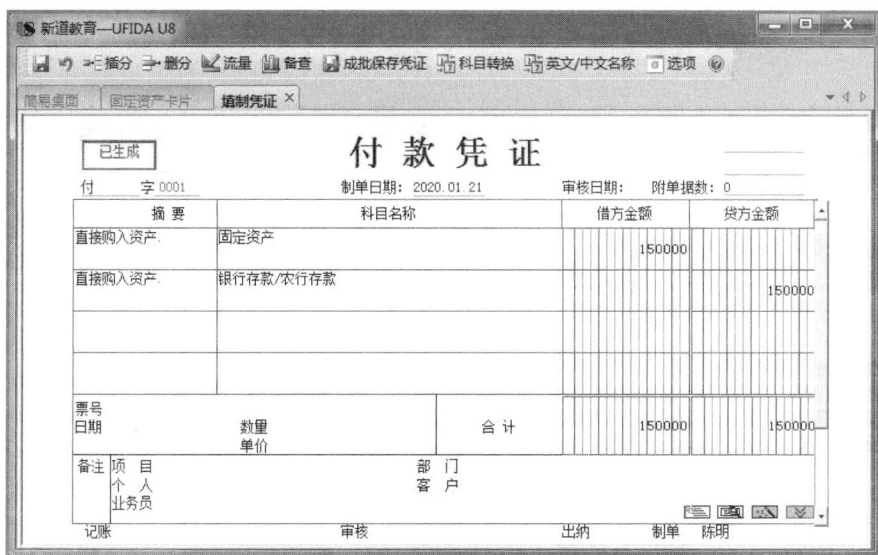

图 6 - 20　资产增加之生成凭证

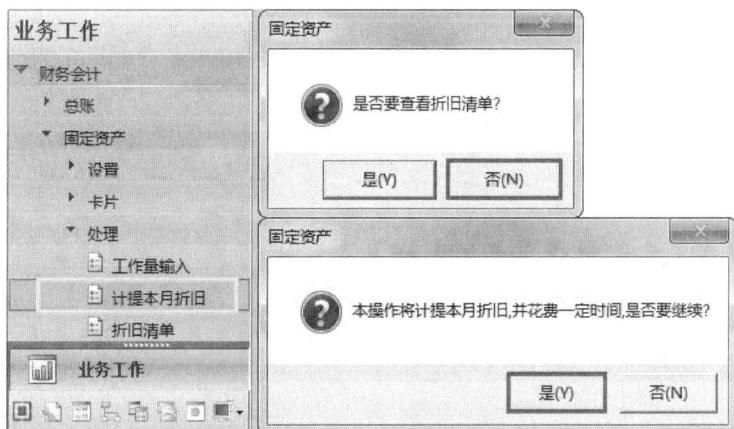

图 6 - 21　计提折旧

③ 系统计提折旧完成后,进入"折旧分配表"对话框,单击"凭证"按钮,如图 6 - 22 所示。

图 6 - 22　完成计提折旧

④ 进入"填制凭证"对话框；选择"转账凭证"类别，修改其他项目，单击 ▣（保存）按钮，如图 6 - 23 所示。

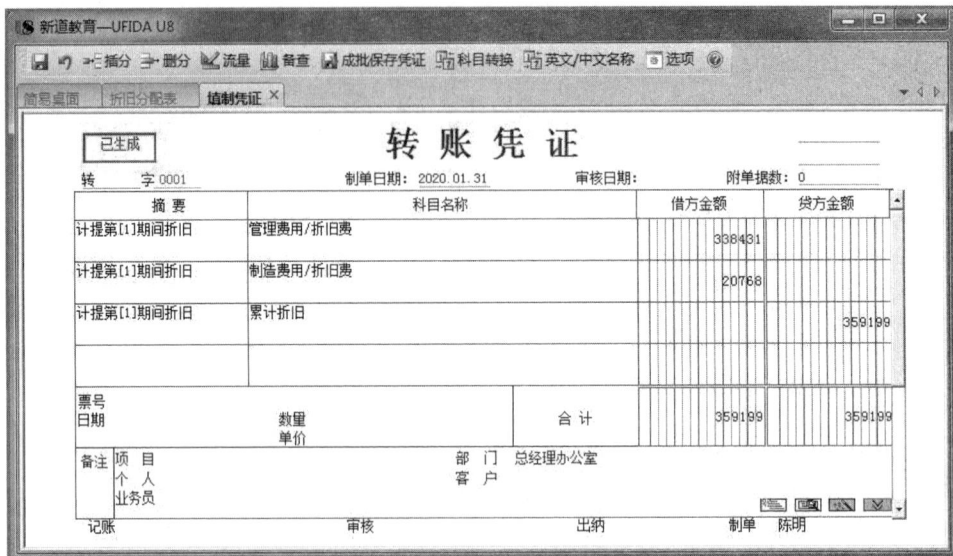

图 6 - 23　计提折旧生成凭证

3. 资产减少

① 执行"卡片—资产减少"命令，进入"资产减少"对话框。

② 选择卡片编号"00004"，单击"增加"按钮。

③ 选择减少方式为"毁损"，单击"确定"按钮，系统弹出"所选卡片已经减少成功！"信息提示对话框，如图 6 - 24 所示。

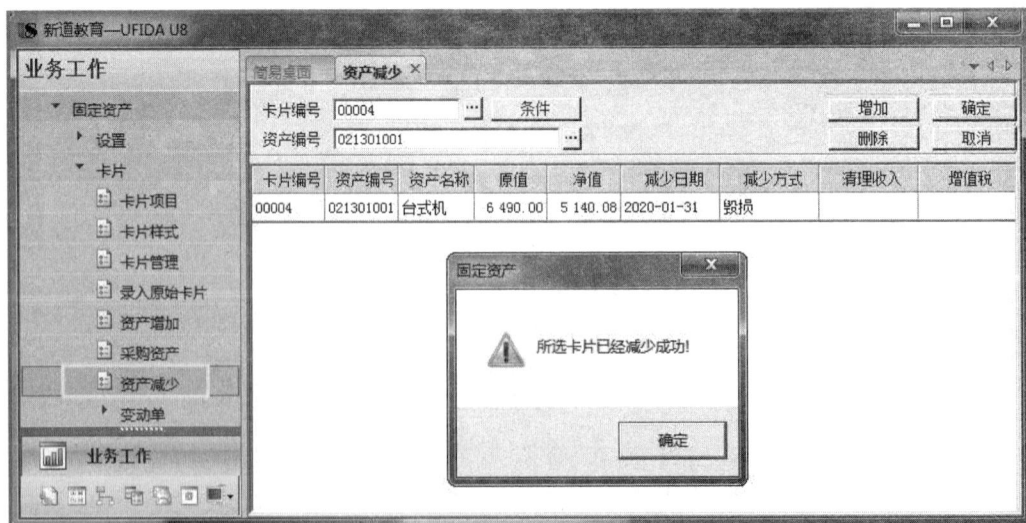

图 6 - 24　资产减少——选择减少方式

④ 进入"填制凭证"对话框,选择"转账凭证"类别,修改其他项目,单击 按钮。如图 6‑25 所示。

注意:

① 本账套需要进行计提折旧后,才能减少资产。

② 如果要减少的资产较少或没有共同点,则通过输入资产编号或卡片号,单击"增加"按钮,将资产添加到资产减少表中。

③ 如果要减少的资产较多并且有共同点,则通过单击"条件"按钮,输入一些查询条件,将符合该条件的资产挑选出来进行批量减少操作。

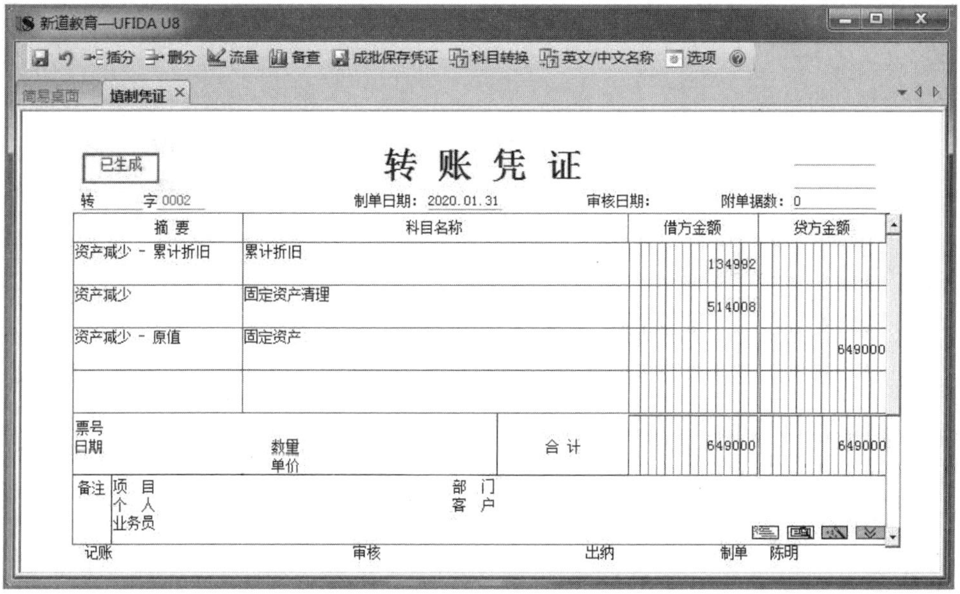

图 6‑25　资产减少——生成凭证

4. 总账管理系统的处理

固定资产管理系统生成的凭证自动传递到总账管理系统,在总账管理系统中,对传递过来的凭证进行审核和记账。

① 以 002 王晶的身份登陆总账管理系统,进行出纳签字。

② 以 003 马方的身份登陆总账管理系统,进行审核记账(先在系统管理的权限中,增加 003 马方"审核凭证"和"记账"两个操作权限)。

注意:只有总账管理系统记账完毕,固定资产管理系统期末才能和总账管理系统进行对账工作。

5. 账表管理

① 执行"账表—我的报表"命令,进入"报表"对话框。

② 单击"折旧表",选择"(部门)折旧计提汇总表"。

③ 单击"打开"或双击"(部门)折旧计提汇总表",弹出"条件‑(部门)折旧计提汇总表"对话框。

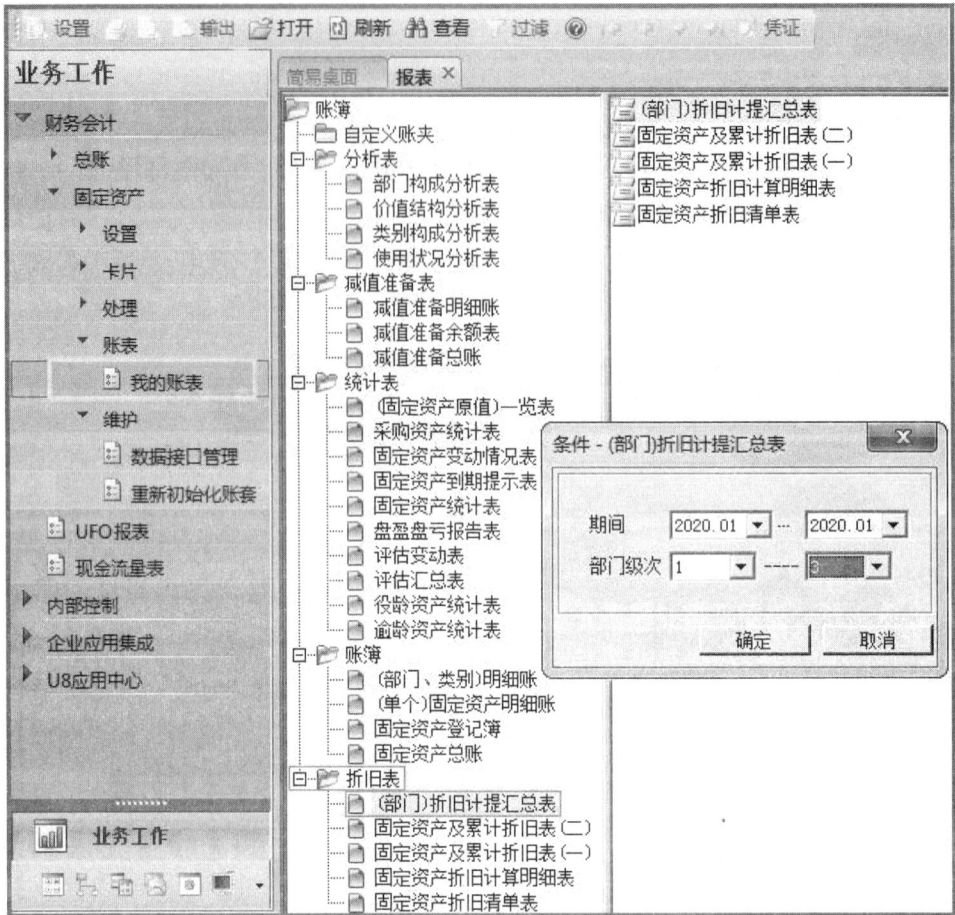

图6-26 查看(部门)折旧计提汇总表

④ 选择期间"2020-01"、部门级次"1—3",单击"确定"按钮,如图6-26所示。显示(部门)折旧计提汇总表,如图6-27所示。

图6-27 (部门)折旧计提汇总表

6．对账

① 执行"处理—对账"命令，系统弹出"与财务对账结果"信息提示对话框。

② 单击"确定"按钮返回。

注意：

① 当总账记账完毕，固定资产管理系统才可以进行对账。对账平衡，开始月末结账。

② 如果在初始设置时选择了"与财务系统对账"功能，对账的操作将不限制执行时间，任何时候都可以进行对账。

③ 如果在"财务接口"中选中"在对账不平情况下允许固定资产月末结账"复选框，则可以直接进行月末结账。

7．结账

① 执行"处理—月末结转"命令，打开"月末结转"对话框，如图6-28所示。

② 单击"开始结账"按钮，系统弹出"月末结转成功完成！"信息提示对话框，如图6-29所示。单击"确定"按钮。

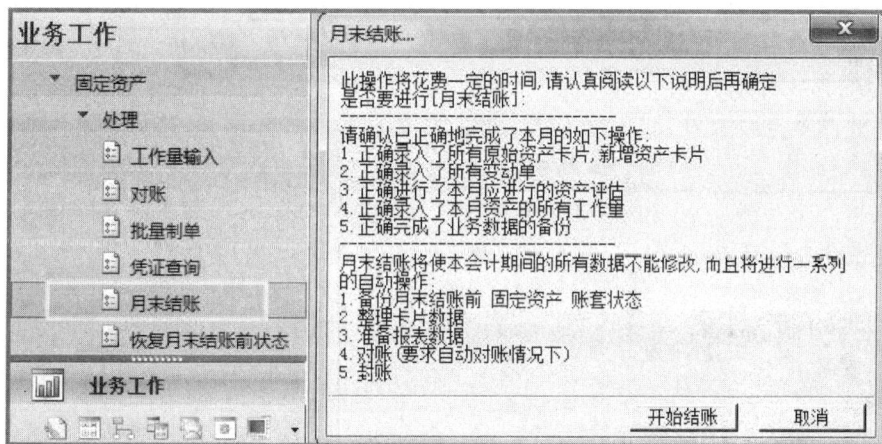

图6-28　月末结账

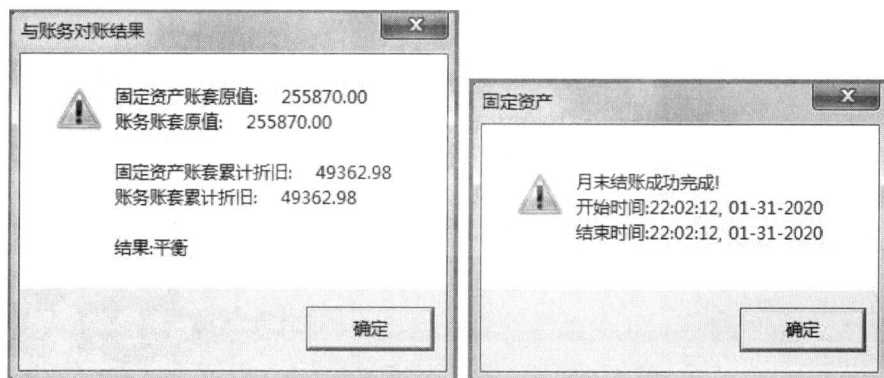

图6-29　完成月末结账

注意：

① 本会计期间做完月末结账工作后，所有数据资料将不能再进行修改。

② 本会计期间不做完月末结账工作，系统将不允许处理下一个会计期间的数据。

③ 月末结账前一定要进行数据备份，否则数据一旦丢失，将造成无法挽回的后果。

8. 取消结账

① 执行"处理—恢复月末结转前状态"命令，系统弹出"是否继续？"信息提示对话框。

② 单击"是"按钮，系统弹出"成功恢复月末结转前状态！"信息提示对话框。

③ 单击"确定"按钮。

注意：

① 如果在结账后发现结账前操作有误，必须修改结账前的数据，则可以使用"恢复结转前状态"功能，又称为反结账，即将数据恢复到月末结账前状态，结账时所做的所有工作都被无痕迹删除。

② 在总账管理系统未进行月末结账时，才可以使用"恢复结转前状态"功能。

③ 一旦成本核算系统提取了某期的数据，该期不能反结账。如果当前的账套已经做了年末处理，那么就不允许再执行"恢复月初状态"功能。

9. 资产原值变动

① 修改系统时间为"2020 年 2 月"，以 001 陈明的身份登录，日期为业务日期。

② 执行"卡片—变动单—原值增加"命令，进入"固定资产变动单"对话框。

③ 输入卡片编号"00001"，输入增加金额"10 000"元，输入变动原因"增加配件"。

④ 单击 ![保存] (保存)按钮，如图 6-30 所示。

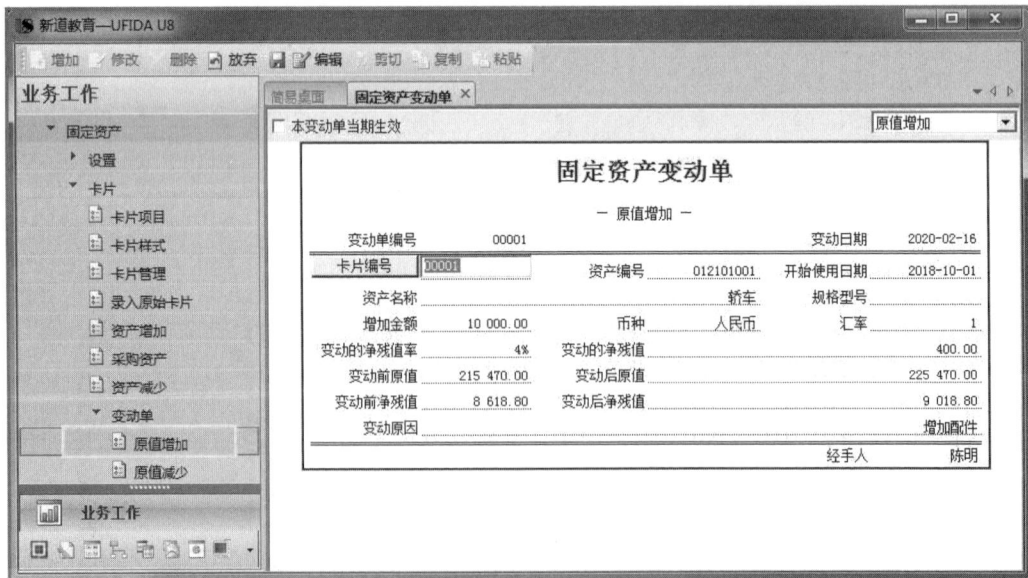

图 6-30　录入原值增加固定资产变动单

⑤ 进入"填制凭证"对话框，选择凭证类型为"付款凭证"，贷方科目"银行存款——农

行存款(100201)",结算方式"转账支票(202)",填写修改其他项目,单击 ⊟ (保存)按钮,如图 6-31 所示。

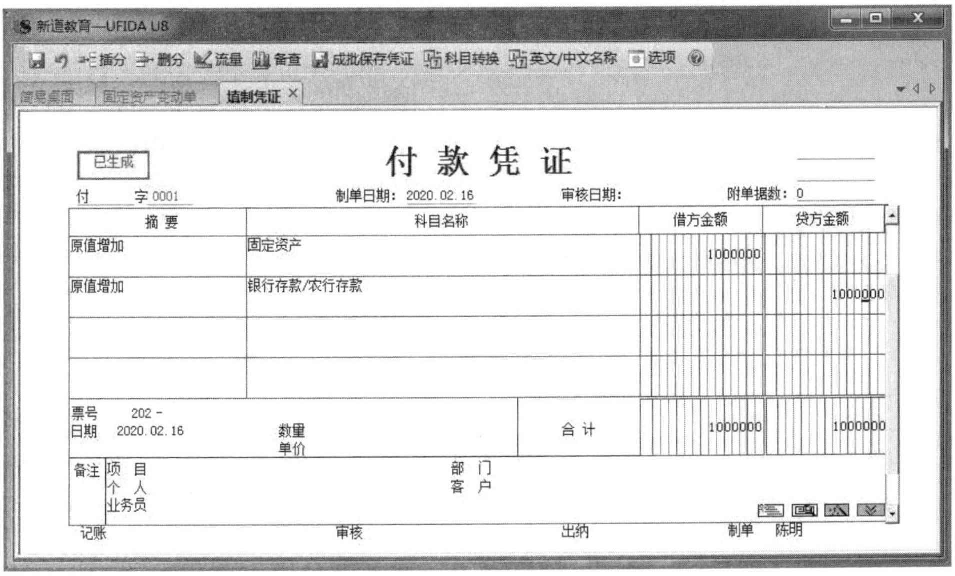

图 6-31　原值增加生成凭证

注意:

① 资产变动主要包括原值变动、部门转移、使用状况变动、使用年限调整、折旧方法调整、净残值(率)调整、工作总量调整、累计折旧调整、资产类别调整等。系统对已做出变动的资产,要求输入相应的变动单来记录资产调整结果。

② 变动单不能修改,只有当月可删除重做,所以请仔细检查后再保存。

③ 必须保证变动后的净值大于变动后的净残值。

10. 资产的部门转移

① 执行"卡片—变动单—部门转移"命令,进入"固定资产变动单"对话框。

② 输入卡片编号"00003","变动后部门"选择"采购部",输入变动原因"调拨"。

③ 单击 ⊟ (保存)按钮,如图 6-32 所示。

11. 计提减值准备

① 执行"卡片—变动单—计提减值准备"命令,进入"固定资产变动单"对话框。

② 输入卡片编号"00002",输入减值准备金额"1 000"元,输入减值原因"技术进步"。

③ 单击 ⊟ (保存)按钮,如图 6-33 所示。

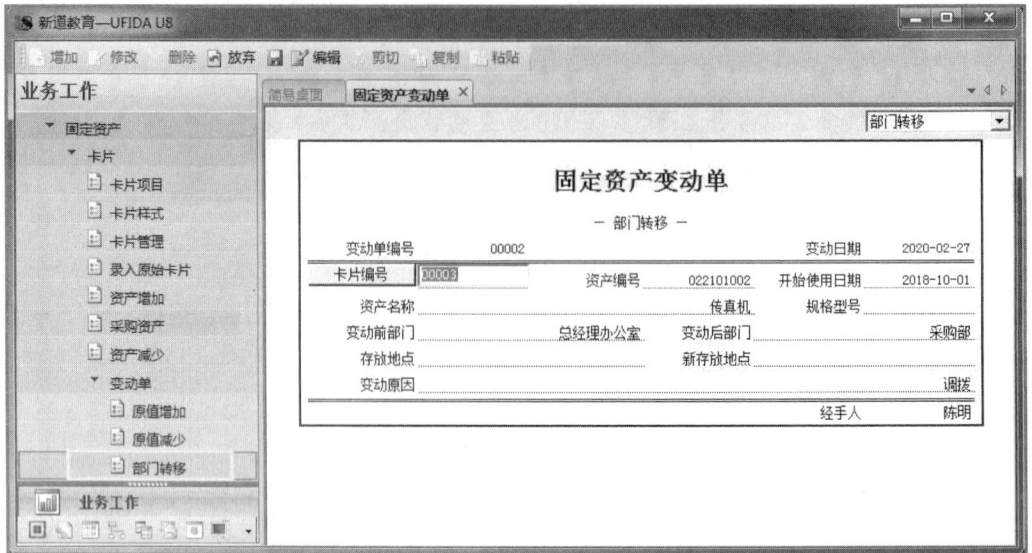

图6-32 录入部门转移固定资产变动单

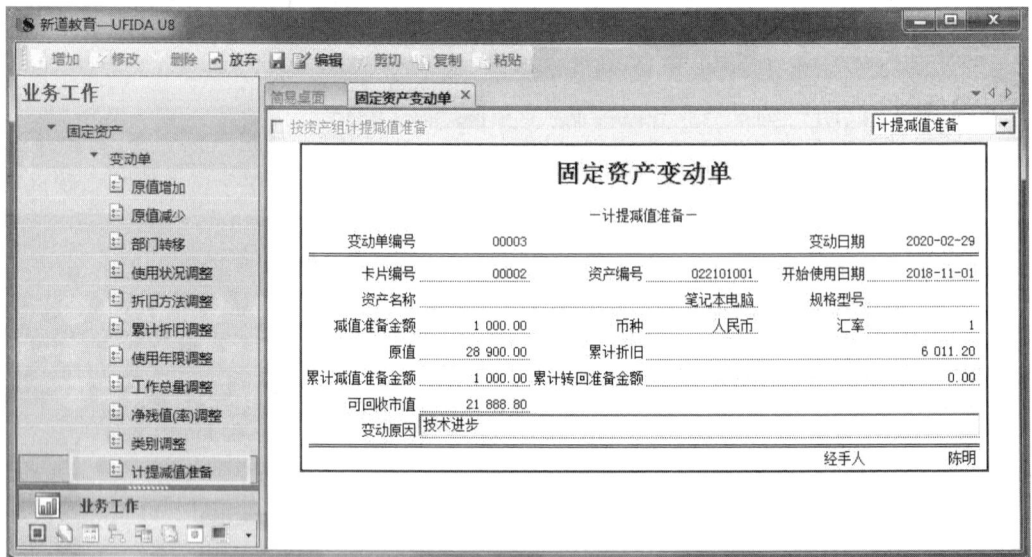

图6-33 录入计提减值准备固定资产变动单

④ 进入"填制凭证"对话框,选择凭证类型为"转账凭证",输入借方科目"管理费用——其他(660207)"、辅助核算中部门核算"总经理办公室(101)",填写修改其他项目,单击 （保存)按钮,如图6-34所示。

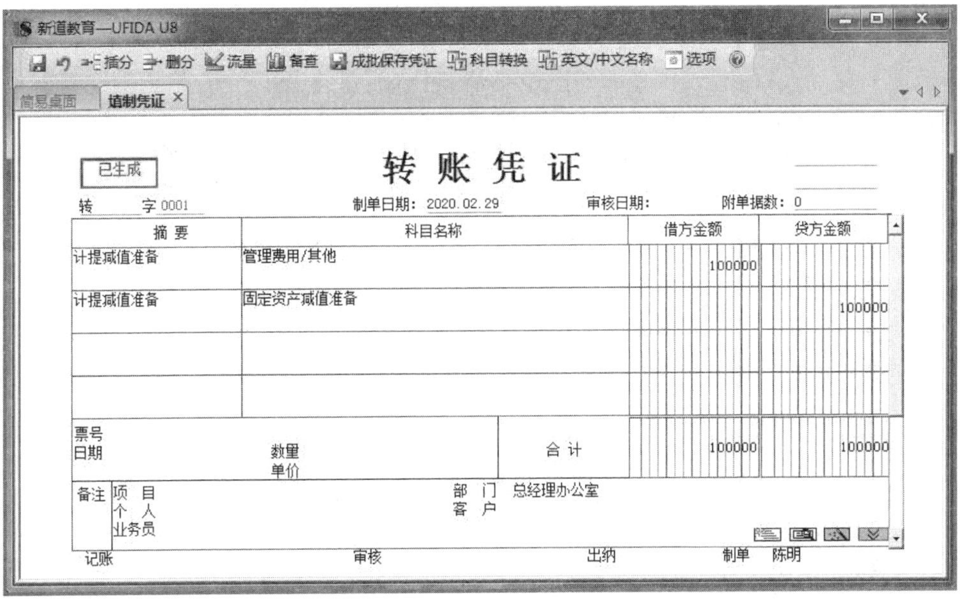

图 6-34 计提减值准备生成凭证

6.3 课程思政

1. 课程思政要点

在会计核算过程中要保持实事求是的态度,要实事求是地进行会计核算工作,客观公正,按照真实情况记录企业实际拥有的固定资产,不虚报、瞒报。

折旧作为固定资产在当期消耗所产生价值的体现,视情况不同可以计入制造费用、管理费用或销售费用。不论计入何种费用,都对当期利润产生影响。折旧政策由企业在遵循基本会计准则的基础上制定,存在一定灵活空间,因此往往成为利润调节器。

固定资产是指企业中单位价值较高、使用期限较长,能在较长的时间里保持其原有的实物形态的劳动资料,其价值通过使用的磨损逐渐转移到产成品价值中去,并通过销售收入收回。固定资产是企业正常生产经营所必不可少的,是企业生产能力和生产实力的反映,企业常通过固定资产信息的操纵或粉饰来达到其目的。固定资产信息反映的作假直接影响着会计信息使用人对企业预测和决策的判断。

2. 课程思政的内容

(1) 固定资产构成的作假方式

1) 固定资产与低值易耗品的划分不符合规定标准

根据财务制度的规定,企业固定资产的构成是,使用期限在 1 年以上的房屋、建筑物、机器、设备、器具、工具等;不属于经营主要设备的物品,单位价值在 2 000 元以上,并且使用年限超过两年的,也构成固定资产。不具备上述条件的,应列作低值易耗品。

在工作中存在着未按上述原则和标准划分固定资产与低值易耗品的问题。

有的企业将属于低值易耗品的物品列作固定资产,有的企业将属于固定资产的物品列作低值易耗品,从而造成核算上的混淆不清,也造成了二者的价值在向生产经营成本、费用转移时的不合规、不合理。

企业为了增加成本、费用,将符合固定资产的物品划入低值易耗品,一次摊销或分次摊销,为了减少当期成本、费用,将符合低值易耗品标准的物品划入固定资产进行管理,延缓其摊销速度。这种混淆划分标准的做法还会导致资产结构的变化,使固定资产与存货之间发生此长彼消的关系,使会计信息产生错报,直接影响投资者的决策。

2）固定资产分类不正确

固定资产可以分成七大类。

① 生产经营用固定资产;

② 非生产经营用固定资产;

③ 租出固定资产;

④ 不需用固定资产;

⑤ 未使用固定资产;

⑥ 土地;

⑦ 融资租入固定资产。

企业对固定资产可根据实际情况进行分类,一般企业多采用按经济用途和使用情况进行分类。对固定资产的分类正确与否主要涉及企业对哪些固定资产应计提折旧,以及折旧费用的列支问题,这些问题都直接影响企业费用与成本的计算、财务成果的确定以及计算所得税的依据。

① 将未使用固定资产划入生产经营使用的固定资产之中,会增加当期的折旧费用,使生产费用上升,还会导致固定资产内部结构发生变化,虚增固定资产使用率,给信息使用者以假象,使管理者做出错误的决策。

② 企业将采用经营租赁方式租入的固定资产与采用融资租赁方式租入的固定资产混为一谈,以达到降低或提高折旧费用,从而人为调整财务成果的目的。对企业采用经营租赁方式租入的固定资产按照有关规定,租入企业是不计提折旧的,由租出企业计提折旧;而采用融资租赁方式租入的固定资产,租入企业是要按规定计提折旧的。如果对采用经营租赁方式租入的固定资产计提折旧,其结果只能是人为提高折旧费用,增加当期的生产成本或期间费用。如果对采用融资租赁方式租入的固定资产不计提折旧,其结果就是虚假地降低生产成本或期间费用。这两种结果都是对企业财务成果与纳税的人为干扰。

③ 对土地的分类出现错误。与房屋、建筑物价值有关的因征地支付的补偿费,应计而不计入房屋、建筑物的价值。而将其单独作为“土地”入账,便降低了固定资产的原始价值,造成了固定资产的分类混乱。

3）固定资产的计价不准

资产根据其来源,有以下七种计价方式:

① 购入固定资产的计价;

② 自行建造固定资产的计价;

③ 其他单位投资转入的固定资产的计价；

④ 融资租入固定资产的计价；

⑤ 改建、扩建固定资产的计价；

⑥ 接受捐赠固定资产的计价；

⑦ 盘盈固定资产的计价。

企业易在计价方法和价值构成以及任意变动固定资产的账面价值方面出现问题。

① 计价方法

企业财务制度规定，新增加的固定资产有原始价值的就应按原始价值入账；无法确定原始价值的，按重置完全价值入账；而账面价值则主要用于计算盘盈、盘亏、毁损固定资产的溢余或损失。有些企业却不按上述规定采用正确的计价方法，从而影响了当期其他的成本费用，使固定资产在有效期内的折旧产生差错，使会计信息反映失实，最终误导人们的决策行为。

② 价值构成

企业在固定资产价值构成方面发生的问题主要是任意变动固定资产价值所包括的范围。有些企业不按规定进行操作，在购入固定资产时，将与购入该固定资产无关的费用支出或虽有某些联系但不应计入固定资产价值的支出，统统作为固定资产的价值组成部分，造成固定资产价值虚增。

③ 任意变动固定资产的账面价值。

有些企业不顾国家规定，任意调整、变动已入账的固定资产的账面价值。

如经营租赁的固定资产，实物虽已转移；但出租企业仍应对该固定资产进行管理，会计部门应对其进行核算。但企业因固定资产已不在本企业使用而随意将固定资产从账户中削减。导致会计信息失真，影响管理当局及外部会计信息使用者的正确判断。

第7章　供应链管理

7.1　系统概述

供应链管理系统是用友 ERP-U8 管理软件的重要组成部分,它突破了会计核算软件单一财务管理的局限,实现了从财务管理到企业财务业务一体化的全面管理,实现了物流、资金流管理的统一。

7.1.1　供应链管理系统的功能模版

用友 ERP-U8 供应链管理系统是用友 ERP-U8 企业应用套件的重要组成部分,是以企业购、销、存业务环节中的各项活动为对象,记录各项业务的发生,有效跟踪其发展过程,为财务核算、业务分析和管理决策提供依据。

用友 ERP-U8 供应链管理系统主要包括合同管理、采购管理、委外管理、销售管理、库存管理、存货核算、售前分析和质量管理几个模块。其主要功能在于增加预测的准确性,减少库存,提高发货供货能力,加快市场响应速度。同时,在这些模块中提供了对采购、销售等业务环节的控制,以及对库存资金占用的控制,以便完成对存货出入库成本的核算。其目的是,使企业的管理模式更符合实际情况,制定出最佳的企业运营方案,实现管理的高效率、实时性、安全性和科学性。

用友 ERP-U8 供应链管理系统由众多模块构成,功能强大,应用复杂。为了便于学习,另外从实际应用的角度考虑,本教材将重点介绍供应链的采购管理、销售管理、库存管理和存货核算四个模块。每个模块既可以单独应用,也可与相关模块联合应用。

1. 采购管理

采购管理能帮助企业对采购业务的全部流程进行管理,提供请购、订货、到货、检验、入库、开票和采购结算的完整采购流程,支持普通采购、受托代销和直运等多种类型的采购业务,支持按询价比价方式选择供应商,支持以订单为核心的业务模式。企业还可以根据实际情况进行采购流程的定制,既可选择按规范的标准流程操作,又可按最简约的流程来处理实际业务,从而方便企业构建自己的采购业务管理平台。

2. 销售管理

销售管理能帮助企业对销售业务的全部流程进行管理,提供报价、订货、发货、开票的完整销售流程,支持普通销售、委托代销、分期收款、直运、零售和销售调拨等多种类型的销售业务,支持以订单为核心的业务模式,并可对销售价格和信用进行实时监控。企业可以根据实际情况进行销售流程的定制,构建自己的销售业务管理平台。

3. 库存管理

库存管理主要是从数量的角度管理存货的出入库业务,能够满足采购入库、销售出库、产成品入库、材料出库、其他出入库和盘点管理等业务需要,提供多计量单位使用、仓库货位管理、批次管理、保质期管理、出库跟踪、入库管理和可用量管理等全面的业务应用。通过对各种储备进行分析,避免库存积压占用资金或材料短缺影响生产。

4. 存货核算

存货核算是从资金的角度管理存货的出入库业务,掌握存货耗用情况,及时、准确地把各类存货成本归集到各成本项目和成本对象上。存货核算主要用于核算企业的入库成本、出库成本、结余成本。它反映和监督存货的收发、领退和保管情况;反映和监督存货资金的占用情况,动态反映存货资金的增减变化,提供存货资金周转和占用分析,以降低库存,减少资金积压。

7.1.2　供应链管理系统的业务处理流程

在企业的日常工作中,采购供应部门、仓库、销售部门和财务部门等都涉及购销存业务及其核算的处理,各个部门的管理内容是不同的,工作间的延续性是通过单据在不同部门间的传递来完成的。那么这些工作在软件中是如何体现的呢? 计算机环境下的业务处理流程与手工环境下的业务处理流程肯定存在差异,如果缺乏对供应链管理系统业务流程的了解,那么就无法实现部门间的协调配合,就会影响系统的效率。

供应链管理系统的数据流程如图 7 - 1 所示。

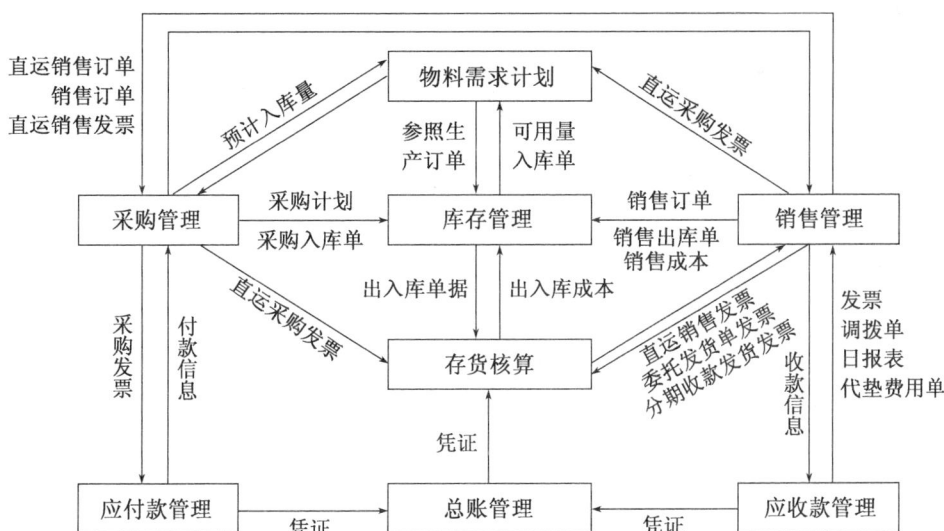

图 7 - 1　供应链管理系统的数据流程

7.2 供应链管理系统初始化

供应链管理系统初始化包括供应链管理系统建账、基础档案设置及期初数据录入等项工作。

7.2.1 供应链管理系统建账

企业的建账过程在系统管理一章已有描述，在这里只需启用相关子系统即可。

注意：本章节案例操作必须在期初余额录入并试算平衡之后，填制凭证之前进行操作。

案例 7-1 启用采购管理、销售管理、库存管理、存货核算、应付款管理和应收款管理子系统，启用日期为 2020-01-01。

【操作步骤】

以 001 陈明的身份进入企业应用平台（登录日期为 2020-01-01），执行"基础设置—基础信息—系统启用"命令，打开"系统启用"对话框，选中"AR 应收款管理"复选框，弹出"日历"对话框，选择薪资管理系统启用日期"2020 年 1 月 1 日"，单击"确定"按钮，系统弹出"确实要启用当前系统吗？"信息提示对话框，单击"是"按钮返回。同理启用其他系统。如图 7-2 所示。

图 7-2　启用应收款管理、应付款管理、销售管理、采购管理、库存管理和存货核算系统

注意：在企业供产销活动中，采购业务的完整流程离不开应付确认和货款支付，销售业务的完整流程不能缺少应收确认与收款。而在信息系统中，应付确认和货款支付的管

理功能主要由应付款管理系统来完成,应收确认和收款处理的管理功能主要由应收款管理系统来完成。因此,把应收款管理和应付款管理系统也作为财务业务一体化综合应用的必要构成部分一并介绍。

7.2.2 基础档案设置

本章之前设计的案例中,都有基础信息的设置,但基本限于与财务相关的信息。除此之外,供应链管理系统还需要增设与业务处理、查询统计、财务连接相关的基础信息。

使用供应链管理系统之前,应做好手工基础数据的准备工作,如对存货合理分配、准备存货的详细档案、进行库存数据的整理及与账面数据的核对等。供应链管理系统需要增设的基础档案信息包括以下项目:

1. 存货分类

如果企业存货较多,需要按照一定的方式进行分类管理是指按照存货固有的特征或属性将存货划分为不同的类别,以便于分类核算与统计。如工业企业可以将存货划分为原材料、产成品、应税劳务;商业企业可以将存货分为商品、应税劳务等。

在企业日常购销业务中,经常会发生一些劳务费用,如运输费、装卸费等,这些费用也是构成企业存货成本的一个组成部分,并且它们可以拥有不同于一般存货的税率。为了能够正确反映和核算这些劳务费用,一般在存货分类中单独设置一类,如"应税劳务"或"劳务费用"等。

案例 8-2 北京盛世科技公司存货可分为以下类别,资料如表 7-1 所示。

表 7-1 存货的类别

存货类别编码	存货类别名称	存货类别编码	存货类别名称
1	原材料	3	配套用品
101	主机	301	配套材料
10101	芯片	302	配套硬件
10102	硬盘	30201	打印机
10103	内存	30202	传真机
102	显示器	303	配套软件
103	键盘	9	应税劳务
104	鼠标		
2	产成品		
201	计算机		
202	服务器		

【操作步骤】

① 在企业应用平台的"基础设置"中,执行"基础档案—存货—存货分类"命令,打开"存货分类"对话框。

② 单击工具栏中"增加"按钮,按资料输入分类编码、分类名称,单击工具栏中 ▣(保存)按钮,如图7－3所示。

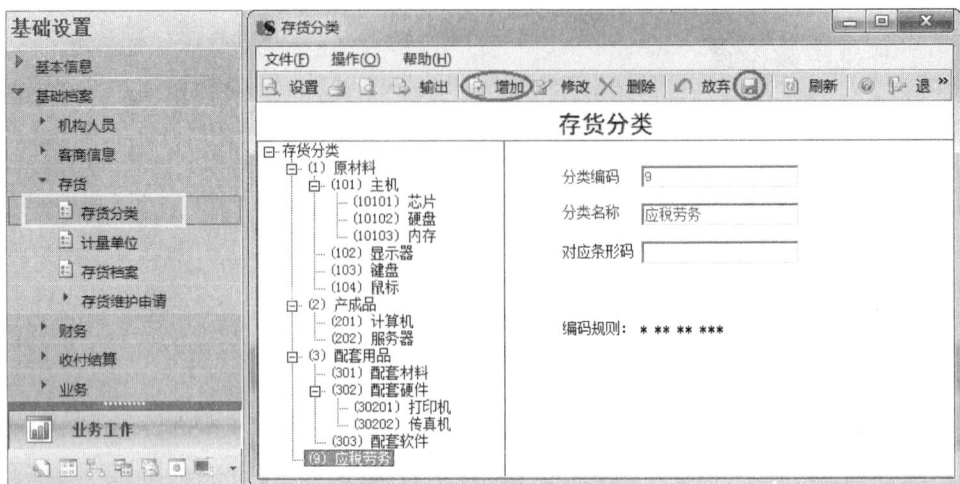

图7－3 设置存货分类

2.计量单位

企业中存货种类繁多,不同的存货存在不同的计量单位。有些存货的财务计量单位、存货计量单位、销售发货单位可能是一致的,如汽车的三种计量单位均为"辆"。同一种存货用于不同的业务,其计量单位也可能不同。因此,在开展企业日常业务之前,需要定义存货的计量单位。

案例7－3 北京盛世科技公司的存货计量单位组及计量单位如表7－2所示。

表7－2 存货的计量单位组及计量单位

计量单位组编号	计量单位组名称	计量单位组类别
01	无换算关系	无换算率
计量单位编号	计量单位名称	所属计量单位组名称
01	盒	无换算关系
02	台	无换算关系
03	只	无换算关系
04	千米	无换算关系
05	根	无换算关系

【操作步骤】

① 在企业应用平台的"基础设置"中,执行"基础档案—存货—计量单位"命令,打开"计量单位"对话框。

② 单击"计量单位"对话框工具栏中的"分组"按钮,打开"计量单位组"对话框。单击

工具栏中的"增加"按钮,输入计量单位组编码"01"、计量单位组名称"无换算关系"。单击"计量单位组类别"的下拉列表框,从下拉列表中选择"无换算率"选项,单击工具栏中 (保存)按钮。

③ 单击"计量单位"对话框工具栏中的"单位"按钮,打开另一个"计量单位"对话框。单击工具栏中的"增加"按钮,输入计量单位编码"01"、计量单位名称"盒",选择计量单位组编码"01",单击工具栏中 (保存)按钮,如图 7 - 4 所示。

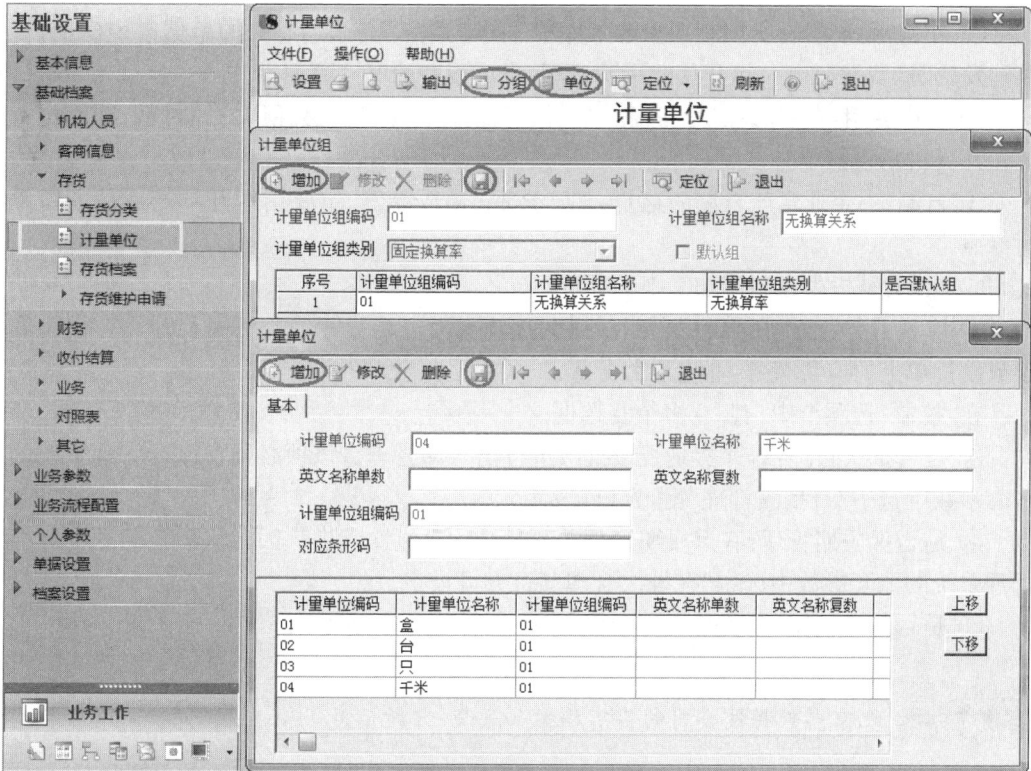

图 7 - 4　设置存货的计量单位组及计量单位

④ 同理,完成其他计量单位的录入,单击"退出"按钮,返回"计量单位"对话框。如图 7 - 5 所示。

图 7 - 5　设置计量单位

3. 存货档案

在"存货档案"对话框中包括 9 个选项卡,即基本、成本、控制、其他、计划、MPS/MRP、图片以及附件。

在"基本"选项卡中,有 25 个复选框,用于设置存货的属性。设置存货属性的目的是在填制单据参照存货时缩小参照范围。

① 内销、外销:用于发货单、发票、销售出库单等与销售有关的单据参照存货时使用,表示该存货可用于销售。

② 外购:用于购货所填制的采购入库单、采购发票等与采购有关的单据参照使用,在采购发票、运费发票上一起开具的采购费用,也应设置为"外购"属性。

③ 生产耗用:存货可在生产过程中被领用、消耗。生产产品耗用的原材料、辅助材料等在开具材料领料单时参照。

④ 自制:由企业生产自制的存货,如产成品、半成品等,主要用在开具产成品入库单时参照。

⑤ 在制:是指尚在制造加工中的存货。

⑥ 应税劳务:是指在采购发票上开具的运输费、包装费等采购费用及开具在销售发票或发货单上的应税劳务、非应税劳务等。

在"控制"选项卡中,有 20 多个复选框。

⑦ 是否批次管理:对存货是否按批次进行出入库管理。该项必须在库存管理系统的账套参数中选中"有批次管理"后,方可设定。

⑧ 是否保质期管理:有保质期管理的存货必须有批次管理。因此该项也必须在库存管理系统的账套参数中选中"有批次管理"后,方可设定。

⑨ 是否呆滞积压:存货是否呆滞积压,完全由用户自行决定。

案例 7-4 北京盛世科技公司的存货档案如表 7-3 所示。

表 7-3 存货的档案

存货编码	存货名称	所属类别	主计量单位	税 率	存货属性
001	PIII芯片	芯片	盒	13%	内销、外购、生产耗用
002	160GB硬盘	硬盘	盒	13%	内销、外购、生产耗用
003	21英寸显示器	显示器	台	13%	内销、外购、生产耗用
004	键盘	键盘	只	13%	内销、外购、生产耗用
005	鼠标	鼠标	只	13%	内销、外购、生产耗用
006	计算机	计算机	台	13%	内销、外销、自制
007	1600K打印机	打印机	台	13%	内销、外销、外购
008	运输费	应税劳务	千米	9%	内销、外销、外购、应税劳务
009	服务器	服务器	台	13%	内销、外购
010	2GB	内存	根	13%	内销、外销、外购、生产耗用

【操作步骤】

① 在企业应用平台的"基础设置"中,执行"基础档案—存货—存货档案"命令,打开"存货档案"对话框。

② 单击工具栏中"增加"按钮,打开"增加存货档案"对话框,在"基本"卡片中,输入存货编码"001"、存货名称"PIII芯片"、存货分类"芯片"、计量单位组"01"、主计量单位"01";在存货属性选项中单击"内销、外购、生产耗用"复选框,单击工具栏中"保存并增加"或 🖫 (保存)按钮,如图 7-6 所示。

③ 同理,完成其他存货档案的录入,返回"存货档案"对话框,如图 7-7 所示。

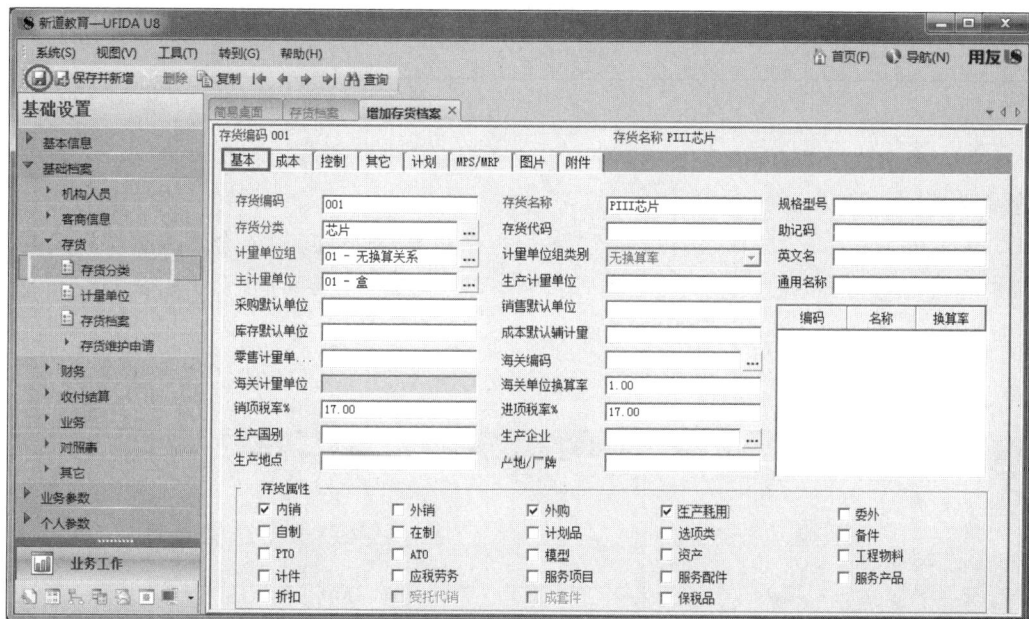

图 7-6　增加存货档案

图 7-7　设置存货档案

4. 仓库档案

存货一般是存放在仓库保管的。对存货进行核算管理,就必须建立仓库档案。

案例 7 - 5 北京盛世科技公司的仓库档案如表 7 - 4 所示。

表 7 - 4 仓库的档案

仓库编码	仓库名称	计价方式
1	原料库	移动平均法
2	成品库	移动平均法
3	配套用品库	全月平均法

【操作步骤】

① 在企业应用平台的"基础设置"中,执行"基础档案—业务—仓库档案"命令,打开"仓库档案"对话框。

② 单击工具栏中"增加"按钮,打开"增加仓库档案"对话框,输入仓库编码"1",仓库名称"原料库";单击"计价方式"的下拉列表框,从下拉列表中选择"移动平均法"选项,单击工具栏中 保存按钮,如图 7 - 8 所示。

③ 同理,完成其他仓库档案的录入,返回"仓库档案"对话框,如图 7 - 9 所示。

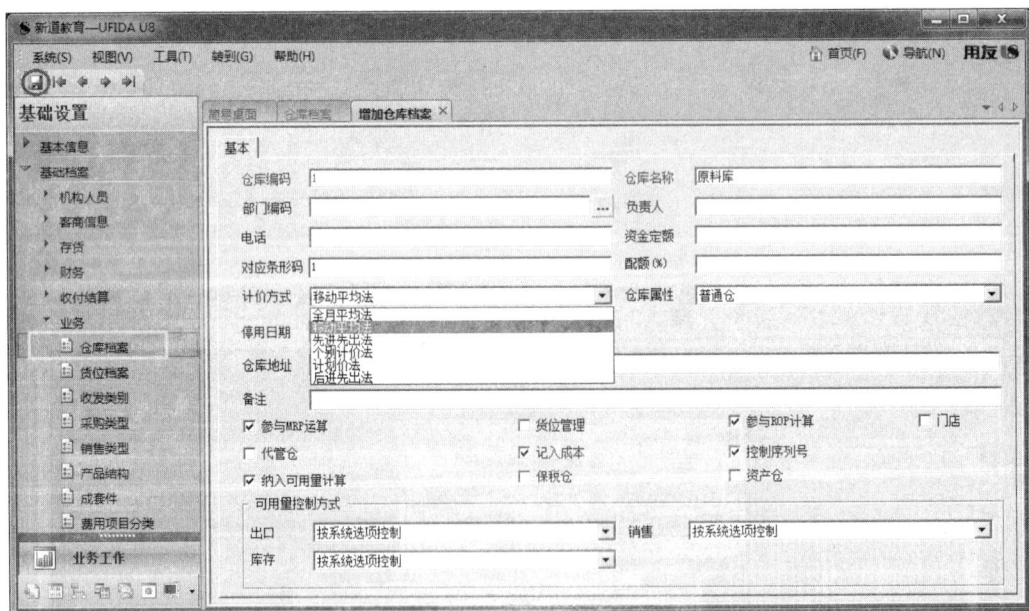

图 7 - 8 增加仓库档案

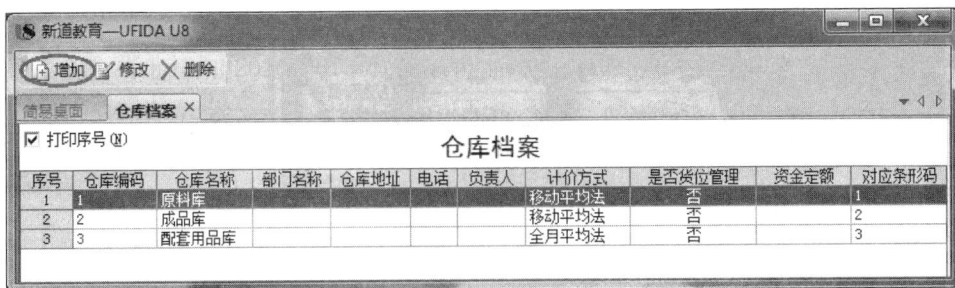

图7-9 设置仓库档案

5. 收发类别

收发类别用来表示存货的出入库类型,便于对存货的出入库情况进行分类汇总统计。

案例7-6 北京盛世科技公司存货的收发类别如表7-5所示。

表7-5 存货收发类别

收发类别编码	收发类别名称	收发标志	收发类别编码	收发类别名称	收发标志
1	正常入库	收	3	正常出库	发
101	采购入库	收	301	销售出库	发
102	产成品入库	收	302	领料出库	发
103	调拨入库	收	303	调拨出库	发
2	非正常入库	收	4	非正常出库	发
201	盘盈入库	收	401	盘亏出库	发
202	其他入库	收	402	其他出库	发

【操作步骤】

① 在企业应用平台的"基础设置"中,执行"基础档案—业务—收发类别"命令,打开"收发类别档案"对话框。

② 单击工具栏中"增加"按钮,输入收发类别编码,收发类别名称,选择收发方式,单击工具栏中 ![保存] (保存)按钮,如图7-10所示。

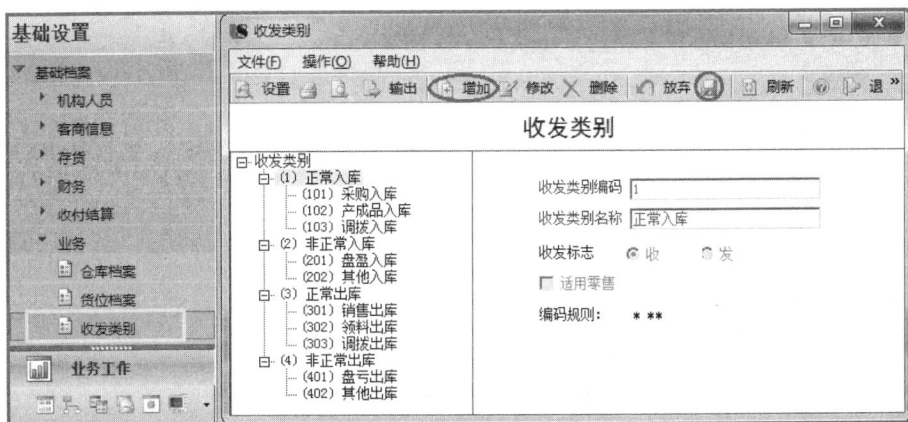

图7-10 设置收发类别

6. 采购类型/销售类型

定义采购类型和销售类型，能够按采购、销售类型对采购、销售业务数据进行统计和分析。采购类型和销售类型均不分级次，根据实际需要设立。

案例 7-7 北京盛世科技公司采购类型/销售类型如表 7-6、表 7-7 所示。

表 7-6　采购类型

采购类型编码	采购类型名称	入库类型	是否默认值
1	普通采购	采购入库	是

表 7-7　销售类型

销售类型编码	销售类型名称	出库类别	是否默认值
1	经销	销售出库	是
2	代销	销售出库	否

【操作步骤】

1. 采购类型设置

① 在企业应用平台的"基础设置"中，执行"基础档案—业务—采购类型"命令，打开"采购类型"对话框。

② 单击工具栏中"增加"按钮，输入采购类型编码"1"、采购类型名称"普通采购"、入库类别"采购入库"，"是否默认值"选择"是"，单击工具栏中 ![保存] (保存)按钮，如图 7-11 所示。

2. 销售类型设置

① 在企业应用平台的"基础设置"中，执行"基础档案—业务—销售类型"命令，打开"销售类型"对话框。

② 单击工具栏中"增加"按钮，输入销售类型编码"1"、销售类型名称"经销"、出库类别"销售出库"，"是否默认值"选择"是"，单击工具栏中 ![保存] (保存)按钮，如图 7-12 所示。

③ 同理，完成其他销售类型的录入。

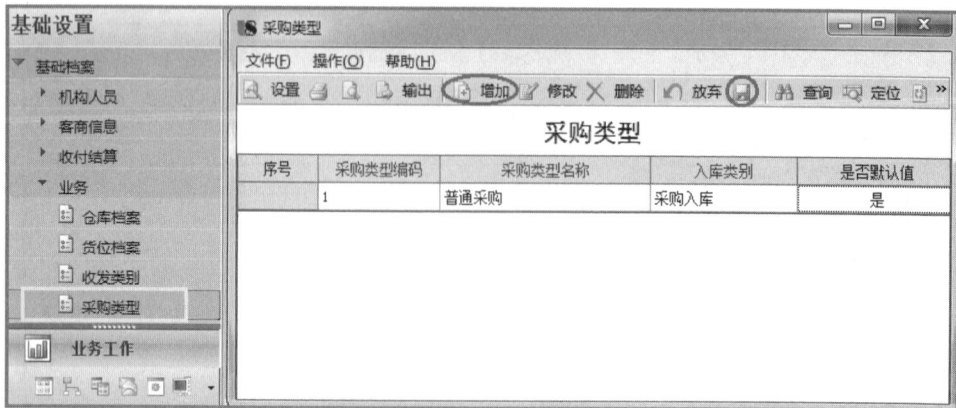

图 7-11　设置采购类型

图 7 - 12 销售类型设置

7. 产品结构

产品结构用来定义产品的组成,包括组成成分和数量关系,以便用于配比出库、组装拆卸、消耗定额、产品材料成本、采购计划、成本核算等引用。产品结构中引用的物料必须首先在存货档案中定义。

8. 费用项目

销售过程中有很多不同的费用发生,如代垫费用、销售支出等,在系统中将其设置为费用项目,以方便记录和统计。

9. 本单位开户银行信息设置

在对外开具的销售发票中,需要有本单位开户银行的完整信息。

案例 7 - 8 北京盛世科技公司开户银行信息如下:

编码:01;名称:农业银行北京分行中关村分理处;账号:202001010101;账户名称:农行人民币户。

【操作步骤】

① 在企业应用平台的"基础设置"中,执行"基础档案—收付结算—本单位开户银行"命令,打开"本单位开户银行"对话框。

② 单击工具栏中"增加"按钮,打开"增加本单位开户银行"对话框,输入编码"01"、银行账号"202001010101"、账户名称"农行人民币"、币名"人民币"、开户银行"农业银行北京分行中关村分理处"、所属银行编码"04",单击工具栏中 按钮,单击"退出"按钮,如图 7 - 13 所示。

③ 返回"本单位开户银行"对话框,如图 7 - 14 所示。

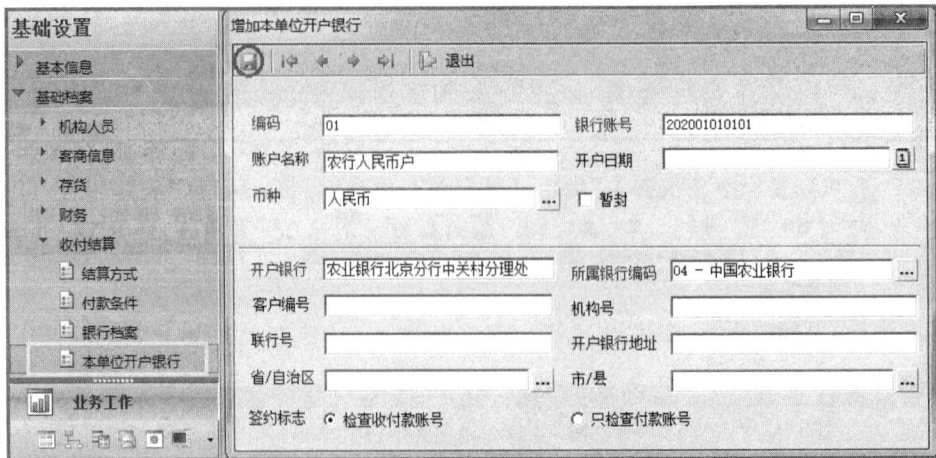

图 7-13　增加本单位开户银行

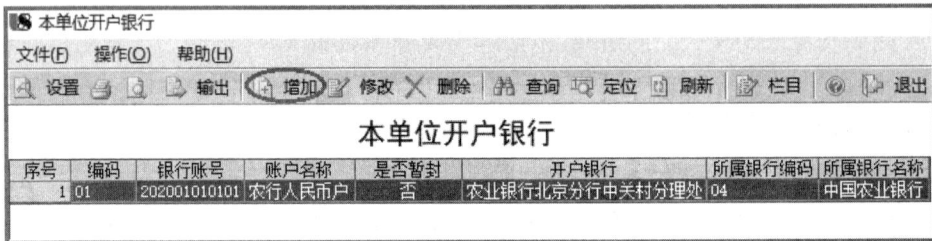

图 7-14　设置本单位开户银行信息

7.2.3　科目设置

1. 存货核算系统业务科目设置

存货核算系统是供应链管理系统与财务系统联系的桥梁,各种存货的购进、销售及其他出入库业务,均在存货核算系统中生成凭证并传递到总账管理系统。为了快递、准确地完成制单操作,应事先设置凭证上的相关科目。

（1）存货科目设置

存货科目是设置生成凭证需要的各种存货科目和差异科目。存货科目既可以按仓库也可以按存货分类分别进行设置。

案例 7-9　设置存货科目的资料如表 7-8 所示。

表 7-8　存货科目的资料

仓　库	存货分类编码	存货科目
1 原料库	10101 芯片	芯片（140301）
1 原料库	10102 硬盘	硬盘（140302）
1 原料库	103 键盘	键盘（140303）

（续表）

仓　库	存货分类编码	存货科目
1 原料库	104 鼠标	鼠标(140304)
2 成品库		库存商品(1405)
3 配套用品库		库存商品(1405)

【操作步骤】

① 在企业应用平台的"业务工作"中，执行"供应链—存货核算—初始设置—科目设置—存货科目"命令，打开"存货科目"对话框。

② 单击工具栏中"增加"按钮，输入仓库编码"1"、存货分类编码"10101"、存货科目编码"140301"，其他信息会自动录入，单击工具栏中 ![保存] (保存)按钮，如图 7 - 15 所示。

③ 同理，完成其他存货科目的录入。

图 7 - 15　设置存货科目

（2）对方科目设置

对方科目是设置生成凭证所需要的存货对方科目，可以按收发类别设置。

案例 7 - 10　设置对方科目的资料如表 7 - 9 所示

表 7 - 9　对方科目的资料

收发类别	对方科目
101 采购入库	材料采购(1401)
102 产成品入库	生产成本/直接材料(500101)
201 盘盈入库	待处理财产损溢/待处理流动资产损溢(190101)
301 销售出库	主营业务成本(6401)
302 领料出库	生产成本/直接材料(500101)

【操作步骤】

① 在企业应用平台的"业务工作"中,执行"供应链—存货核算—初始设置—科目设置—对方科目"命令,打开"对方科目"对话框。

② 单击工具栏中"增加"按钮,输入收发类别编码"101"、对方科目编码"1401",收发类别名称和对方科目名称会自动录入,单击工具栏中 💾 按钮,如图 7 - 16 所示。

③ 同理,完成其他对方科目的录入。

收发类别编码	收发类别名称	存货分类编码	存货分类名称	存货编码	存货名称	对方科目编码	对方科目名称
101	采购入库					1401	材料采购
102	产成品入库					500101	直接材料
201	盘盈入库					190101	待处理流动资产损益
301	销售出库					6401	主营业务成本
302	领料出库					500101	直接材料

图 7 - 16　设置对方科目

2. 应收款管理系统常用科目设置

应收款管理系统主要用来处理企业与客户之间的往来业务,涉及应收与收款的业务均在应收款管理中生成凭证,并传递到总账管理系统。为了快速、准确地完成制单操作,应事先设置凭证上的相关科目。

案例 7 - 11　设置应收款管理系统。

1. 选项设置

坏账处理方式:应收余额百分比法;其他参数为系统默认。

【操作步骤】

① 从企业应用平台中进入应收款管理系统。

② 执行"设置—选项"命令,打开"账套参数设置"对话框。

③ 单击"编辑"按钮,在"常规"选项卡中,单击"坏账处理方式"的下拉列表框,从下拉列表中选择"应收余额百分比法"选项,其他参数采用系统默认,单击"确定"按钮,如图 7 - 17 所示。

2. 初始设置

(1) 基本科目设置

应收科目 1122,预收科目 2203,销售收入科目 6001,应交增值税科目 22210105。

(2) 结算方式科目设置

现金结算对应科目 1001,现金支票对应科目 100201,转账支票对应科目 100201。

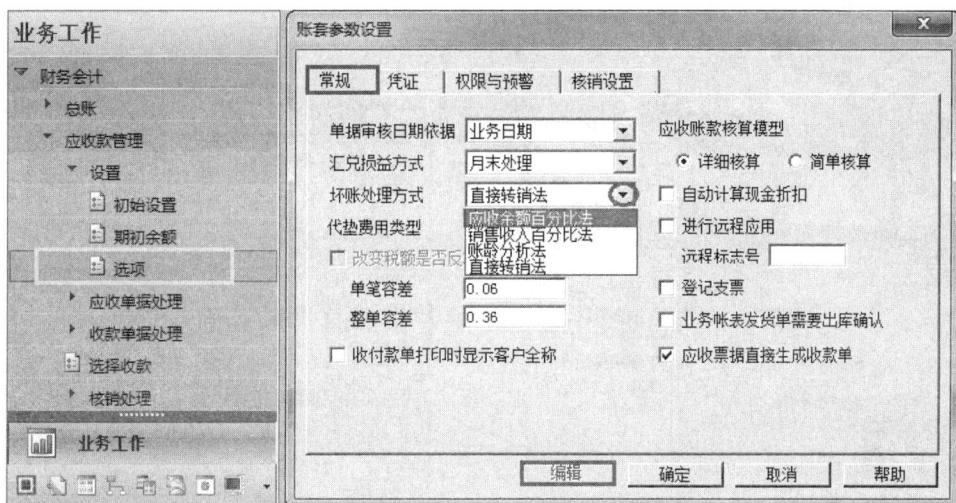

图 7‑17 设置应收款管理系统参数

（3）坏账准备设置

提取比例 0.5%，期初余额 10 000 元，科目 1231，对方科目 6701。

（4）账期内账龄区间设置（如表 7‑10 所示）

表 7‑10 账期内的账龄区间

序　号	起止天数/天	总天数/天
01	00～30	30
02	31～60	60
03	61～90	90
04	91～120	120
05	121 以上	

（5）报警级别设置（如表 7‑11 所示）

表 7‑11 报警级别

序　号	起止比率	总比率/%	级别名称
01	0 以上	10	A
02	10%～30%	30	B
03	30%～50%	50	C
04	50%～100%	100	D
05	100% 以上		E

【操作步骤】

① 执行"设置—初始设置"命令，进入"初始设置"对话框，单击工具栏中"增加"按钮，再单击"基本科目设置"按钮。单击"基础科目种类"的下拉列表框，从下拉列表中选择"应收科目"选项，输入科目"1122"，币种默认为"人民币"，如图 7‑18 所示。单击键盘 Enter

键,系统自动保存,同理,完成其他基本科目的录入。

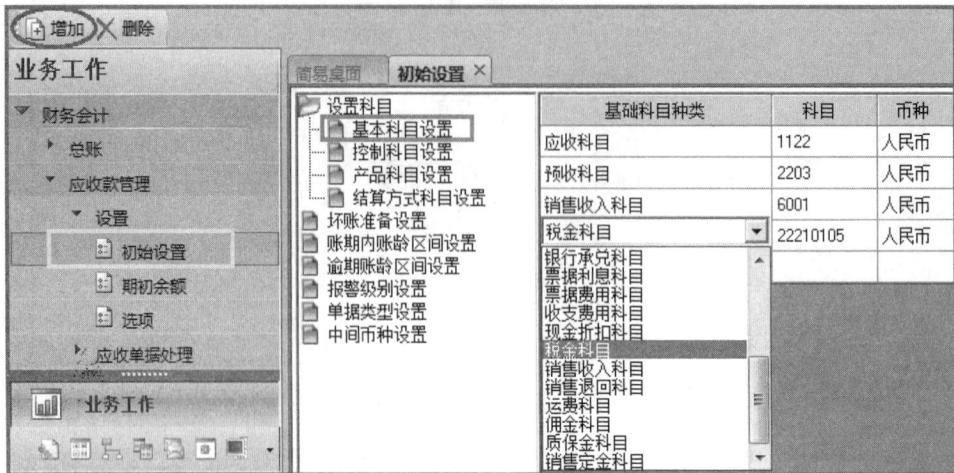

图 7-18　设置基本科目

注意:基本科目设置操作之前,先在基础设置的会计科目设置中恢复应收、预收、应付和预付科目的"受控科目"设置。

② 进入"基础设置—基础档案—财务—会计科目",进入"会计科目"窗口。如图 7-19 所示。

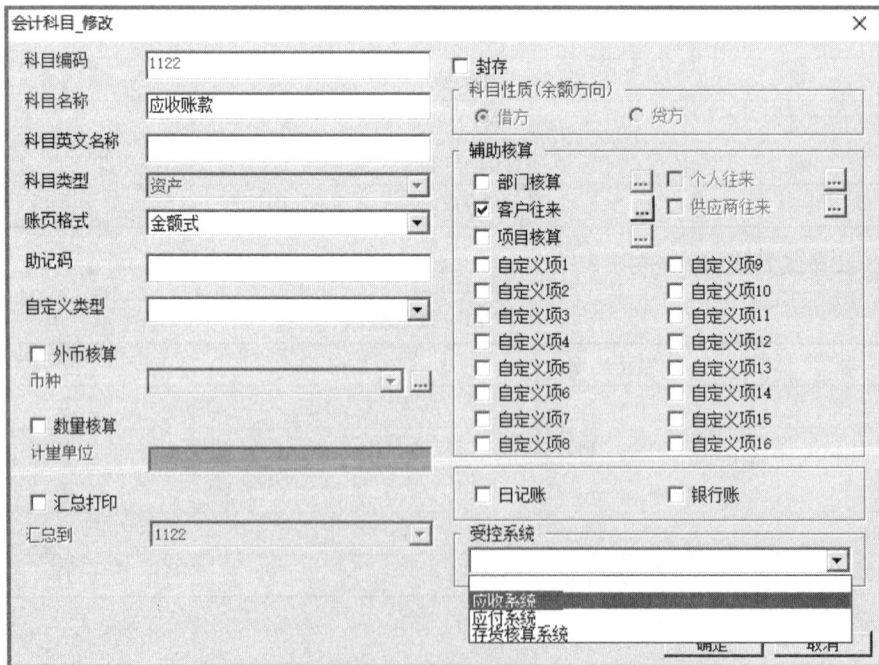

图 7-19　修改"应收账款"受控系统为"应收系统"

③ 单击要修改的会计科目"1122 应收账款"。单击"修改"按钮或双击该科目,进入"会计科目—修改"窗口,下拉"受控系统"的 ▼ 按钮,选择"应收系统",再单击"确定"。如图 7 - 20 所示。

图 7 - 20 修改应收账款受控系统

④ 执行"设置—初始设置"命令,进入"初始设置"对话框,单击工具栏中"增加"按钮,单击"结算方式科目设置"按钮,单击"结算方式"的下拉列表框,从下拉列表中选择"现金结算"选项,币种默认"人民币",输入科目"1001"。单击键盘 Enter 键,系统自动保存,同理,完成其他结算方式科目的录入。如图 7 - 21 所示。

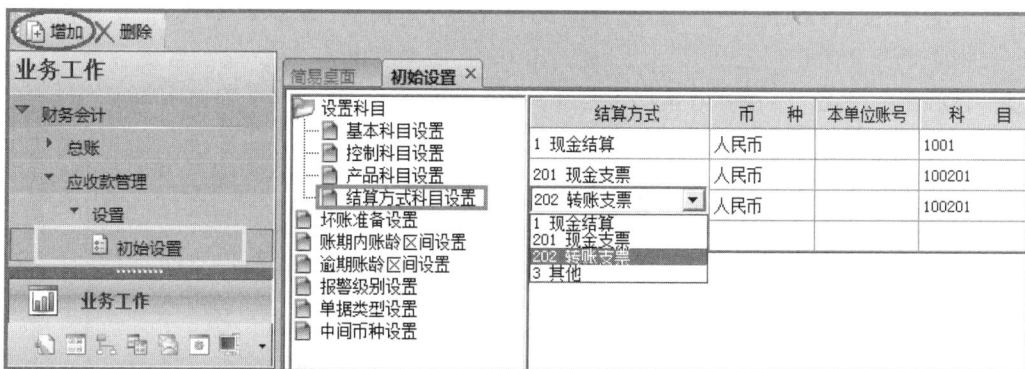

图 7 - 21 结算方式科目设置

⑤ 执行"设置—初始设置"命令,进入"初始设置"对话框,单击工具栏中"增加"按钮,单击"坏账准备设置"按钮,输入提取比率"0.5%",坏账准备期初余额"10 000",坏账准备科目"1231",对方科目"6701",单击"确定"按钮,如图 7 - 22 所示。

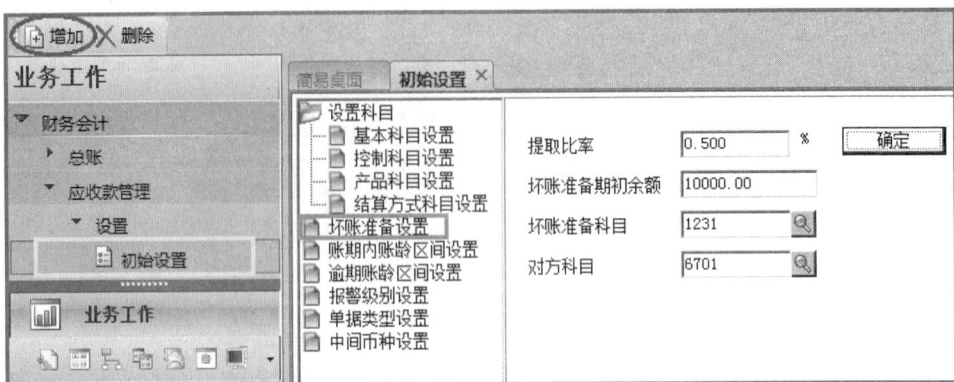

图 7 - 22 设置坏账准备

⑥ 执行"设置—初始设置"命令,进入"初始设置"对话框,单击"账期内账龄区间设置"按钮,在序号 01 此行的总天数栏输入"30",单击键盘 Enter 键,系统自动保存,光标自动在序号 02 行总天数闪动,输入"60",同理,完成其他账龄区间的录入。如图 7 - 23 所示。

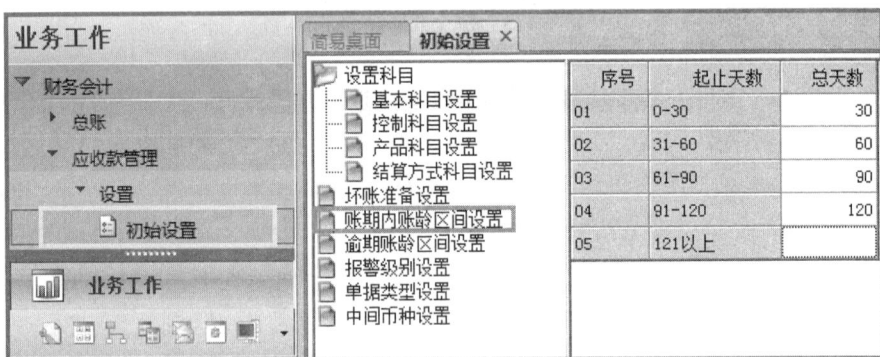

图 7 - 23 设置账期内账龄区间

⑦ 执行"设置—初始设置"命令,进入"初始设置"对话框,单击"报警级别"按钮,在序号 01 此行的总比率(%)栏输入"10"、级别名称"A",单击键盘 Enter 键,系统自动保存,光标自动在序号"02"行的总比率(%)栏处闪动,输入"30"、级别名称"B"。同理,完成其他报警级别的录入。如图 7 - 24 所示。

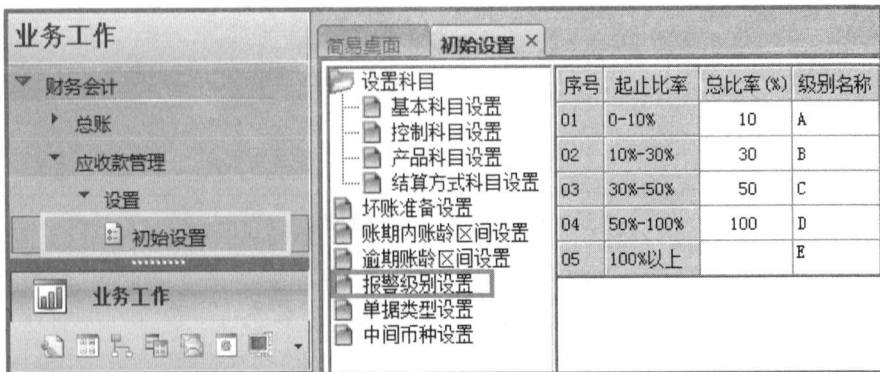

图 7 - 24 设置报警级别

3. 应付款管理系统常用科目设置

应付款管理系统主要用来处理企业与供应商之间的往来业务,涉及应付与付款的业务均在应付款管理系统中生成凭证,并传递到总账管理系统。为了快速、准确地完成制单操作,应事先设置凭证上的相关科目。

案例 7 - 12 设置应付款管理系统。

初始设置

① 基本科目设置:应付科目 2202,预付科目 112301,采购科目 1401,采购税金科目 22210101。

② 结算方式科目设置:现金结算对应科目 1001,现金支票对应科目 100201,转账支票对应科目 100201。

③ 账期内账龄区间设置和报警级别设置参照应收款管理系统。

【操作步骤】

基本科目设置如下:

① 从企业应用平台中进入应付款管理系统。

② 执行"设置—初始设置"命令,进入"初始设置"对话框,单击工具栏中"增加"按钮,再单击"基本科目设置"按钮。单击"基础科目种类"的下拉列表框,从下拉列表中选择"应付科目"选项,输入科目"2202",币种默认为"人民币",如图 7 - 25 所示。单击键盘 Enter 键,系统自动保存。同理,完成其他基本科目的录入。

③ 其余设置参照应收款管理系统。

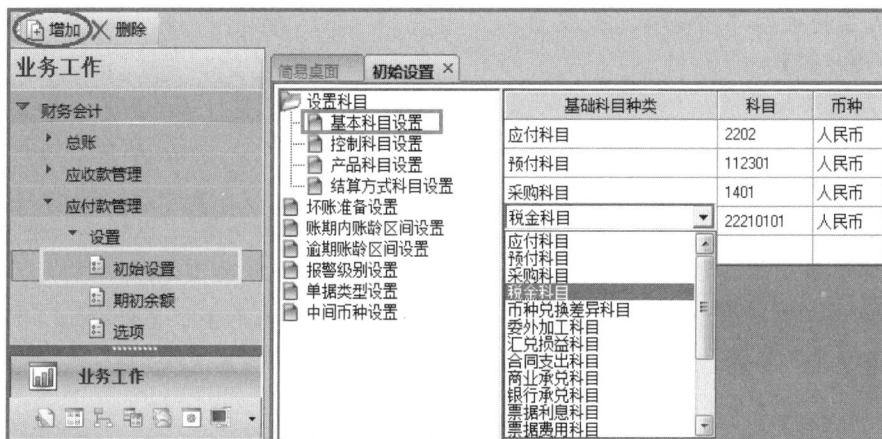

图 7 - 25 设置基本科目

7.2.4 供应链管理系统的期初数据

在供应链管理系统中,期初数据输入是一个非常关键的环节。期初数据的录入内容及顺序如表 7 - 12 所示。

表 7 - 12　期初数据的内容及顺序

系统名称	操作	内容	说明
采购管理	录入	期初暂估入库 期初在途存货	暂估入库是指货到票未到 在途存货是指票到货未到
	期初记账	采购期初数据	没有期初数据也要执行期初记账,否则不能开始日常业务
销售管理	录入并审核	期初发货单 期初委托代销发货单 期初分期收款发货单	已发货、出库,但未开票 已发货未结算的数量 已发货未结算的数量
库存	录入(取数)审核	库存期初余额 不合格品期初数据	库存和存货共用期初数据 未处理的不合格品结存量
存货	录入(取数)记账	存货期初余额 期初分期收款发出商品余额	

1. 采购管理系统期初数据

采购管理系统有可能存在两类期初数据:一类是货到票未到即暂估入库业务,对于这类业务应调用期初采购入库单录入;另一类是票到货未到即在途业务,对于这类业务应调用期初采购发票功能录入。

案例 7 - 13　采购管理系统期初数据录入和期初记账。

2019 年 12 月 25 日,收到优品公司提供的 160 GB 硬盘 100 盒,单价为 800 元,商品已验收入原料仓库,至今尚未收到发票。

【操作步骤】

1. 期初录入

① 启用采购管理系统,执行"采购入库—采购入库单"命令,进入"期初采购入库单"对话框。

② 单击"增加"按钮,输入入库日期"2019 - 12 - 25",选择仓库"1 原料库"、供货单位"001 优品公司"、部门"采购部"、入库类型"101 采购入库"、采购类型"普通采购"。

③ 选择存货编码"002",输入数量"100"、暂估单价"800",单击工具栏中 ![保存] (保存)按钮。如图 7 - 26 所示。

④ 录入完成后,单击"退出"按钮。

2. 期初记账

① 执行"设置—采购期初记账"命令,系统弹出"期初记账"信息提示对话框。

② 单击"记账"按钮,系统弹出"期初记账完毕!"信息提示对话框。

③ 单击"确定"按钮,返回采购管理系统。如图 7 - 27 所示。

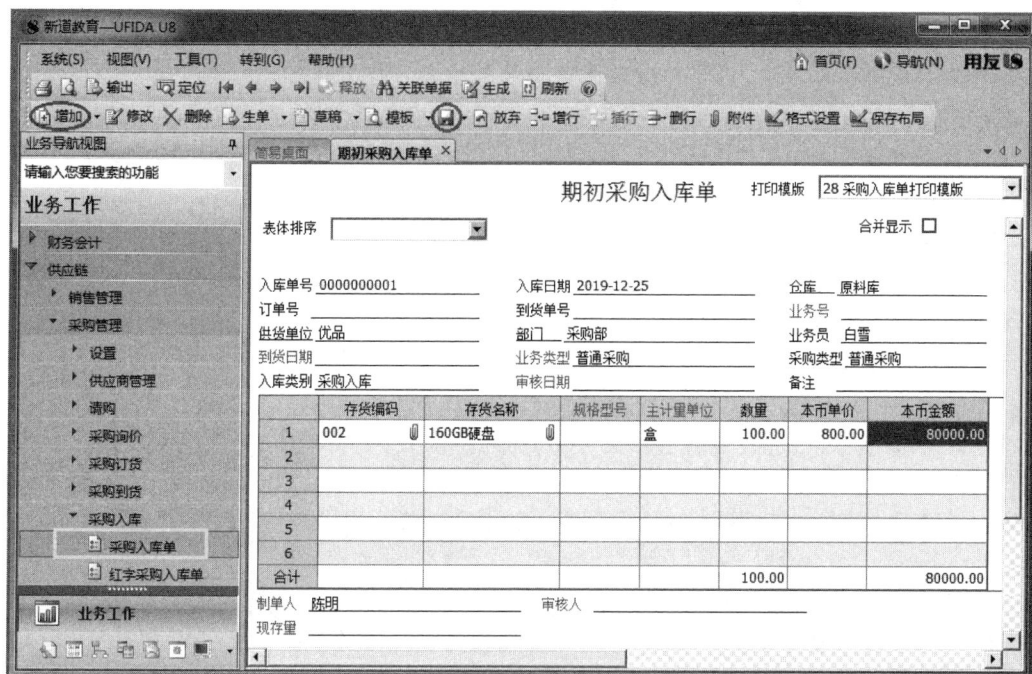

图 7 - 26　录入采购管理期初数据

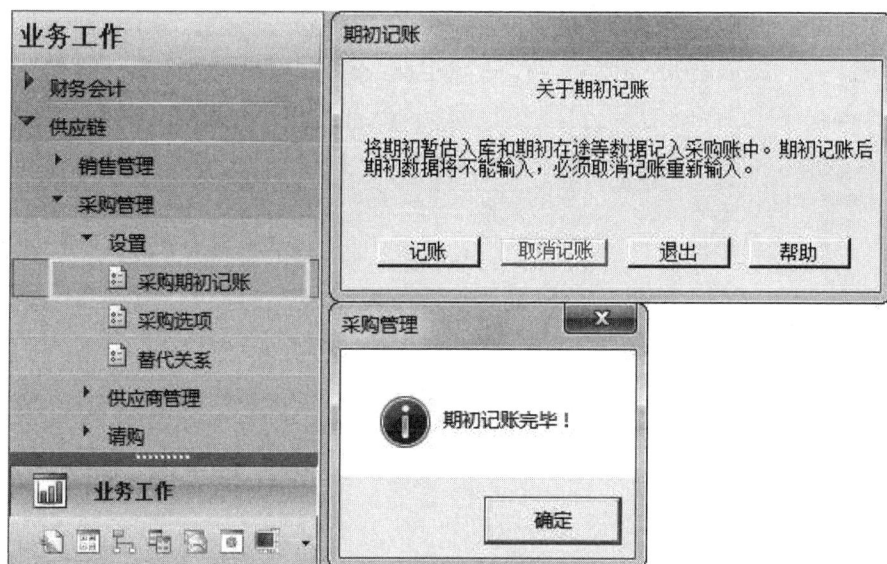

图 7 - 27　采购管理期初记账

2. 销售管理系统期初数据

销售系统期初数据是指销售系统启用日期之前已经发货、出库但未开具销售发票的存货。如果企业有委托代销业务,则已经发生但未完全结算的存货也需要在期初数据中录入。

案例 7 - 14 销售管理系统期初数据录入并审核。

2019 年 12 月 28 日,销售部向赣星贸易公司出售计算机 10 台,无税单价为 6 500 元,由成品库发货,该发货单尚未开票。

【操作步骤】

① 启用销售管理系统,执行"设置—期初录入—期初发货单"命令,进入"期初采发货单"对话框。

② 单击"增加"按钮,输入发货日期"2019 - 12 - 28",选择销售类型"经销"、客户名称"002 赣星贸易公司"、销售部门"销售部部"。

③ 选择仓库"2 成品库"、存货"006 计算机",输入数量"10"、无税单价"6 500",单击工具栏中 <kbd>💾</kbd>(保存)按钮。

④ 单击工具栏中"审核"按钮,审核该发货单。如图 7 - 28 所示。

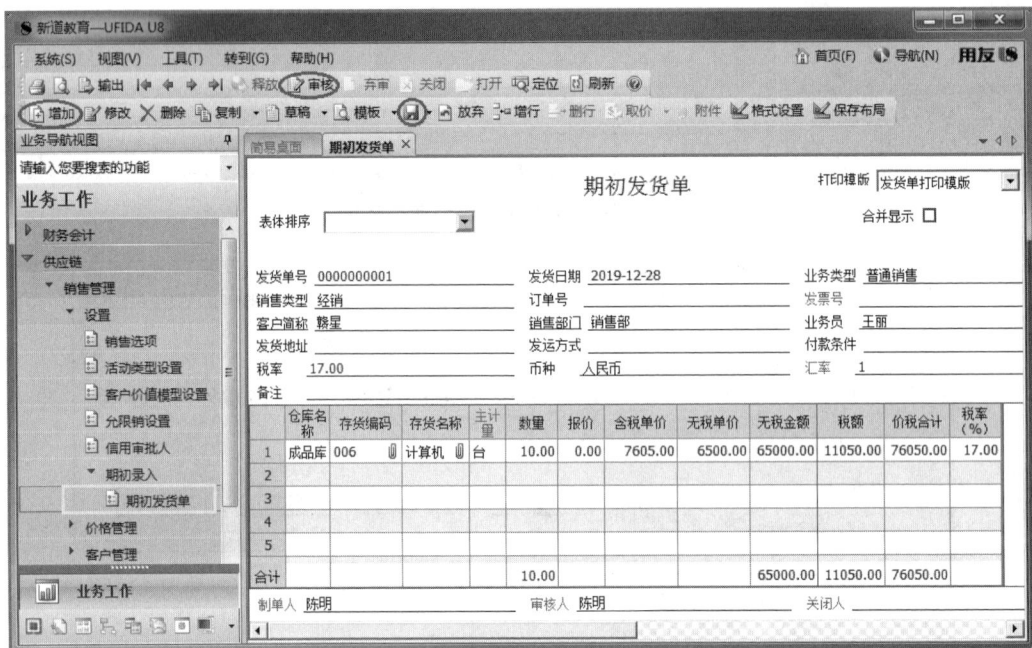

图 7 - 28 录入和审核销售管理期初数据

3. 库存管理和存货核算系统期初数据

各个仓库存货的期初余额既可以在库存管理系统中录入,也可以在存货核算系统中录入。因涉及总账管理系统对账,因此建议在存货核算系统中录入。

案例 7 - 15 2019 年 12 月 31 日,对各个存货仓库进行了盘点,结果如表 7 - 13 所示。

表 7 - 13　存货仓库盘点情况

仓库名称	存货名称	数　量	结存单价/元
原料库	PIII 芯片	700	1 200.00
原料库	160 GB 硬盘	200	820.00
成品库	计算机	380	4 800.00
配套用品库	1 600 K 打印机	400	1 800.00

【操作步骤】

1. 存货期初数据录入并记账

① 启用存货核算系统,执行"初始设置—期初数据—期初余额"命令,进入"期初余额"对话框。

② 选择仓库"1 原料库",单击"增加"按钮,输入存货编码"001"、数量"700"、单价"1 200"。同理,输入"160 GB 硬盘"的期初数据。

③ 选择仓库"2 成品库",单击"增加"按钮,输入存货编码"006"、数量"380"、单价"4 800"。

④ 选择仓库"3 配套用品库",单击"增加"按钮,输入存货编码"007"、数量"400"、单价"1 800"。

⑤ 单击"记账"按钮(只需单击一次),系统对所有仓库进行记账,系统提示"期初记账成功!"信息。记账完毕后,"期初余额"对话框工具栏中的"记账"按钮会变成 恢复 按钮。如图 7 - 29 所示。

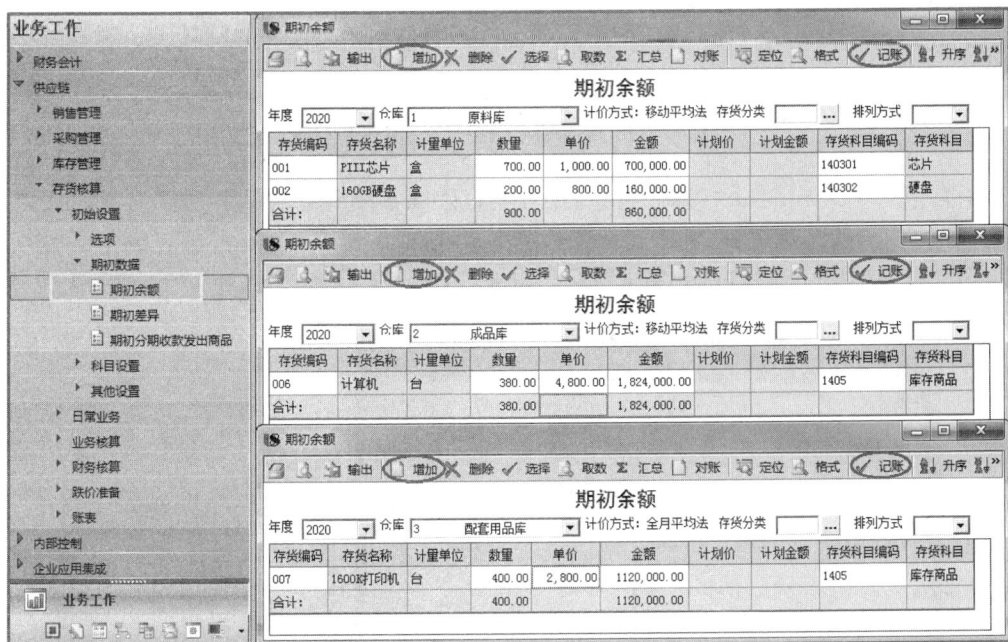

图 7 - 29　存货期初数据录入和记账

2. 库存期初数据录入

① 启用库存管理系统,执行"初始设置—期初结存"命令,进入"库存期初数据录入"

对话框。

②选择"1原料库",单击"修改"按钮,再单击"取数"按钮,然后单击"保存"按钮。录入完成后单击"批审"按钮,系统弹出"批量审核成功!"信息提示对话框,单击"确定"按钮。

③同理,通过取数方式输入其他仓库存货期初数据,并审核。如图7-30所示。

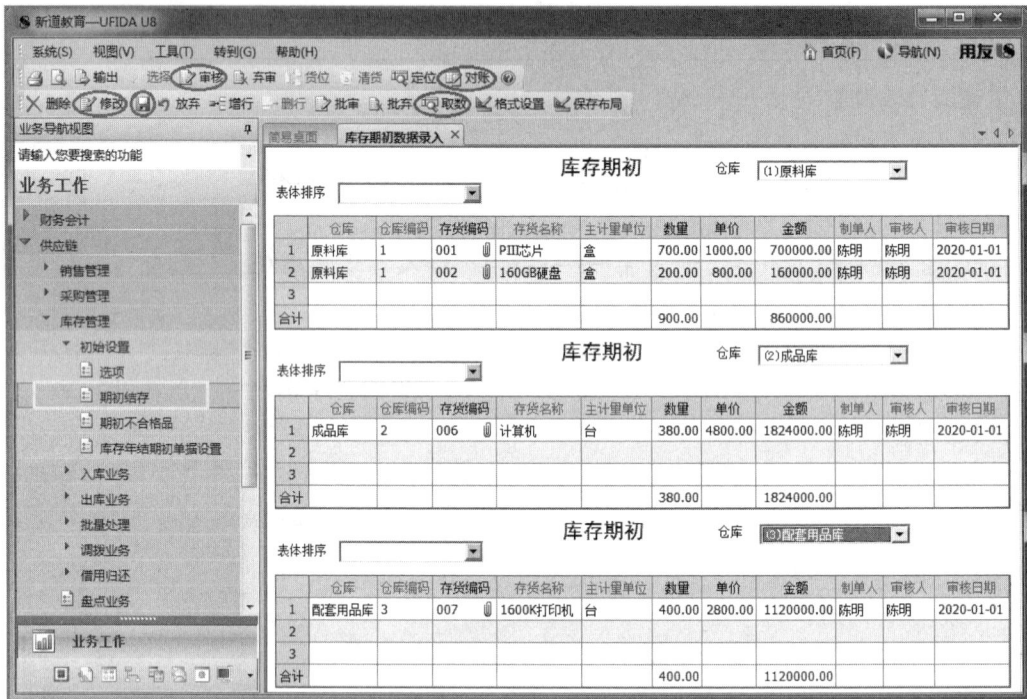

图7-30 库存期初数据录入、审核和对账

④录入完成后,单击"对账"按钮,核对库存管理系统和存货核算系统的期初数据是否一致;若一致,系统弹出"对账成功!"信息提示对话框。

⑤单击"确定"按钮返回,如图7-31所示。

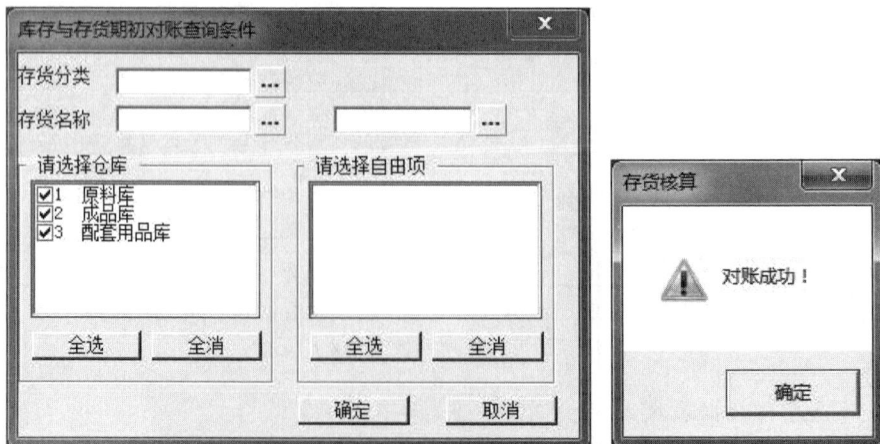

图7-31 库存管理系统与存货核算系统对账

注意：

① 原料库有两种类型的存货，审核时需要批审，即单击工具栏中"批审"按钮，其余仓库只有一种类型存货，单击"审核"即可。

② 每个仓库都必须单独审核。即三个仓库要审核三次。

4. 应收款管理系统期初数据

案例 7 - 16　"应收账款"科目的期初余额为 157 600 元，以应收单形式录入，具体如表 7 - 14 所示。

表 7 - 14　"应收账款"科目的资料

日　期	客　户	方　向	金　额/元	业务员
2019 - 12 - 15	复兴公司	借	197 600.00	王丽
2019 - 12 - 05	赣星贸易公司	借	98 200.00	王丽

【操作步骤】

① 从企业应用平台中进入应收款管理系统。

② 执行"设置—期初余额"命令，打开"期初余额—查询"对话框，单击"确认"按钮，进入"期初余额明细表"对话框。

③ 单击工具栏中"增加"按钮，打开"单据类别"对话框，单击"单据名称"的下拉列表框，从下拉列表中选择"应收单"选项，单击"确认"按钮，进入"(单据录入)应收单"对话框。如图 7 - 32 所示。

④ 单击"增加"按钮，选择单据日期"2019 - 12 - 15"、客户"001 复兴"、科目"1122"，系统弹出"应收款管理"对话框，单击"确定"。如图 7 - 33 所示。

⑤ 输入金额"197 600"元，单击工具栏中 (保存)按钮。同理，完成其他科目的录入，退出"应收单"对话框。

⑥ 返回"期初余额明细表"对话框，单击工具栏中"对账"按钮，与总账管理系统进行对账，结果如图 7 - 34 所示。

图 7 - 32　选择单据类别

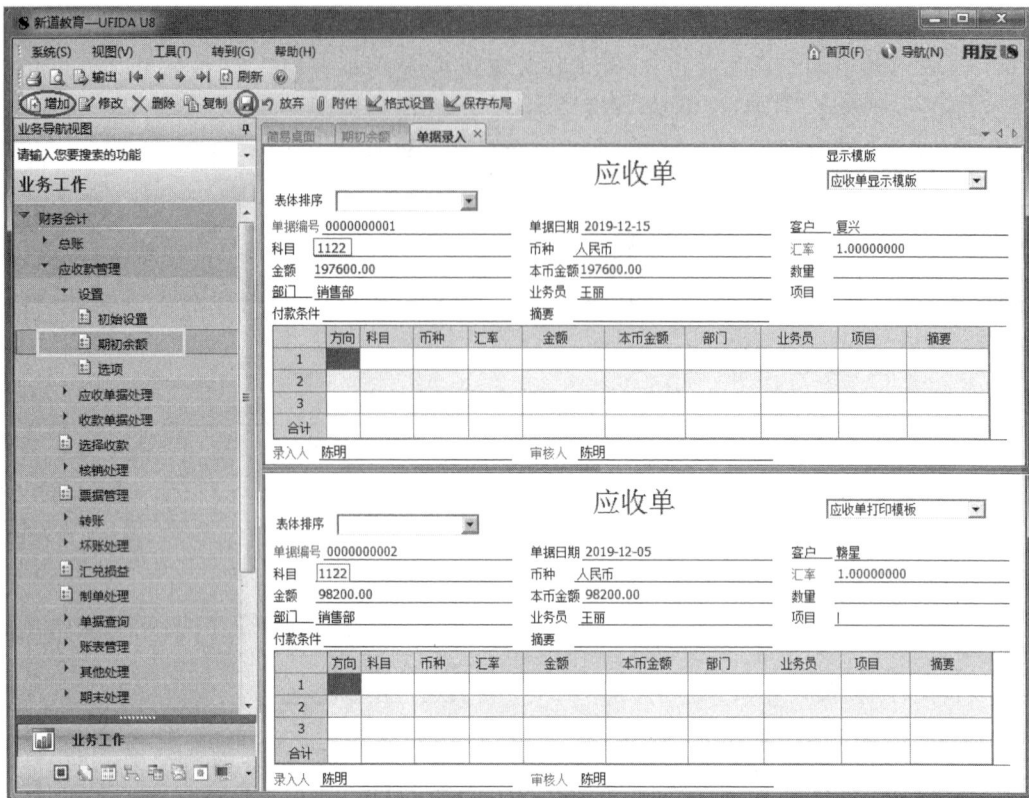

图 7‑33　录入"应收账款"科目的期初数据

图 7‑34　"应收账款"科目期初对账

5.应付款管理系统期初数据

案例 7‑17　"应付账款"科目的期初余额为 276 850 元,以应付单形式录入,具体如表 7‑15 所示。

表 7 - 15 "应付账款"科目的资料

日 期	客 户	方向	金额/元	业务员
2019 - 10 - 20	优品公司	贷	276 850.00	白雪

【操作步骤】

① 从企业应用平台中进入应付款管理系统。

② 操作步骤参照应收款管理系统,录入应付款管理系统期初数据并与总账管理系统对账。如图 7 - 35、图 7 - 36 所示。

注意:科目"2202 应付账款"同理修改受控系统为"应付系统"。

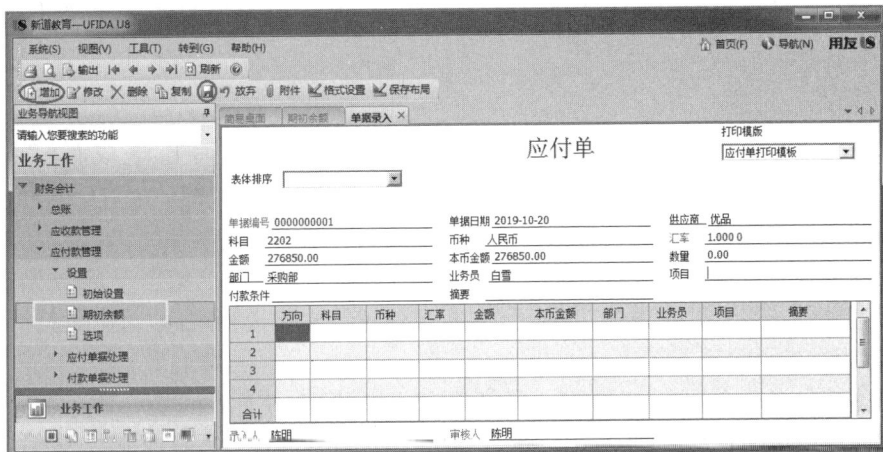

图 7 - 35 "应付账款"科目的期初录入

图 7 - 36 "应付账款"科目期初对账

7.3 课程思政

通过有关应收账款案例,如赊销过大造成企业资金链断裂的案例,让学生深刻体会企业内部控制制度的重要性。

拓展阅读 2

第8章 会计文化

会计文化是人类社会文化体系中的一个分支。中国会计从萌芽到独立存在,经过了几千年的历史变迁,形成了具有中国特色的会计文化。

研究中国会计文化,离不开中国文化这个大背景,尤其是中国传统文化中关于会计的论述和思想。通过对中国传统文化的探究,凝缩出中国会计文化的关键词:尚德、明法、审数、立信。

1. 尚德

操守为重是会计文化的精髓。中国传统文化中素有"德成而上、艺成而下"的观念。崇尚"义理",是中国传统文化中的精髓。会计行业作为经济领域的一个重要的行业,会计人员的职业道德建设就显得尤为重要。

我国会计人员在中华文化熏陶和长期的会计职业活动中形成的忠于职守、勤奋工作、实事求是、廉洁奉公、遵守法规、谦虚谨慎、客观公正等文化道德观念,对广大会计人员的思想、行为发生了深刻的影响。

尚德就是要让会计人员认知会计职业道德及其规范,使他们将会计职业道德规范逐步形成自身的思想观念,并指导和约束自身的行为,提高职业道德自律能力,形成良好、稳定的道德品质,从而最大限度地发挥会计人员的主观能动性。

2. 明法

明纪守法是会计文化的底线。《管子》强调会计必须"明法审数"。"明法"就是要按照颁布的规章制度和法令条文办事。

《资治通鉴》中记载,唐代刘晏称:"至于勾检簿书,出纳钱谷。必委之士类,吏惟书符碟,不得轻出一言。"这也是对会计人员遵纪守法的记载。

"明法",就是要将会计法律制度转化为会计人员内心的信念,从而有效地规范会计行为,达到治本的目的。

因此,在规范会计行为时,不仅要坚持不懈地加强会计法制建设,依法规范会计行为,增强法律保障,并且要切实增强依法从业的自律意识,知法、守法、护法。

3. 审数

客观真实是会计文化的基石。《管子》中"明法审数"中的"审数",就是要求各项收支的数据做到真实、客观、谨慎。《孟子·万章下》载:"孔子尝为委吏矣,曰'会计,当而已矣'。"其意思即"孔子曾经做过管理库房的小吏,他说:'算账计数必须要准确才行啊!'"《秦律》中云"计勿相谬",也是要求记录正确。可见,古代"会计"中即有不弄虚作假的道德要求。

在现代生活中,会计人员的基本要求就是要真实准确、全面及时地反映财务状况,做到账实相符、账证相符、账卡相符、账账相符,客观真实,维护社会各方财产的安全,为国家进行宏观经济决策服务。

4. 立信

"诚信公正"是会计文化的生命。中国现代会计之父潘序伦先生曾指出："立信,乃会计之本;没有信用,也就没有会计"。潘序伦对培养的会计人才不仅要求具有会计专业知识,更强调"立信"二字,要求会计人员在立志、守身、处事、待人方面,要坚定不移地守信立法,严禁弄虚作假等思想为现代会计文化的形成奠定了深厚的基础。

对会计行业而言,客观公正是会计之本,诚信既是财富,又是财源,还是财力,会计人员必须具有客观公正的意识和作风,坚持准则、依法理财、客观公正,做到不唯上、不唯书、只唯实。

此外,我们需要了解中国传统文化对会计的影响,并在了解国家悠久文明的同时,树立我们的文化自信。

主要参考文献

1. 付得一.《会计信息系统》(第四版).北京:国家开放大学出版社,2017 年 8 月.

2. 王新玲、汪刚.《会计信息系统实验教程—用友 ERP V10.1》(第 2 版).北京:清华大学出版社,2019 年 5 月.

3. 刘宁.《会计信息系统—基于用友—8 10.1 版》.上海:立信会计出版社,2017 年 1 月.

4. 吕志明、王新玲.《会计信息系统》.北京:经济科学出版社,2022 年 2 月.

5. 梁毅炜,桂玉敏.《会计信息系统实训——财务篇(用友 U8 V10.1)》(第 2 版).北京:电子工业出版社,2021 年 8 月.

6. 李爱红、许捷.《会计信息系统应用(用友 U8 V10.1)》(第三版).北京:高等教育出版社,2022 年 02 月.